毓老师说

诗书礼

爱新觉罗·毓峑/讲述

陈绚/整理

花山文艺出版社

河北·石家庄

图书在版编目（CIP）数据

毓老师说诗书礼/爱新觉罗·毓鋆讲述；陈绹整理.
—石家庄：花山文艺出版社，2022.9
　ISBN 978-7-5511-6243-2

　Ⅰ.①毓… Ⅱ.①爱… ②陈… Ⅲ.①五经 Ⅳ.
①Z126.1

　中国版本图书馆CIP数据核字(2022)第146049号

书　　名：**毓老师说诗书礼**

讲　　述：爱新觉罗·毓鋆

整　　理：陈　绹

策　　划：张采鑫　崔正山

责任编辑：张采鑫　李　鸥

特约编辑：王卫华

责任校对：李　鸥

装帧设计：闫冠美

美术编辑：胡彤亮

出版发行：花山文艺出版社（邮政编码：050061）
　　　　　　　（河北省石家庄市友谊北大街330号）

销售热线：0311-88643221

传　　真：0311-88643234

印　　刷：北京天宇万达印刷有限公司

经　　销：新华书店

开　　本：880×1230　　1/32

印　　张：14.5

字　　数：300千字

版　　次：2022年9月第1版
　　　　　　2022年9月第1次印刷

书　　号：ISBN 978-7-5511-6243-2

定　　价：88.00元

凡例

一、《诗经》分《风》《雅》《颂》三部分。《风》有十五国风:《周南》《召南》《邶风》《鄘风》《卫风》《王风》《郑风》《齐风》《魏风》《唐风》《秦风》《陈风》《桧风》《曹风》《豳风》,共一百六十篇。《雅》有《大雅》三十一篇、《小雅》七十四篇。《颂》有《周颂》三十一篇、《鲁颂》四篇、《商颂》五篇。共计三百零五篇,故又称《诗三百》。

二、《国风》以"二南"为首,《周南》十一首,《召南》十四首,称"正风";《邶风》以下为"变风"。

三、毓老师在黉舍讲授"诗、书、礼",以"二南"为主,本书依笔者所闻整理而成,采用教本为朱熹《诗经集传》;其他部分俟来日补之。文中如有阙漏、讹误者,尚祈方家惠予指正。

四、《尚书》分今古文。毓老师在天德黉舍选讲《尚书》,以今文经为主,采用教本为曾运乾《尚书正读》,并参考《复性书院讲录》等书。

五、毓者师在天德黉舍讲授"诗书礼",《礼记》为其一,择其重要篇章讲述；所采教本为陈澔《礼记集说》、孙希旦《礼记集解》。

六、兹将在黉舍所闻《礼运》《学记》《乐记》《经解》《儒行》五篇，初步整理成书。限于学识，文中容有阙漏、讹误者，尚祈方家惠予指正，并俟来日补苴罅漏。

七、本书据毓老师在黉舍选讲之篇章，初步整理而成。文中如有阙漏、讹误者，尚祈方家惠予指正，并俟来日补苴罅漏。

八、为助大众深入阅读，文中有关背景及说明，以仿宋体呈现；参考相关数据、著作者，略交代出处。如有疏漏、讹误之处，敬请不吝指正。

目　录

诗　　经

诗

经

前　言

　　人开始吃东西，有好东西，母子都得吵。知有了规矩，不同于狗争食，进步，"礼由食起"，人的思维由食起。结论：人为万物之灵。自根上想，看何以人为万物之灵？由食树立了文化，一切文化自食起。

　　怎么立说？墨子自"天"立说。自"食、色"入手，年轻人易于接受。现在是"人"的问题，溯及文化之始——食。可见"食、色，性也"，是多深刻的了悟！

　　《尚书》是政论，是政事的结果。《诗经》是社会学，老百姓心声的反映，发之于性。《诗经》讲社会现象、善恶，是一部最好的社会学与理论。《诗经》富有时代性，要了解其重要意义。

　　熊十力《原儒·下卷·附录》："删《诗》，则存下民怨诗，以罪昏暴之王、侯、大夫……可见'六经'天下为公之道，一扫往古百王统治遗轨。"

《论语·为政》云："诗三百，一言以蔽之，曰：'思无邪'。"此孔子评全诗。"思"，为语辞，无义。"思无邪"，即无邪，皆人性之流露。

《韩诗外传·卷三》："公仪休相鲁而嗜鱼，一国人献鱼而不受。其弟谏曰：'嗜鱼不受，何也？'曰：'夫欲嗜鱼，故不受也。受鱼而免于相，则不能自给鱼；无受而不免于相，长自给于鱼。'此明于鱼为己者也。故《老子》曰：'后其身而身先，外其身而身存。非以其无私乎？故能成其私。'《诗》曰：'思无邪。'此之谓也。"

《诗经》首《关雎》，是恋爱学，人生第一课。《论语·八佾》曰："《关雎》乐而不淫，哀而不伤。"乐了，也不过分；哀了，也不伤生人之性。发之于性，止之于情。道出人的真性情，皆"无邪"，直道而行，"人之生也直"（《论语·雍也》），直人就是真。

孔子要儿子伯鱼学"二南"，说："人而不为《周南》《召南》，其犹正墙面而立也与？"（《论语·阳货》）《二南》讲人生之道，告诉人当如何用情。

《论语·泰伯》曰："兴于诗，立于礼，成于乐。""不学诗，无以言；不学礼，无以立。"诗、礼，皆天理之节文，如四时，日出、日落、月圆、月缺……人性之表达，同于天礼之节文。"成于乐"，乐以和性，"发而皆中节，谓之和"（《中庸》）。

《史记·孔子世家》曰："古者《诗》三千余篇，及至孔子，去其重，取可施于礼义，上采契后稷，中述殷周之盛，至幽厉之缺，始于衽席，故曰'《关雎》之乱以为风始，《鹿鸣》为小雅始，《文王》为《大雅》始，《清庙》为《颂》始'。三百五篇孔子皆弦歌之，以求合《韶》《武》《雅》《颂》之音。礼乐自此可得而述，以备王道，成六艺。"

《韩诗外传·卷五》："孔子抱圣人之心，彷徨乎道德之城，逍遥乎无形之乡。倚天理，观人情，明终始，知得失，故兴仁义，厌势利，以持养之。于是周室微，王道绝，诸侯力政，强劫弱，众暴寡，百姓靡安，莫之纪纲，礼仪废坏，人伦不理，于是孔子自东自西，自南自北，匍匐救之。"

《论语·子罕》："吾自卫反（返）鲁，然后乐正，《雅》《颂》各得其所。"《论语·八佾》："子语鲁大师乐，曰：'乐其可知也：始作，翕如也；从之，纯如也，皦如也，绎如也，以成。'"

《史记·孔子世家》曰："孔子以《诗》《书》《礼》《乐》教，弟子盖三千焉，身通六艺者七十有二人。"六艺：礼、乐、射、御、书、数。

《论语·述而》："子所雅言，《诗》、《书》、执（艺）礼，皆雅言也。"孔子以《诗》《书》《艺》《礼》教弟子。

孔子删《诗》《书》、定《礼》《乐》、赞《周易》、修《春秋》，必有所为，故《五经》相为表里。孔子说"吾道一以贯之"（《论语·里仁》），可见《五经》均有关系。"一以贯之"，能产生中心思想。

诗　　经

读书，应有了意境，再立说。我重视依经解经，不重各家注释。你们说话，必要言中有物，不能尽臆说，做无根之谈。

《春秋繁露·盟会要》："圣人者贵除天下之患。贵除天下之患，故《春秋》重，而书天下之患遍矣。"《易经·系辞传》谓圣人"吉凶与民同患"，孔子以"《诗》，可以兴，可以观，可以群，可以怨"（《论语·阳货》），多言民之怨。《诗经》为百姓之产物，是人民心声的表露。

"《诗》无达诂"，《诗经》无通达其义的解释，只有写的人自知。"《易》无达占"，《易经》无一占卜能将要问的事解答清楚。

"唯上知与下愚不移"（《论语·阳货》），而社会上中等人最多，中等人易变，中等相最难看，相随心转。开国元老，相貌都不错。养威仪，威如镇不住，亦不能成事。各正性命，"在天曰命"，命很难改变，要修，"率性之谓道，修道之谓教"（《中庸》）。

"《诗》可以兴，可以观，可以群，可以怨"，"兴"，可以兴人之志、观社会之良窳、使人有群德、知当时之不满。"兴于诗，成于乐"，诗与乐，皆发于人之情，有乐就有歌，载歌载舞。"观"，考察，可以切磋琢磨。"群"，用诗可以养成人的群德，大家在一起，和其性，故能群。"怨"，人生不如意事，十之八九，寓谏于怨，间接使人止于至善。

今天言论自由，可以自由表达人的心意。人之邪正、是非，皆而有之，谏戒之。以至诚之心改正社会，有谏戒，"言之者无罪，闻之者足以戒"。

《诗经》一天一首，好好研究。做学问，必有方法。为学之道，贵乎持之以恒。

学东西要讲究时机，才能得其益处。如打坐，子、午时打坐最好；学不好，反得其害。年轻人血气方刚，勉强抑制，必溢出。静坐，人在四十以后，才易静得住。人就是人，只要是个人就好。本身"德""能"不修，"欲"却比天高。外表净装圣人，日久天长就坏！做学问，也贵乎持之以恒。喜欢什么，持之以恒地学，久则能有成。

以前，就是亲姐弟，也要有规矩，大家守规矩，天天读书。有家学，家中女孩多学韵文，以"选学"（《昭明文选》之学）传家。诗、词、歌、赋，皆在韵文之中，随时可以吟诵。将生活趣味化，人生才可爱！闲暇之时，心有所属，家中也可以少些毛病。有知识，不能变化人的气质。有学问，比有知识重要。"学问深了，意气平"，就是修养，气质必然不同。

女子有"学问"，有"术"，芬芳之味久，能震慑家人，家中可以升华，生活可以愉快。要追求"内在美"，想尽办法造就自己，一切皆"诚于中，形于外"，骗不了人。

人生总要有乐子，学会吃，也很重要。好朋友，每月可有餐会，吃不同馆子，可以知味。吃不穷、穿不穷，算计不到乃穷。

中国就是书多，一年读一本，可以触类旁通。不怕慢，就怕站。学术，不可以有功利境界，才能深入。汉诗，无唐宋诗押韵之严格。

《李少卿与苏武诗三首》就很美：

> 良时不再至，离别在须臾。
> 屏营衢路侧，执手野踟蹰。

诗　经

仰视浮云驰，奄忽互相逾。

风波一失所，各在天一隅。

长当从此别，且复立斯须。

欲因晨风发，送子以贱躯。

嘉会难再遇，三载为千秋。

临河濯长缨，念子怅悠悠。

远望悲风至，对酒不能酬。

行人怀往路，何以慰我愁？

独有盈觞酒，与子结绸缪。

携手上河梁，游子暮何之？

徘徊蹊路侧，恨恨不能辞。

行人难久留，各言长相思。

安知非日月，弦望自有时。

努力崇明德，皓首以为期。

　　将《诗经》当社会学研究。民国初期对《诗经》有许多时髦的解释，《易经》亦如此，特别新奇！郭沫若以社会学观点写《易经》。

　　郑玄家的丫鬟，对话都用《诗经》，昔人风雅如此！《世说新语·文学第四·奴婢皆读书》：

　　　　郑玄家奴婢皆读书。尝使一婢，不称旨，将挞之。方自陈说，玄怒，使人曳著泥中。须史，复有一婢来，问曰："胡为乎泥中？"答曰："薄言往愬，逢彼之怒。"

《汉书·艺文志》云：

孔子纯取周诗，上采殷，下取鲁，凡三百五篇，遭秦而全者，以其讽诵，不独在竹帛故也。汉兴，鲁申公为《诗》训故，而齐辕固、燕韩生皆为之传。或取《春秋》，采杂说，咸非其本义。与不得已，鲁最为近之。三家皆列于学官。又有毛公之学，自谓子夏所传，而河间献王好之，未得立。

汉《诗》有三家：《齐诗》《鲁诗》《韩诗》，属今文经，均已亡佚，仅存《韩诗外传》十卷。各家诗，均有其师承，承师说。

自修之学，别人一看就知。中国文化太多，什么皆有专门，应精益求精。每一门径，均有其建权。有师承，表明不是闭门造车，不造谣，非崇拜哪一家。

毛亨、毛苌《毛诗》，乃四家诗之传授者，以朱熹《诗经集传》文字解释较好，其《诗经集传·序》很重要。入门路子不可走错，读书、讲书皆必有所本。

　　或有问于予曰："诗何为而作也？"予应之曰："'人生而静，天之性也。感于物（包含人、事）而动，性之欲也。'"

　　诗歌，自然的流露，"闻其声，知其政"。

　　"《诗》三百，一言以蔽之，曰：思无邪"（《论语·为政》），"人之生也直"，天性是善的，皆发于至性，流于至情，则无邪，"《关雎》乐而不淫，哀而不伤"（《论语·八佾》）。

　　性与情，必分清，则知是非、善恶。人一失足，成千古恨，终生就痛苦。做事，所表现处理事，皆情之性，非性之情。

　　"致中和"，性与情合而为一，性情不二，性即情，情即性，"天地位焉，万物育焉"，天地是一大天地，人是一小天地。圣人的境界，发与不发，皆合乎中道。

　　"夫既有欲矣，则不能无思；既有思矣，则不能无言；既有言矣，则言之所不能尽，而发于咨嗟咏叹之余者，必有自然之音响节族（zòu，奏）而不能已焉。此诗之所以作也。"

《汉书·艺文志》云："《书》曰：'诗言志，歌咏言。'故哀乐之心感，而歌咏之声发。诵其言谓之诗，咏其声谓之歌。""诗言志"，志为心之所主。"不学《诗》，无以言"（《论语·季氏》），无以言民之疾苦，知其言，则知其人。"诗者，持也"（《诗纬·含神雾》），"持其志，无暴其气"（《孟子·公孙丑上》），不要将浩然之气暴露，如气球，应"直养而无害"。

《诗纬》成书时代，可能与《孟子》接近。二书意境差不多，成书年代近。《诗》近于道，道之末。

"自然之音响节奏"，此自然之美。

曰："然则其所以教者何也？"

曰："诗者，人心之感物，而形（表现）于言之余也。心之所感有邪正，故言之所形有是非。惟圣人在上，则其所感者无不正，而其言皆足以为教。其或感之之杂，而所发不能无可择者，则上之人必思所以自反，而因有以劝（勉励）惩之。是亦所以为教也。"

人每天所感必杂。性善，感于善；见不善，心动，即感于恶。

一般人不懂自反，因他对许多观念的反应，并不那么深刻。越聪明的人，感觉越多，最容易罪过。白痴不懂得反省。"思所以自反"，才能改过迁善。必有大功夫，才能反省改过。

做事的原则，但求无愧于心。为外面是非所左右，不能做事，来说是非者，必是是非人。

叱咤风云的人物，很少能过女人一关。权、势都会过去。不要自以为聪明，聪明就下地狱。聪明、智慧是一回事，能全其德者少。因为聪明才易出事，年轻人自以为什么都懂，然而做事后遗症多。

《礼记·经解》曰："入其国，其教可知也。其为人也：温柔敦厚，《诗》教也。"《诗经》是人性与情的表现。

"昔周盛之时，上自郊庙、朝廷，而下达于乡党、闾巷，其言粹然无不出于正者。圣人固已协之声律，而用之乡人，用之邦国，以化天下。"

此话若是可信，那周朝历史又何必读？"尽信《书》，则不如无《书》。"（《孟子·尽心下》）姬家闹得很，缺德，周公如何成其功？牺牲其兄弟，达其成就。

人的劣根性，在崇拜"过去"，而不重视"当时之可"。所以，社会始终在"落伍"那边，民族之落伍！

当政者有其立场，但一般人必接受当时之古。古时智能，有价值的可以吸收，但不可以崇拜过去。

"至于列国之诗，则天子巡守，亦必陈而观之，以行黜陟之典。降自昭穆而后，寖以陵夷。至于东迁，而遂废不讲矣。"

"天子五年一巡守，命太师陈诗以观民风"，回京后，将之分类，作为诸侯之黜陟、行政之参考。

《国风》中有百姓对地方之"怨"，作打油诗以代表民意，可

诗　经

13

以观风俗，知得失。

采诗，是为民申其疾苦。"不学《诗》，无以言"，乃无以言民间之疾苦，听不到来自民间的声音。

"诗言志"，从《诗经》看社会的反映，故可以兴、观、群、怨，以知民间对政治之好恶，是一部社会学、民俗学。

周室自昭、穆以后，王室陵夷，而至东迁。采诗之风亡，《诗》乃亡，民意无法表达。

"孔子生于其时，既不得位，无以行劝惩黜陟之政。于是特举其籍，而讨论之，去其重复，正其纷乱。"

孔子为"素王"，有王之德，无王之位，为一空王，故"无以行劝惩黜陟之政"。

《孟子·离娄下》曰："王者之迹熄而《诗》亡，《诗》亡然后《春秋》作。"孔子作《春秋》，"其事则齐桓、晋文，其义则丘窃取之"，孔子有所取义。《春秋》言性，是明义之书，不是历史。读《春秋》，在明义。

"吾犹及史之阙文也"（《论语·卫灵公》），历史有阙文，才是信史。相信历史，是自欺，"文胜质，则史"（《论语·雍也》）。

"而其善之不足以为法，恶之不足以为戒者，则亦刊而去之，以从简约，示久远，使夫学者，即是而有以考其得失，善者师之，而恶者改焉。"

《春秋》之辞，多所况，是文约而法明也"，"《春秋》论十二世之事，人道浃而王道备。法布二百四十二年之中，相耶左右，以成文采"（《春秋繁露·玉杯》）。笔削、去取，皆有其义。已明者，去之。

"善之不足为法"，虽好，但不足以为法，亦无用；"恶之不足为戒"，虽恶，但恶的不足以为戒，亦可以原谅，如小太保。

孔子作《春秋》之前，删《诗》《书》、定《礼》《乐》。删《诗》，成书三百篇。

孔子在删《诗》之前，有一宗旨，即"简约"，以之作为"删"的标准。想传之久远，必是"简约"的东西。

删《诗》的目的，使之"从简约，示久远"，简约，才能传之久远，因人不易忘。《易经·系辞传》曰："易简，而天下之理得矣；天下之理得，而成位乎其中矣。"成于易简之理得。

"从简约，示久远"，越简约的诗，越可以传之久远。写白话，可使人接受，但难以传之久远。要言不烦，寥寥数字，心声都出来了。

"是以其政虽不足以行于一时，而其教实被于万世。是则诗之所以为教者然也。"

"诗之所以为教者"，必知其所以。有"所以"，所论才有根据。评论政治，必有所以，否则为"毁谤"。

曰："然则《国风》《雅》《颂》之体，其不同若是何也？"
曰："吾闻之。凡《诗》之所谓《风》者，多出于里巷歌谣之作，所谓男女相与咏歌，各言其情者也。"

风、雅、颂，《诗》之三体。

"风"者，讽世、讽刺、讽谏。歌谣，对时政有所讽喻，言之者无罪，闻之者足以戒。

一部《诗经》，即情性的表现——兴、观、群、怨。

《原儒·原学统》："须深玩《三百篇》，洞悉生民穷困悲吟之所由，便信得圣人对于社会政治之高远理想，不是凭空突发。"

孔子说：《诗》，可以兴，可以观，可以群，可以怨。"《论语·阳货》。

《原儒·下卷·附录》："孔子早年雅言《诗》《书》，盖欣然有祖述尧舜、宪章文武、梦见周公之诚。五十学《易》而后，思想大变，观察世变益深，于是作《易》、《春秋》、新《礼》诸经，此其后，必将重理早岁《诗》《书》故业，予以改造。其删定《三百篇》及为《诗传》，必本《大易》'吉凶与民同患'，及《春秋》'改乱制'之旨。故《论语》有兴、观、群、怨之言也。其删定《尚书》及为《书传》，必本《礼运》'天下为公'之大道，不以小康为可慕也。由孔子早年思想言之，《诗》《书》为先。由孔子晚年定论言之，《易》《春秋》为最先。余谓《诗》《书》经传，皆成于最后，决不是妄猜之谈……《易》《春秋》二经，是《礼》《乐》《诗》《书》诸经之母。"

《诗》言志，人心之所主。"不学《诗》，无以言"（《论语·季氏》)，学《诗》后，能言政治之得失，知民心之向背。

看任何东西，必看要点，然后再下比喻。意虽够，但情不足，也不行。描写困苦、苦难，不能从人的衣服来表现，应从人的脸上来表现。一个民族文化之致密，可于感情描写之细腻与否中看出。

小说，就是写人和物（事）。人与人的关系，必要交代清楚。细看《红楼梦》，每个人的穿着、相貌、说话、用词，都不同。《红楼梦》熟读，可以画出里面的人物，且所刻画出的人物绝不相同。

"惟《周南》《召南》，亲被文王之化以成德，而人皆有以得其性情之正。故其发于言者，乐而不过于淫，哀而不及于伤。是以二篇独为'风'诗之正经。"

《周南》《召南》，为正风。"二南"表人之情，"类万物之情"，不明人情，就不能做事，"其犹面墙而立"。

《原儒·原学统》："深玩'二南'，方知儒家之人生观，是从'二南'体会得来。"

"乐而不过于淫，哀而不及于伤"，乐了也不要过分，因尚未进行婚礼；哀了，要不伤生人之性。人生苦多于乐，人生不如意事，十之八九。

"自《邶》而下，则其国之治乱不同，人之贤否亦异，其所感而发者，有邪正是非之不齐，而所谓先王之风者，于此焉变矣。"

有所感，感于事。"邪正是非之不齐"，人世之不齐！

诗　经

17

自《邶》以下，为变风。

《原儒·下卷·附录》："小民受侵削之惨，见于变《雅》与《王风》者，今犹可考。孔子删定《诗经》，未尝为周室讳……自汉代以迄于清世，治史者皆注重于君臣个人，而于民群变化万端，乃冥然不观其会通，不究其理则，孔子六经之真相不明，而史学亦成为锢个人智慧之具。此论汉以来学术者，所不可忽也。"

"若夫《雅》《颂》之篇，则皆成周之世，朝廷郊庙乐歌之词，其语和而庄，其义宽而密。其作者，往往圣人之徒，固所以为万师法程，而不可易者也。"

"宽"，宽裕；"密"，密而不失，无松弛。粗心大意，乃易出毛病。事缓则圆。"宽而密"，做人要宽要密，宽无不容，密无小失。

"法程"，法则、程序，有实行的功夫。

昔太傅的仪仗，与东西宫、王爷同。中国东西，有一定的体制。

"至于《雅》之变者，亦皆一时贤人君子，闵时病俗之所为，而圣人取之。其忠厚恻怛之心，陈善闭邪之意，尤非后世能言之士所能及之。"

"闵时病俗"，"闵"，忧也；"病"，责难也。

各从其欲，家自为俗，闹，乱！中国是礼义之邦，礼义一失就坏！礼一没，国焉在？正俗，很重要。"始作俑者，其无后乎？"

（《孟子·梁惠王上》）年轻人不能病俗，但也不能偶俗。

"恻怛"，仁爱；"忠厚恻怛"，至诚之心。

"陈善"，将己善完全表现出；"闭邪"，限制住，不使邪发展、扩散。

《诗经》极为纯朴，实非后世重押韵之诗所能及。

"此《诗》之为经，所以人事浃（和合）于下，天道备于上，而无一理之不具（完备）也。"

"经"，常道。礼与乐，是接着的，"立于礼，成于乐"，"不学礼，无以立"。平时，必严格训练自己，要习礼、演礼。你不在乎，对方可在乎。

恢复礼俗。以前，家中出宰相，祭祖用宰相之礼，有勉人之义，因人皆往高处爬。

曰："然则其学之也当奈何？"
曰："本之'二南'以求其端，参之'列国'以尽其变，正之于《雅》以大其规，和之于《颂》以要其止。此学《诗》之大旨也。"

"本之'二南'以求其端"，以"二南"作为读《诗经》之入手处。

"参之'列国'以尽其变"，完全了解列国"变风"之渐进。渐者，事之端，先见之始。

"求其端，尽其变，大其规，要其止"，此为学之道，亦学事之大旨。

诗　经

"求其端","君子之道,造端乎夫妇",人伦之始。开始即正,正始,所以开始就要养正,"蒙以养正,圣功也"(《易经·蒙卦》),多伟大的成就!《易经》就是要养正,成圣功;《春秋》"大居正",守正。《易经》与《春秋》相为表里。

"尽其变",看事,要重视"变",看清了变,才能应变。社会、家庭、个人、宇宙皆如是。"知进退存亡,而不失其正者,其唯圣人乎"!

"大其规",规模宏大;"要其止",知其所止,知止,"止于至善"。做事,必知其止之处。"原始要终",要知其所以然,才知未来发展到哪儿。

"于是乎,章句以纲之,训诂以纪之,讽咏以昌之,涵濡以体之。"

"章句以纲之,训诂以纪之,讽咏以昌之,涵濡以体之",此读《诗》之方法。

"讽咏以昌之",大声读诵;"涵濡以体之","默而识之"(《论语·述而》),体会玩味。"思之思之,鬼神通之",心会神通的境界。

《经子解题》:"一、《毛氏训诂传》,释《诗》之字句。二、《诗序》,释《诗》之义。三、《韩诗外传》,推演《诗》义。"

"察之性情隐微之间,审之言行枢机之始,则修身及家,平均天下之道,其亦不待他求,而得之于此矣。"

"察之性情隐微之间"，重微察始，"莫见乎隐，莫显乎微。故君子慎其独也"(《中庸》)。"履霜，坚冰至"，"履霜坚冰，阴始凝也。驯致其道，至坚冰也"(《易经·坤卦》)，其所由来者渐也，要早辨，防未然。

人人皆有隐、微之间，都有小秘密，必察其隐、微之间。了解真理后，什么事都看得很轻。

"审之言行枢机之始"，"言行君子之枢机，枢机之发，荣辱之主也"。

"修身及家，平均天下"，"诵《诗》三百，授之以政，不达；使于四方，不能专对；虽多，亦奚以为？"(《论语·子路》)不达，不能通达政治之理。

问者唯唯而退。余时方辑诗传。因悉次是语，以冠其篇云。

淳熙四年丁酉冬十月戊子，新安朱熹序

《诗序》自宋以来，学者多疑之。而朱子抨击尤不遗余力，然其所讥，诚不无少过，且犹有未尽者。

夫《序》之穿凿，以《周南》为最。《关雎》，三家皆以为刺诗。《芣苢》，鲁、韩皆以为伤恶疾。而《兔罝》"公侯腹心"，自却至已谓讥乱世之作，其不系于周初明矣。《序》乃委婉申说，悉以傅之后妃。此陋儒强经就己，以自逞其私臆者耳，曷足信哉？果如所言"求贤审官"及若"武夫干城"，皆归美于后妃之所致，则牝鸡司晨，不得以为纣罪矣。此不可通之尤甚者也。

然自"二南"外，则《序》之可信者为多。盖必古说相承。而残缺不具，后之儒者，乃以私意掇而补之。是故，一章之中，

---

① 吴闿生（1877—1950），号北江，学者尊称北江先生。吴汝纶之子。安徽枞阳人。《诗义会通》是其撰著的一部《诗经》注释本。

首尾衡决，不相联贯。其迹显然，无待深辨。笃守而信从之者，非也。一切扫而去之，抑亦未为得也。

惟《序》之窜乱，前人固已知之。而毛公之《传》，学者尤所宗仰。自欧公外，未有显斥之者。欧虽指摘，亦未尝疑其伪也。不知《传》之错乱，其弊正与《序》等。

夫毛公，汉初大师，其持义宏通，往往单言片词，能发诗人微旨。迥非后贤所能及，非若郑氏之广涉异闻，反多牵率迂晦者比。欧公一例而鄙夷之，过矣！然其文词高简，浅识未易骤解，又迭经羼乱，无以得其本真。要之其支离猥僻，不可爬梳者，决非出自毛公，断可识也。而世之学者不加抉择，一一奉而尊之，即有胶鳌难通，亦必曲为傅会，甘自比于谐臣媚子之所为，其去毛公之意，不亦远乎？

且《传》之与《序》，同出一原，必不容其有异。而今《序》《传》之不合者，往往有焉，此不独《序》之失正，即《传》亦未可尽凭，固较然已。如《山有扶苏》之诗，《序》曰："刺忽也。所美非美然。"是狂且、狡童为昭公之所美也。而《传》则以狡童为昭公。《宛丘》之《序》曰："刺幽公也。游荡无度焉。"是所谓"汤"者，幽公也。而《传》则以"子"为大夫。《衡门·序》曰："诱僖公也。愿而无立志，故作是诗以诱掖其君也。"而《传》曰："栖迟，游息。可以乐道而忘饥。"则以为隐士之自得。《泽陂·序》曰："灵公君臣淫于其国。男女相悦，忧思感伤焉。"是所谓伤者，男女相悦之词。而《传》则曰："伤无礼也。"《狼跋·序》曰："美周公也。"是"公孙硕肤"为美公之词矣。而《传》则曰："公孙，成王也。"《四牡·序》据《春秋》叔孙豹之言，以为劳使臣。而

《传》则以为周公歌文王事纣之事。《湛露·序》据宁武子之言，以为燕诸侯。而《传》则以为宗室夜饮。《酌》之诗曰："遵养时晦。"《传》据随会以养为取。而《序》则曰："能酌先王之道，以养天下也。"此皆《传》之与《序》显然不合者也。

论者或曰：《序》《传》之不合，其咎在《序》，非必《传》之失也。而一《传》之中，自为异说者，亦复不鲜焉。《桃夭》"宜其家人"，《传》曰："一家之人，尽以为宜。"是矣！而其首章"宜其室家"，则曰："宜以有室家，无逾时者。"此曲傅《序》"婚姻以时，国无鳏民"之迂说，而不顾文义之不安，与家人之解，岂得为一人之言乎？

《驺虞·序》曰："仁如驺虞，则王道成。"是以驺虞为仁兽，与《传》所谓"不食生物，有至信之德则应之"者合矣，而其上则曰"虞人翼五豝以待公发"，是鲁、韩诗以"驺为囿，虞为虞人"之说，显与《序》异，又岂一人之言乎？《柏舟》"母也天只，不谅人只"，《传》释之曰："母也，天也，尚不信我。"文义至晰，无可间然矣。而其下复曰："天谓父也。"迂曲难通，莫识其意之所在，又岂同时所应有乎？然此犹章句小疵，未关宏旨也。若乃《匏有苦叶》之篇，为"士君子遭乱，不肯阿世苟容"之作，陈义至高。荷蒉所引以讥孔子者是也。而说者乃以为刺宣公夫人淫乱之诗，与本义了不相涉，作者之旨以晦。今考《传》文"匏叶苦，不可食"，本孔子系瓠不食之言。又云："遭时制宜，深厉浅揭。"此皆诠发本指，词事相称。而复乱以男女之际，及宣公淫昏云云，则曲附《序》说，与前所言绝远。其为后之浅儒搀夺眩乱，望而可知。学者漫不加察，悉奉以为师说而曲从之，可乎？此皆其乖刺之尤著者。其他迂谬浅滞，非毛公之意，可以一言而决者，殆不胜其枚举也。

呜呼！圣贤之言，非难测也。大义所昭，必有参天地，揭日月，考之人心而不缪，质诸百世而无疑者。孟子曰："不以文害辞，不以辞害志，以意逆志，是为得之。"（《孟子·万章上》）要在学者沉潜其心，以博稽夫终始，而求其义理之所安而已矣。非然者，区区抱前世之残简，胶附而墨守之，自以为学有师承，固宜若是也。乌知夫典籍散亡，群言淆乱，先师之微言大义，久已沦坠于冥茫晦昧之中而不可辨。譬之盗贼窃据其宫，为子弟者懵然罔觉，以为踞席而南面者，必皆吾之父兄长上也，于是傅辖鞠腏，尽其奔走侍奉之劳，而不敢少有违牾，以为孝养之大节在是焉，不亦颠倒悖乱之甚者乎？

吾窃悲夫今之为学者，自命笃守家法，而陷于迷惑而不寤也。适以《诗》授及门诸子，因略陈其义。且以告当世君子之好学深思，心知古人之意者。

丁卯冬十二月，桐城吴闿生记

周南①

　　子谓伯鱼曰："女为《周南》《召南》矣乎？人而不为《周南》《召南》，其犹正墙面而立也与？"（《论语·阳货》）

　　"正墙面而立"，朱注："一物无所见、一步不能行。""二南"表人之情、齐家治国之道。

　　熊十力《论六经》："《诗》三百篇，《二南》《雅》《颂》，奥义宏深。子谓伯鱼，不为《二南》，面墙而立（面墙者，一物无所见也，一步不能行。人而不为《二南》，其病若是！故吾人当由《二南》，以领会人生之意义与价值）。千古读《论语》者，于此昏然罔觉，何哉？"

---

　　① 周南即《国风·周南》。"国风"："国"，诸侯之国；"风"，声也、音也。十五国风：《周南》《召南》《邶风》《鄘风》《卫风》《王风》《郑风》《齐风》《魏风》《唐风》《秦风》《陈风》《桧风》《曹风》《豳风》。《周南》《召南》为正风。自《邶风》以后，为变风。

"类万物之情"(《易经·系辞下》)，不明人情，就不能做事。"不学礼，无以立"，立于礼。

中国读书完全重实用之学，即活学问，日常就用得上，平时要"眼观六路，耳听八方"，不论走到哪儿，都得看一看，世路人情皆学问。必要学以致用，不要做书呆子，净在屋里读书，出了门什么也不懂。

"经"是致用之学，经纬时代要研究清楚，使自己的智慧能有用。不求虚名，必要学有用之学，腹中能有韬略，遇事好谋能成。

一、关　雎

《诗》之四始,《国风》《小雅》《大雅》《颂》,开始之诗篇。《史记·孔子世家》曰:"《关雎》之乱以为《风》始,《鹿鸣》为《小雅》始,《文王》为《大雅》始,《清庙》为《颂》始。"

《韩诗外传》曰:"子夏问曰:'《关雎》何以为《国风》始也?'孔子曰:'关雎至矣乎!……天地之间,生民之属,王道之原,不外此矣。'"

《史记·外戚世家》曰:"《易》基乾坤,《诗》始《关雎》,《书》美厘降,《春秋》讥不亲迎。夫妇之际,人道之大伦也。"

《易》上经首乾、坤,"大哉乾元,万物资始";"至哉坤元,万物资生",为始生之基;下经首咸、恒,"咸,感也";"恒,久也",为夫妇之道。

《大戴礼记·保傅》:"《春秋》之元,《诗》之关雎,《礼》之冠婚,《易》之乾坤,皆慎始敬终云尔。"

《礼记·昏义》:"昏礼者,将合二姓之好,上以事宗庙,而下以继后世也。故君子重之。是以昏礼纳采、问名、纳吉、纳征、请期,皆主人筵几于庙,而拜迎于门外,入,揖让而升,听命于庙,所以敬慎、重正昏礼也。"

"兴于《诗》"，兴，先言他物，以引起所咏之辞。兴人之志，起第一个志。

《诗经》的第一课即恋爱学，《关雎》告诉人如何用情——乐而不淫，哀而不伤。长大找女朋友，就得用《关雎》的办法，一切都不离人性。

关关雎（jū）鸠，在河之洲。

《诗经》前二句为"比"，如《易经》之"象"、《春秋》之"况"。后二句，人事，讲人的修为。"诗无达诂"，诗言志，必心领神会。

"关关"，说话声，谈恋爱能不说话？所有东西皆两性，阴阳、男女、雌雄。

"雎鸠"，生有定偶，而不相乱，是节鸟，绝不再偶，立意在此。

中国传统说法，夫妇有如雎鸠鸟，夫唱妇随，婚后不再偶。

"在河之洲"，北方称塘为"河"；"洲"，小沙滩，无水。

"关关雎鸠，在河之洲"，雎鸠在河中，有唱和之乐。雌雄和鸣，相与唱和，有夫妇之象，故托以起兴。夫唱妇随，相敬如宾，久能敬之。

中国尚"节"。平时做人，要有节操。国家危亡时，应有民族气节。

修身：节欲、节食、节制。成就外王之业，无一不是守节的人。节，不分男女都得守，人世最重要的莫过于节。

竹子有节，一节一节，不过节，一过节即有所失，在节之内中肯，恰到好处，喻"高风亮节"。

窈窕淑女，君子好（hǎo）逑（匹配）。

"窈窕"，幽娴贞静之德；"淑女"，清白的女子，指品德而言，有幽娴贞静之德，才能成淑女。

"君子"，成德之人；"好逑"，佳偶。"君子好逑"，是君子的好匹配。

"窈窕淑女，君子好逑"，此无形中告诉我们：择偶的对象，要"贤贤易色"（《论语·学而》），重德轻色。

昔"娶妻以德，纳妾以色"，娶妻所重在德，不必太看重外貌，重德轻色，貌不长久，德日久芬芳。所谓"女子无才便是德"，其实是"人无才便是德"，男女都要重德，成德之谓君子，"如有周公之才之美，使骄且吝，其余不足观也已"（《论语·泰伯》）。

一个人有才，应有"克己"功夫，不可以浮躁，不可以脾气暴躁。要以德服人。笼罩家人，要用"爱心"，非用"才气"，故曰："女子无才便是德。"

"妻者，齐也"，不但与夫平等，两人责任亦相等。婚后，夫妇分工合作，共同负起家庭责任。过日子，必有过日子的条件。人生得过日子，夫妻两人，都必要挑起担子。有正常的婚姻，才有好的结果。

立德，内圣功夫，为成就事业、外王之基。救国救民，皆外王之业。今人缺少"节"的观念，就笑贫不笑娼！"知节"容易，"守节"难也！

参差（cī）荇（xìng）菜，左右流（求）之。

"参差"，形容不齐；"参差荇菜"，有老的，也有嫩的。

"荇菜"，水生植物，可食，蕨菜，似粗的蚯蚓，颜色亦近之，但味道鲜美，配什么佐料，就是什么味。台东有生产。

"左右"，形容动作，左顾右盼，东看西看；"流之"，顺水流而采取之。

"参差荇菜，左右流之"，两边参差不齐的荇菜，我左看、右看，然后选取之。

以前祭祖，男人必助祭，要打猎以充笾豆；女人则采蘋，尽祭祀的责任。皇帝郊天，皇后亲蚕。皇帝郊天的礼服，由皇后亲手缝制。

窈窕淑女，寤（觉）寐（寝）求之。

观淑女，思得以为配。

那一位美好的姑娘啊！是我寤寐以求的对象。

求之不得，寤寐思服（思之）。

"求之不得"，心虽慕之、求之，但是求而未得；"寤寐思服"，无时无刻想念，念想之至。

悠（长）哉悠哉，辗转反侧。

"悠哉悠哉"，思念之深长，以致不能安席；"辗转反侧"，翻来覆去，一夜难眠。

"发乎情，止乎礼"，表的是心态，真情的流露！文章是传情的。"无邪"，真情的流露。

《论语·八佾》曰:"《关雎》乐而不淫,哀而不伤。"恋爱时,总有高兴,乐也。淫,过分,如淫雨。"乐而不淫",就是高兴了,也不能过分;"哀而不伤",就是吵架了,也不要真去跳楼。男女朋友吵架,是自然的事,不必太认真,过一阵子,雨过天晴。

"喜怒哀乐之未发,谓之中;发而中节,谓之和"(《中庸》),中即性;和,性情合一。为性中之情,性情中节,发而皆中节。"乐而淫,哀而伤",情中之情,发而不中节。

"乐而不淫",男女处在一起,就是乐了,也不能过分,因尚未举行婚礼。

"哀而不伤",一旦遇到挫折、吵架,甚至分手了,也要哀而不伤生人之性。

哀、乐不过,一切都不离人性,道尽生人之性、生人之情!性生万法。变的是智慧,而不变的是人性。

读完《关雎》,必要知"乐而不淫,哀而不伤"。人生不如意事十之八九。失恋当然痛苦,但也不能因此跳河,因为"否极泰来""物极必反",总是有厚望焉。此为中国人的思想。

熊十力《论六经》:"《关雎》之诗,孔子直会到哀乐双融境地,而汉宋群儒犹以为不可解也。"

一个制度下,有一个"仪"。中国有"不孝有三,无后为大"和"父母生之,续莫大焉"(《孝经·圣治》),结婚,是为了传宗接代。

恢复民族文化,最重要的是恢复民族精神。中国以"孝"治天下,安土重迁。

爱情和感情，是两回事，应分清。既不盲目，也不冲动。

不结婚，是不正常，并非清高。必要过理智、正常的生活。读书要深入，才能发己之思想。

《诗经》首《关雎》，"君子之道，造端乎夫妇"（《中庸》），夫妇之际，人道之大伦，讲"理"与"德"。

认识人生的价值，择偶为第一要义。始为"求妇之道"，后为"夫妇之道"，极为活泼，有生人之性。

参差荇菜，左右采之。

参差荇菜啊！我左采右采，认真选取，终求而得之。

窈窕淑女，琴瑟友（亲）之。

"窈窕淑女，琴瑟友之"，那位贤淑的姑娘啊！我与她要如同琴瑟，终生唱和。

"妻子好合，如鼓瑟琴"（《诗经·常棣》），如琴瑟和鸣。夫妇之道，如同调琴瑟，弦必要不松不紧，有一定的距离。

琴瑟，上弦必要恰到好处，才能和鸣。夫妇之道，如琴瑟之弦，谁也不能比谁强或弱，才能奏出和谐之音。夫妇相处，彼此必要相容忍让，谁也不能过于刚，否则，弦即断。

懂得弦之义，才能体会夫妇之道。昔称妻死为"断弦"，再娶则为"续弦"。

处夫妇之道，偶一不慎，有阳刚之气，必要想到琴瑟之道，调整调整。

参差荇菜，左右芼之。

"流之""采之""芼之"，渐进式，知所抉择。

"参差荇菜，左右芼之"，"芼"，取而择之，熟而荐之祖宗，上供。

婚后三日，必"庙见"。祭祖，饭三盂。

《韩诗外传·卷二》："三月而庙见，称来妇也。"

"求之""友之""乐之"，从追求、交友到结婚，此三部曲，为中国"结婚进行曲"。

窈窕淑女，钟鼓乐之。

这位贤淑的姑娘啊！我将与她如钟鼓相应，和乐一生。

《韩诗外传·卷一》："此言音乐有和，物类相感，同声相应之义也。《诗》云：'钟鼓乐之。'此之谓也。"

结婚奏喜乐，不能奏《关雎》之章，因为"辗转反侧"。要奏《钟鼓》之章，"窈窕淑女，钟鼓乐之"。

《韩诗外传·卷五》："孔子曰：《关雎》至矣乎！夫《关雎》之人，仰则天，俯则地，幽幽冥冥，德之所藏，纷纷沸沸，道之所行，如神龙变化，斐斐文章。大哉！《关雎》之道也，万物之所系，群生之所悬命也。'"

礼与乐，是接着的，"立于礼，成于乐"（《论语·泰伯》）。

今天恢复礼俗，不是恢复古礼。慢慢整理，很多礼节应保存，振兴中华文化。

《韩诗外传·卷五》："'夫六经之策，皆归论汲汲，盖取之乎《关雎》，《关雎》之事大矣哉！冯冯翊翊，自东自西，自南自北，无思不服。子其勉强之，思服之，天地之间，生民之属，王道之原，不外此矣。'子夏喟然叹曰：'大哉！《关雎》乃天地之基也。'《诗》曰：'钟鼓乐之。'"

以前，民间结婚，最快三天，最慢四天。第一天，男托钱叫押腰，成家授室了，给长辈磕头；第二天，女家送姑娘；第三天，女子来归，嫁到男方；第四天，分大小，红包分大小。近亲坐厅堂，由姑嫂领着一一敬茶。

同姓不婚，是古礼。昔日，无子不可以入祖茔，必过同一祖庙祭祖的儿子。其次，过姊妹之子，有半个血统亦可。不可以随便买孩子。

同一祖庙祭祖，是同宗。五服之内很亲，过五代则无服，可以不必穿孝服，但仍要挂白。吊孝，可以挂白。

就是"一日数见"，也得行礼，光讲不行。以前家中有月银，即每月有月俸，每月有定例，按辈分给，一辈一齐。

昔送钱给寡妇，是责任，也是积阴德，使之成"寡富"，宗族社会救助，有扶贫济弱之意。

二、葛　覃

此归宁之诗，讲女子之行仪。女子婚后，主持家务，归宁父母。

女子有二归：第一，来归，谓嫁为归，夫妇一体；第二，归宁父母，回家省亲。

婚后，夫妇各尽其责，"男女有别"，别内外，事之别，分工合作。男主外，称"外子"；女主内，称"内人"。各有所主，不起冲突；如一把抓，乃常吵架。阴阳颠倒，则天下不太平。

葛（草名）**之覃**（蔓延）**兮，施**（yí，移）**于中谷**（谷中），

"葛"，草名，可为绨绤；"葛之覃兮，施于中谷"，葛草蔓延，延伸至谷中。

维叶萋萋（茂盛貌）。**黄鸟于飞**（在飞），**集**（同"栖"，止息）**于灌木**（丛木），**其鸣喈喈**（鸟叫声）。

"维叶萋萋"，葛叶之茂盛；"黄鸟于飞，集于灌木"，黄鸟栖息于丛木上；"其鸣喈喈"，"喈喈"，鸟和鸣声远闻。

"黄鸟于飞，集于灌木"，《大学》："于止，知其所止，可以人而不如鸟乎？"人能不如鸟之知其所止乎？

人知止，很难。《大学》："知止而后有定，定而后能静，静

而后能安，安而后能虑，虑而后能得。""知止"，而后各素其位，各尽其责。

旧家庭里，丈夫亦不可决定妻子的行止。夫妇之际，人伦，有个分寸。

葛之覃兮，施于中谷，维叶莫莫（mù，茂盛）。

葛草不断地蔓延，延伸至谷中，葛叶生长繁盛。

是刈（yì，取也）**是濩**（huò，煮之），**为絺**（chī）**为绤**（xì），**服之无斁**（yì，厌，足也）。

"刈"，割；"濩"，煮；"为絺为绤"，"絺"，细葛布；"绤"，粗葛布。

"是刈是濩，为絺为绤"，女子勤于家事，采割、烧煮葛叶，以制作葛布。

"服之无斁"，盛夏之时，葛既成矣，织以为布，知其成之不易，服之不厌。

女子婚后，能尽责任，亲执家事。虽贵，能勤于家事；虽富，犹勤俭持家。

言（乃）**告师氏，言告言归**（归宁）。

"言"字：第一，连词，与"与"相同；第二，作"乃"，与后二字同；第三，作代名词"之"字，为受事。

此处三"言"字，形容从容不迫；后有两"薄"字、两"害"字，理事有条不紊。有大家闺秀风范。

"师氏"，女师，教以"妇德、妇言、妇容、妇功"。"德"，以德服人；"言"，发言中肯，不多言；"容"，"动容貌，斯远暴慢矣"（《论语·泰伯》）；"功"，理家之能。

昔乳母，非平民家庭所有。选乳母，必选出身正、体健、乳水长者。因劳苦，可乱发脾气，陪到结婚。有感情，甚至带第二代。

家中乳母地位高，婚前由其伺候；乳母死后，也得穿孝服，皇帝亦如此。

已长，而敬不弛于师傅；已嫁，而孝不衰于父母。

"言告师氏，言告言归"，我将回家省亲，对师氏交代家务。女子理家，处事谨慎。

薄（少）污（治）我私（燕服），薄浣（濯）我衣（礼服）。害（何）浣害否，归宁父母。

"私"，燕服，平日所穿；"衣"，礼服。"薄污我私，薄浣我衣"，要将便服与礼服分清，礼服不能洗，只能泡。

"害浣害否，归宁父母"，点出重点，在归宁之前，交代准备之事宜。

以前女子在家，即使做事时，仍要穿戴整齐。昔"闲居"，犹见客；"燕居"，则已退至内房，穿睡衣了，不再见客。《礼记》有《孔子闲居》《仲尼燕居》篇。

公公的私衣，不能由儿媳洗，没老太太在也得雇人洗，此为中国的旧规矩。中国是礼义之邦，是"人"就有"人"的规矩，公公与媳妇之间，必要有距离。

以前，做什么都有分寸。今天，公公在儿媳前穿小裤头，儿媳如何恭敬你？

昔日父子燕居时，因居住距离远，易于维持礼节。礼义之邦，必要有礼义之邦的建筑。今天的居家环境，无法树立"人"的尊严。环境影响人一生，应当注意。

人格，人有格局，不超乎此一格局很重要。人一旦失掉"格"，就完了！"齐之以礼，有耻且格"（《论语·为政》）。"人之所以异于禽于兽者几兮"（《孟子·离娄下》），人与禽兽有别，即在于"礼"，此为"文明"与"野蛮"的分别。

中国是泱泱大国，应恢复"人"的样子。处事要有"人性"的尊严，不能粗鲁行事。

中国任何地方，皆有一定的规矩。家庭有礼法，一切井然有序。如果"父不父，子不子"（《论语·颜渊》），其他亦不像样！

君子所以异于人者，以其存心也，君子"以仁存心，以礼存心"，仁、礼皆出自心，"礼云礼云，玉帛云乎哉"，不在外在，而在内心。

"仁者爱人，有礼者敬人。爱人者人恒爱之，敬人者人恒敬之"（《孟子·离娄下》），"己所不欲，勿施于人"，人要互相尊重，必要维持人的尊严，有"人"样！"修、齐、治、平"，以修身为本，就从自身做起，家中上轨道，社会不合理事就少，国家才有安定可言。

三、卷 耳

此为怨诗。丈夫行役在外，女子怀良人诗。

为政者一人出了毛病，百姓就遭殃，生活困窘，妻离子散。

《韩诗外传·卷二》："太平之时，民行役者不逾时，男女不失时以偶。孝子不失时以养；外无旷夫，内无怨女；上无不慈之父，下无不孝之子；父子相成，夫妇相保；天下和平，国家安宁。"

采采卷耳，不盈（满）**顷筐**（簸箕）。**嗟**（吁嗟而叹）**我**（诗人自称）**怀**（忧伤之人）**人，寘**（置）**彼**（那个）**周行**（大道）。

"采采"，茂盛貌；"卷耳"，一种生草，嫩叶可食。

"采采卷耳，不盈顷筐"，女子出门采卷耳，虽然已经很久了，但是仍采不了多少；"嗟我怀人，寘彼周行"，目的在散散心，以排遣忧思。

此乃役夫思及家中妻子，想象妻子目前的生活情景。

陟（升，登）**彼崔嵬**（wéi，高山），**我马虺隤**（huī tuí，疲病，不能升高）。

"陟彼崔嵬"，"崔嵬"，高山；"我马虺隤"，"虺隤"，疲病。

"陟彼崔嵬，我马虺隤"，我行役在外，思念远方的人，想要登高远望，然而马疲不能登上。

我姑（且）**酌彼金罍**（léi），**维**（发语词）**以不永**（长）**怀**（忧）。

"罍"，酒器，刻云雷纹，饰以金。

"我姑酌彼金罍"，我暂且小酌一杯吧！以浇我胸中之块垒，"维以不永怀"，才不致陷于忧思中，久久不能已。

陟彼高冈（高山），**我马玄黄**（病极）。

"陟彼高冈"，我想要登高望远方；"我马玄黄"，然而我的马儿营养不良，已经病极而变色。

我姑酌彼兕觥（sì gōng），**维以不永伤**（忧）。

"兕"，野牛；"觥"，酒杯。古时兕可能易抓到，才能以角做酒杯。

"我姑酌彼兕觥"，我且小酌一杯吧！"维以不永伤"，才不至于因伤感而长忧。行役苦闷，以酒消愁。实际上，是"以酒浇愁愁更愁"。

陟彼砠（jū）**矣，我马瘏**（tú）**矣。**

"砠"，上有石的土山；"瘏"，因疲致病。

"陟彼砠矣"，我想登上土丘；"我马瘏矣"，然而我的马疲，已无力前进了！

我仆痡（pū）**矣，云何吁**（xū）**矣。**

"痛"，疲病不能行；"吁"，忧也。

"我仆痛矣"，我的仆因病不能行；"云何吁矣"，我的马、仆皆在病中，"吁"，只有忧上加忧了！

行役者在外多年，其思家之情，自"永怀""永伤""云何吁矣"，一层一层递进。终日思乡，而不能返乡。故乡啊！故乡啊！我的乡愁何日能已？

四、樛　木

樛（jiū）木，象征君子；"葛藟"，象征福禄。

言木下曲，葛藟攀缘之，以致其高。君子，使人依之，以成其德。

"兴于诗，立于礼，成于乐"（《论语·泰伯》），诗可以兴人之志。

南（南山）**有樛木，葛藟累**（系）**之。乐只**（zhǐ，语助词）**君子，福履**（禄）**绥**（安）**之。**

"南有樛木，葛藟累之"，南山之樛木荫下，葛藟开始生长，因樛木得以往上蔓延之。

"乐只君子，福履绥之"，乐哉君子！让我得以享福禄之安。

南有樛木，葛藟荒（遮盖）**之。乐只君子，福履将**（扶助）**之。**

"南有樛木，葛藟荒之"，南山之樛木荫下，葛藟因樛木，渐生长渐茂密。

"乐只君子，福履将之"，乐哉君子！福禄因他而成其大。

南有樛木，葛藟萦（yíng，缭绕）**之。乐只君子，福履成**（成就）**之。**

"南有樛木，葛藟萦之"，南山之樛木荫下，葛藟盘结延伸，久而渐上升。

"乐只君子，福履成之"，乐哉君子！福禄皆因他而成就。

"石上生孤藤，弱蔓依石长。不逢高枝引，未得凌空上。何处堪托身？为君长万丈"。（岑参《石上藤》）

君子应如樛木，"绥之、将之、成之"，寓意"一人有庆，兆民赖之"。

五、螽 斯

此为祝诗，祝人子孙众多。

螽（zhōng）斯，一生九十九子，比喻多子多孙。有是德，而有是福，寓意"积善之家，必有余庆"。

昔有吉祥如意图画，如《九鱼图》，取"长长久久，万事如意"。祝寿字，必写得圆而饱满。《百寿图》，由许多不同形体的寿字组合而成。

台北故宫的"翠玉白菜"，"白菜"象征女子清清白白，上有"螽斯"，取多子多孙吉祥意，是瑾妃的陪嫁品。

螽斯羽，诜诜（shēn，众多）**兮。**

取"螽斯"，喻子孙众多。

《韩诗外传·卷九》："贤母能使子贤也。"

王安石曰："诜诜，言其生之众；薨薨，言其飞之众；揖揖，言其聚之众。"

"螽斯羽，诜诜兮"，螽斯众多，其羽诜诜然。

宜尔子孙，振振（zhèn，盛貌）**兮。**

子孙如螽斯，众多而信厚。

螽斯羽，薨薨（hōng）**兮。**

"薨薨"，群飞；"螽斯羽，薨薨兮"，螽斯众多，其羽齐飞。

宜尔子孙，绳绳（不绝）**兮。**

"绳绳"，言众多而不绝；"宜尔子孙，绳绳兮"，子孙众多，绵延不绝，生生不息。

《韩诗外传·卷九》："孟子少时诵，其母方织，孟辍然中止，乃复进，其母知其喧也，呼而问之曰：'何为中止？'对曰：'有所失复得。'其母引刀裂其织，以此诫之，自是之后，孟子不复喧矣。孟子少时，东家杀豚，孟子问其母曰：'东家杀豚，何为？'母曰：

'欲啖汝。'其母自悔而言曰:'吾怀妊是子,席不止,不坐;割不正,不食;胎教之也。今适有知而欺之,是教之不信也。'乃买东家豚肉以食之,明不欺也。《诗》曰:'宜尔子孙绳绳兮。'言贤母使子贤也。"

又,"田子为相,三年归休,得金百镒,奉其母。母曰:'子安得此金?'对曰:'所受俸禄也。'母曰:'为相三年,不食乎?治官如此,非吾所欲也。孝子之事亲也,尽力致诚,不义之物,不入于馆,为人子不可不孝也!子其去之。'田子愧惭,走出,造朝还金,退请就狱。王贤其母,说其义,即舍田子罪,令复为相,以金赐其母。《诗》曰:'宜尔子孙绳绳兮。'"

螽斯羽,揖揖(jí)兮。

"揖揖",会聚;"螽斯羽,揖揖兮",螽斯众,揖揖然而聚集。
"诜诜""薨薨""揖揖",皆喻众多貌。

宜尔子孙,蛰蛰(zhé)兮。

子孙众多,而和聚一堂。
"振振""绳绳""蛰蛰",生之众、飞之众、聚之众。
"庶矣哉",广土众民。"冉有曰:'既庶矣,又何加焉?'曰:'富之。'曰:'既富矣,又何加焉?'曰:'教之。'"(《论语·子路》)人口众多,要解决民生问题,富而后教,"人之有道也,饱食、暖衣、逸居而无教,则近于禽兽"(《孟子·滕文公上》),要重视、发展教育,使之"富而好礼"(《论语·学而》)。

六、桃　夭

此咏嫁女诗。桃之有花，正婚姻之时。婚姻得时。

桃之夭夭（yāo），**灼灼**（zhuó）**其华**（花）。

"夭夭"，《说文》作"枖枖"，木少锋貌。又作"娱，巧也，一曰女子貌"。

"桃之夭夭"，桃花开得正茂盛；"灼灼其华"，花儿鲜明亮丽。

之子于（往）**归，宜其室家**。

"之子"，是子。昔女子，亦称子。女子谓嫁曰"归"。

"之子于归"，此女有于归之喜，咏其婚姻得时。

"宜其室家"，"宜"，和顺；"室家"，古时结婚称"授室"（《礼记·郊特牲》）。初嫁宜室，家由婆婆主持。

《韩诗外传·卷二》："舅姑降于西阶，妇升自阼阶，授之室也。"

刚结婚，宜其室，夫妇所居。家，一门之内，有大当家。

轿子不易坐，第一次坐轿，非吐不可。以前女子结婚，因为要上轿，第一天都不敢吃饭，极为遭罪！

桃之夭夭，有蕡（fén，实多而大）**其实**。

"桃之夭夭"，桃花开得茂盛；"有蒉其实"，桃树果实累累。

之子于归，宜其家室。

"家"，一门之内；"宜其家室"，家室，由室而家，有其层次。
"之子于归，宜其家室"，这女子有于归之喜，将要宜其家室。
宜其家室，必要有德，娶妻以德，贤贤易色，重德轻色。

桃之夭夭，其叶蓁蓁（zhēn，茂盛）。

"桃之夭夭，其叶蓁蓁"，咏其花、其果实，又咏其叶之茂盛。

之子于归，宜其家人。

"之子于归，宜其家人"，于归得时，宜其家人。
由"室"，而"家"，而"家人"，有其层次。"家人"，一家之人。
齐家，一辈辈齐，有月银。由家而国，婚姻以时。
中国是大家庭，每年要"祭祖"，男孩可以参加并聚餐。未成年，吃饭没盘子，用碗。大孩子，睡通铺。

结婚以后，才可和大人同桌吃，才有自己的屋子住，室。以前居家过日子，一切皆有定规，有伦有序，到什么年纪，有什么待遇。

"家祠"，可能有上千户。祭祖时，可以相认，分"宗房"与"支房"。

昔日生男孩，才能在家中站得住。无后，过继，必须有血统关系。《白虎通·封公侯》曰："《礼服传》曰：'大宗不可绝。同宗则可以为后、为人作子何？明小宗可以绝，大宗不可绝。故舍己之父，往为后于大宗，所以尊祖，重不绝大宗也。'《春秋传》曰：'为人后者，为人子者。'"

七、兔 罝

此为怨诗。乱制之役民，以维家天下之私。民心中有怨，寄之于诗。

肃肃（suō，密网）**兔罝**（jū，网也），**椓**（zhuó，敲击）**之丁丁**（zhēng，钉橛声）。

"肃肃兔罝"，捕兔之网如此细密；"椓之丁丁"，设置必钉橛，使之更为牢固。

赳赳（威武）**武夫，公侯干**（盾）**城。**

"赳赳武夫"，雄赳赳、气昂昂！形容武士之威武貌。
"干城"，捍卫；"公侯干城"，作为公侯的护盾。

肃肃兔罝，施于中逵（kuí）。

"逵"，四通八达的道路，野途，《说文》云："野，郊外也。"邑外为郊，郊外为野，又称牧野。
"肃肃兔罝"，捕兔之网如此细密；"施于中逵"，张设至野外道路。

赳赳武夫，公侯好仇（逑，匹配）。

"好仇"，良伴。雄赳赳、气昂昂的武夫，是公侯的护卫。

肃肃兔罝，施于中林（林中）。

"野"，郊之外；野外，为"林"。

"肃肃兔罝"，捕兔之网如此细密；"施于中林"，张设至野外
林中。

赳赳武夫，公侯腹心。

"腹心"，同心同德，倚为心腹。雄赳赳、气昂昂的武夫，是
公侯的心腹。

"肃肃兔罝"，四处张设密网，防备周密；以"干城、好仇、
腹心"，而役使天下人，以维一己之私。此乱制役民之甚者。

八、芣 苢

芣苢（fú yǐ），车前子，因常见生长于道路旁，故名"车前"。
芣苢，令人宜子，能使男人更强壮，女人更易受孕。
采芣苢，在求生子，此为承嗣，"父母生之，续莫大焉"，为
延续香火。

采采芣苢，薄言采之。采采芣苢，薄言有（取）**之。**

"芣苢"，随处皆可采得；"采采芣苢"，日常之所为。

"薄言"，"薄"，一为语词，一为迫而；"言"，语中助词。急急忙忙。

"薄言采之""薄言有之"，急忙快采芣苢，唯恐人见之。可以想见，其求子之心思。

采采芣苢，薄言掇（duō）之。采采芣苢，薄言捋（luō）之。

"掇"，拾取；"捋"，摘取，以指历取之。

"薄言掇之""薄言捋之"，一手急忙拾其穗，一手急忙捋取之。自其动作，见其心思。

采采芣苢，薄言袺（jié）之。采采芣苢，薄言襭（xié，系在腰间）之。

"袺"，用衣襟兜着；"襭"，系在腰间。北方女人，做事也得穿长衣服。

"薄言袺之""薄言襭之"，急忙用衣服贮之，急忙系其衽于腰带间。

"薄言袺之""薄言襭之"，急速采摘芣苢之后，尽速将之藏起，唯恐为人所见。那时人心之素朴，见其生育之心切。

六出"薄言"，形容其急迫心理。"采之、有之""掇之、捋之""袺之、襭之"，自几个动作，可以想见其求子心切！

九、汉 广

兴，触物起情，托意寄之。求而不可得。喻求才心切，不求全责备。用人唯才，不论亲疏与否。

南有乔木，不可休（止）思。汉有游女，不可求思。

"乔木"，枝叶上竦之木，下面少荫；"不可休思"，人不得于木下止息。

"不可休思"，"息"，为语末助词；同下"不可求思""不可泳思""不可方思"。

"汉有游女"，"汉"，汉水；"游女"，一是游水之女；二是好游之女。

《韩诗外传·卷一》："孔子南游，适楚，至于阿谷之隧，有处子佩瑱而浣者。孔子曰：'彼妇人其可与言矣乎！'抽觞以授子贡，曰：'善为之辞，以观其语。'子贡曰：'吾，北鄙之人也，将南之楚，逢天之暑，思心潭潭，愿乞一饮，以表我心。'妇人对曰：'阿谷之隧，隐曲之泛，其水载清载浊，流而趋海，欲饮则饮，何问妇人乎？'受子贡觞，迎流而挹之，奂然而弃之，促流而挹之，奂然而溢之，坐、置之沙上，曰：'礼固不亲受。'子贡以告。孔子曰：'丘知之矣。'抽琴去其轸，以授子贡，曰：'善为之辞，以观其语。'子贡曰：'向子之言，穆如清风，不悖我语，和畅我心。于此有琴而无轸，愿借子以调其音。'妇人对曰：'吾，野鄙之人也，僻陋而无心，五音不知，安能调琴。'子贡以告。孔子曰：'丘知之矣。'抽缔纮五两，以授子贡，曰：'善为之辞，以观其语。'子贡曰：'吾，北鄙之人也，将南之楚。于此有缔纮五两，吾不敢以当子身，敢置之水浦。'妇人对曰：'客之行，差迟乖人，分其资财，弃之野鄙。吾年甚少，何敢受子，子不早去，今窃有狂夫守之者矣。'《诗》曰：'南有乔木，不可休思。汉有游女，不可求思。'此之谓也。"

汉之广（宽广）矣，不可泳（潜行）思。江之永（长）矣，不可方（桴，筏）思。

"汉之广矣"，汉水那么广袤！"不可泳思"，不可潜行而过。

"江之永矣"，滔滔的江水啊！"不可方思"，"方"，作动词，编竹木以渡；不可渡过。

翘翘（高貌，秀起）错（杂乱）薪，言（乃）刈（yì，除）其楚（荆）。

"翘翘错薪"，那高大而错杂的柴薪啊！

"言刈其楚"，我要除那高大的荆柴，因你遮住了我望你的视线。

之子于归（出嫁），言秣（mò，喂牲口）其马。

"之子于归"，你如果要出嫁；"言秣其马"，我愿意为你喂马。

汉之广矣，不可泳思。江之永矣，不可方思。

汉水如此广阔！不可游泳而过。滚滚江水啊！不可以渡而过！

翘翘错薪，言刈其蒌（lóu，白蒿）。

那高大而错杂的柴薪啊，遮住了我望你的视线，我要将那白蒿除掉。

之子于归，言秣其驹（马之小者）。

"之子于归"，你如果要出嫁；"言秣其驹"，我愿意为你喂小马驹。

"言秣其马""言秣其驹"，你如嫁给我，我就侍候你一辈子，"虽为执鞭，亦所忻慕焉"。

汉之广矣，不可泳思。江之永矣，不可方思。

再兴不可渡之叹！

"汉之广""江之永""不可泳""不可方"，悦慕之深，然求而不可得。

愿为之"刈其楚""刈其蒌"；"秣其马""秣其驹"，示爱慕之深！

喻求才而不可得。一个人顺着你说话，必有所为；对方不应声，表示他不满意。

怎能叫天下人尽"顺我者昌，逆我者亡"？学有所用，但达境界难！

十、汝　坟

《礼记·乐记》曰："治世之音安以乐，其政和。乱世之音怨以怒，其政乖。亡国之音哀以思，其民困。"闻其声知其政。

读书在增长智能，"诵《诗》三百，授之以政，不达；使于四方，不能专对；虽多，亦奚以为？"（《论语·子路》）可见不是读多少书，而是贵乎能用智慧，可以增加办事能力。

遵彼汝坟，伐其条枚。

"遵"，循；"汝"，汝水；"坟"，堤防，水涯。"条"，干；"枚"，小枝。

"遵彼汝坟"，沿着汝水的堤防；"伐其条枚"，砍伐堤旁的小树枝。

未见君子，惄（nì）如调（zhōu）饥。

"惄"，忧，急切；"调"，通"朝"；"饥"，饥餐渴饮，饥不择食。
"未见君子"，思见君；"惄如调饥"，忧心如焚。

遵彼汝坟，伐其条肄（yì）。

"肄"，余也，斩而复生。"伐枚"至"伐肄"，已历时经年。
"遵彼汝坟"，沿着汝水的水涯；"伐其条肄"，砍伐旁边那些新生的嫩枝。

既见君子，不我遐（xiá，远也）**弃。**

"既见君子"，已见君子，心欣悦之；"不我遐弃"，盼不要再远离、抛弃我。

鲂（fáng）**鱼赪**（chēng，赤）**尾，王室**（东周）**如毁**（huǐ，火焚）。

"鲂鱼"，小头缩项，阔腹穿脊，细鳞，色青白，腹内肪甚腴。"鲂鱼赪尾"，鱼劳而尾赤，喻民之劳苦。

"王室如毁"，现在的政权，使民处于水深火热中，极为痛苦不堪！

虽则如毁，父母孔（甚）**迩**（近）。

《韩诗外传·卷一》："枯鱼衔索，几何不蠹！二亲之寿，忽如过隙；树木欲茂，霜露不凋使；贤士欲成其名，二亲不待。家贫亲老，不择官而仕。《诗》曰：'虽则如毁，父母孔迩。'"

"乐只君子，民之父母"，"恺悌君子，民之父母"。昔日称州官、县官为"父母官"，喻爱民如子，"民之所好好之，民之所恶恶之"。

"虽则如毁，父母孔迩"，现在虽然痛苦，但我们翘首以待，殷切盼望，那个爱我们如父母般的政权，应已经很近了！

盼新政府成立，另起炉灶。《孟子·梁惠王下》曰："箪食壶浆，以迎王师。岂有他哉？避水火也。如水益深，如火益热，亦运而已矣。"

十一、麟之趾

祝人育有好子孙。

吉祥图案"麒麟送子图"。称儿子,"麒麟儿""麟儿"。"积善之家,必有余庆",垂裕后昆,行仁裕后,行仁道使后人得好处。

儒家两个代表:麟、龙。《春秋》"西狩获麟",于周为不祥,于《春秋》则为祥,《春秋》又称"麟经"。《易经》为"龙经",龙,喻变。"六龙",六变,"时乘六龙以御天","穷则变,变则通,通则久"。

麟之趾(足),**振振**(zhēn,盛貌)**公子,于**(同"吁")**嗟**(叹词)**麟兮!**

"麟之趾",麟不践生草,不履生虫,是仁兽。

"振振",喻仁厚貌;"公子",公侯的后代。

"于嗟麟兮","麟",喻仁厚的君子,有如我们赞美麟的仁德一般。

麟之定(额),**振振公姓**(公孙),**于嗟麟兮!**

"麟",一角,角端有肉,为仁兽。

"定",额。"龙门点额",金榜题名。

麟之角，振振公族，于嗟麟兮！

麟，由"趾"，而"定"，而"角"，乃由下而上，有其层次，有伦有序。

"公族"，祖庙未毁，有服之亲。

《经义述闻》："公子、公姓、公族，皆谓子孙也。"由近及远，皆有其层次。

麟，仁兽。人皆愿喜得麟儿，养育有德的后代。所以娶妻以德，选太太以德为重，为儿孙教育之所在，贤妻就是良母。

真想此生有幸福，必要建设一个温暖的家。不论男女，找对象，要"贤贤易色"，以贤德为重。如找"长得棒的"，早晚把你甩了！

一切要自根上来，本立而后道生，修、齐、治、平，一部《大学》。

召南

《召南》之始，已有鹊德。

《诗经》可以兴人之志，巧者为拙者奴，"前人种树，后人乘凉"。有仁德可多行仁，施于无仁者，行仁裕后。

一、鹊 巢

嫁女之诗。以"鹊巢鸠居",象征女入男室。

维鹊有巢,维鸠居之。

"维鹊有巢","维",启语词,无义;"鹊",善筑巢;"鸠",不自为巢,居鹊之成巢。

"维鹊有巢,维鸠居之",鹊巢鸠居,况女之居男室。

此人情的,形容男孩结婚必备一屋,其中含无尽量的"敬"义与"爱"义。

之子于归,百两（辆）御（yà）之。

"御",同"迓",迎接。

"之子于归,百两御之",男子前往迎亲,有百辆车队,可见阵容之浩大。

维鹊有巢,维鸠方（fāng）之。

"方",占有。"维鹊有巢,维鸠方之",鹊备有巢,鸠有所依。

之子于归,百两将（送）之。

"之子于归,百两将之",送往迎来,迎亲在中途。

维鹊有巢，维鸠盈之。

"盈之"，充满，充实之。

"居之""方之""盈之"，鹊巢鸠占，极富生意。

之子于归，百两成之。

"之子于归，百两成之"，"成之"，成其礼。既至，肯定其身份，名分已定。

"御之""将之""成之"，一层又一层。昔六礼具备：纳采、问名、纳吉、纳征、请期、亲迎，才算完婚。

亲迎礼，男必亲迎，迎于女方祖庙。由女方母亲，将女儿亲手交给女婿，表明为一贞洁女子。此后，于男方家负起承祭祀、任嗣事之责。

拜天地，光男人拜，女子不拜，表明由男方磕拜娶来的。结婚，必在太阳未出时，古时用"昏"字。

二、采 蘩

采蘩（fán），表明一个主妇的责任。

结婚目的：一在尽孝。孝无终始。二是奉祭祀。昔祭政合一，祭在家中居重要地位。三乃任嗣事。续莫大焉。

于（于）以（何）采蘩？于沼（水池）于沚（小渚）。

"蘩"，所以生蚕，春始生香，美可蒸食，秋名曰蒿，可以为菹。蚕未出，煮蘩以沃之，则易出。

昔皇帝郊天，"天子亲耕于南郊，以共齐盛；王后蚕于北郊，以共纯服"（《礼记·祭统》）。

"于以采蘩"，在何处采蘩？"于沼于沚"，为采蘩事，奔波于沙洲沼池中。

于以用之？公侯之事（祭事）。

"于以用之？公侯之事"，采蘩用于家中祭事。
昔祭祀，在家中居主要地位。妇女采蘩，以供祭祀。

于以采蘩？于涧（山夹水）**之中。**

"于以采蘩？于涧之中"，为采蘩事，奔波于溪山水涧中。
婚后，女子必负起家内主人之责，亲自采蘩，以供祭祀。

于以用之？公侯之宫（宗庙）。

昔祭祖，为惊天动地之事。夫人地位高，奉祭祀，不可假手于仆人。"于以用之？公侯之事"，采蘩用于宗庙祭神。

被（bì）**之僮僮，夙夜**（早晚）**在公**（祭祀）。

"被"，通"髲"，假发；"僮僮"，严肃庄敬貌。
"被之僮僮，夙夜在公"，服饰整齐，严肃庄敬。形容助祭时的仪容。

"斋必有明衣"，祭祀时，服装必要整齐。"祭如在，祭神如神在"，慎重其事。

被之祁祁（舒缓，头发散乱），**薄言**（迫而）**还**（返）归。

"被之祁祁"，为祭祀事日夜辛劳，而略带倦容，忙完稍事休息。

"薄言还归"，但犹不放心，再急忙回宗庙看一看，看祭品是否都备齐了。形容敬重其事，有责任感。

三、草 虫

怨。深闺怨，描写人性之美！

喓喓（yāo）**草虫，趯趯**（tì）**阜螽。**

"喓喓草虫"，草虫鸣叫声；"趯趯阜螽"，跳跃的小虫。
自"草虫""阜虫"，喻夫行役在外，久久未归，苦思念想，心绪烦乱。

未见君子，忧心忡忡（chōng）。

未见夫君，内心忧伤不宁。
妻子独居，感时物之变化，兴思念之情，不能自已。

亦（假若）**既见止**（语尾词），**亦既觏**（同"媾"）**止，我心则降**（xiáng，平静）。

"亦既见止，亦既觏止"，梦中想见其夫，"既见既觏"，内心由冲动，到平静，"我心则降"。

陟彼南山，言采其蕨（野菜）。**未见君子，忧心惙惙**（chuò，忧）。

"南山"，在今山西、陕西一带。

"登彼南山，言采其蕨"，登南山采蕨，站在山巅眺望，盼君归来。

"蕨"，地下茎横生，叶子初生时多为卷曲团状，外表覆有茸毛，部分叶片后面生孢子囊，孢子成熟后散落繁殖。多生长于阴湿温暖地区，种类繁多。它的根茎有解热、利尿等功用。

"未见君子，忧心惙惙"，日日思君，君未归，忧思久久不去。

《韩诗外传·卷三》："孔子曰：'君子有三忧：弗知，可无忧与！知而不学，可无忧与！学而不行，可无忧与！'《诗》曰：'未见君子，忧心惙惙。'"

亦既见止，亦既觏止，我心则说（同"悦"）。

"既见既觏"，在梦中重逢，内心由冲动到喜悦，"我心则说"。

陟彼南山，言采其薇。未见君子，我心伤悲。

"登彼南山，言采其薇"，登南山采薇，眺望远方的人儿。

"未见君子"，君归无期；"我心伤悲"，悲伤一天沉重一天。

从"采蕨"到"采薇"，见时光之推移，兴思念之情更盛。

"薇"，多年生草本，叶由地下根茎丛生，幼嫩时可供食用，叶上生孢子囊，多生于山野向阳草地。

"忧心忡忡""忧心惙惙""我心伤悲"，形容心中之忧虑，随着时间的推移，一层深似一层。

自"未见""忧心忡忡""忧心惙惙"到"我心伤悲"，描写其相思之苦。

亦既见止，亦既觏止，我心则夷（平）。

"亦既见止，亦既觏止"，设想相见后；"我心则夷"，渴望之心稍得平静。

自"我心""则降""则悦""则夷"，见梦中之喜悦，一节紧似一节。心平则喜悦，益见相思之切，更显心中之怨。

四、采 蘋

此咏女子之行谊。主持祭祀事宜，一切井然有序。

于以采蘋（水草名）**？南涧之滨**（水边）。

"蘋"，大萍；小者曰浮萍。

"于以采蘋？南涧之滨"，在何处采蘋？在南涧水边。

于以采藻（水草名）？**于彼行潦**（lǎo）。

"藻"，水草；"潦"，路上积水。
"于以采藻？于彼行潦"，在何处采藻？在道旁的小溪。

于以盛（chéng，装）**之？维筐及筥**（jǔ）。

盛物器，方曰"筐"，圆曰"筥"。
用什么装水草？用"筐"及"筥"。

于以湘（烹）**之？维锜**（qí）**及釜**（锅）。

有足曰"锜"，无足曰"釜"。
用什么烹煮水草？用"锜"及"釜"。

于以奠（置）**之？宗室牖**（yǒu，窗）**下。**

准备祭祀之祭物。
人刚死，用"奠"字，着凶服。过年，用"祭"字，着吉服，平常祭祀之服。
"于以奠之？宗室牖下"，在哪儿祭奠？在宗庙的窗下。

谁其尸（主）**之？有齐**（斋，敬也）**季女。**

"尸"，主也，主持设羹，以祭祀。
"有齐"，虔敬；"季女"，年轻女子。
"其谁尸之？有齐季女"，由谁主持供物？虔敬的小女。

"祭如在",孝无终始,事死如事生。

此诗,自采祭物、烹祭品、用祭器、祭地,到主祭人,一一陈述,丝丝入扣。五用"于以",以发问,至"谁其",主祭者乃出,为一小女子,见其有法度,行事有条不紊。

五、甘　棠

"甘棠",念召伯之德,爱及其树,不忍伤之。勉人要以德处民,则百姓永念不忘,留去思。

旧家庭,父母用过的东西不能扔,称"手泽"。父母的字画,皆称先人手泽,不在乎其价值,而是留念想。

对祖先有贡献的东西,供于家庙;祭祀时,展示先人手泽。

蔽芾(fèi,草木茂盛)甘棠,勿(禁绝之词)翦(去)勿伐(砍),召伯所茇(bá,止息)。

《韩诗外传·卷一》:"昔者,周道之盛,召伯在朝,有司请营召以居。召伯曰:'嗟!以吾一身,而劳百姓,此非吾先君文王之志也。'于是,出而就蒸庶于阡陌陇亩之间,而听断焉。召伯暴处远野,庐于树下,百姓大悦,耕桑者倍力以劝,于是岁大稔,民给家足。其后在位者骄奢,不恤元元,税赋繁数,百姓困乏,耕桑失时。于是诗人见召伯之所休息树下,美而歌之。《诗》曰:'蔽芾甘棠,勿翦勿伐,召伯所茇。'此之谓也。"

"蔽芾甘棠"，甘棠树，长年生长，叶大茂盛。

"勿翦勿伐"，勿翦其枝叶，伐其条干。

"召伯所茇"，这是召伯曾休息的地方。

蔽芾甘棠，勿翦勿败（折），**召伯所憩**（qì，息）。

"勿翦勿败"，不可以折枝损叶。不只勿砍伐而已，乃爱之愈久愈深也。

蔽芾甘棠，勿翦勿拜（屈），**召伯所说**（shuì，车之止息）。

"拜"，低屈之，挽其枝以至地；"勿翦勿拜"，使之自然生长。

"召伯所说"，这是召伯以前住宿的地方。

"勿伐""勿败""勿拜"，以表对召伯的思念不已。一树尚且如此，则其他更可知也。

《诗经原始》："他诗练字，一层深一层。此诗一层轻一层，然以轻重而愈见其珍重耳。"

此后，凡是当官的对地方有德，写"甘棠遗爱"，表其政绩，老百姓给的。

舍不得毁掉他所留下的东西，保存、爱护之，即同日后对凡有贡献人物，于其居住处设立"纪念馆"。

六、行　露

怨诗。《诗》中，怨为多，因为人生不如意事，十之八九。此诗拒迫婚。婚姻，必按礼行事，守正。

厌（潮）浥（yì, 湿润）行（háng）露（道上露水），岂不夙夜？谓（为）行多露。

道间之露多湿，我岂不欲早夜而行？畏惧多露之沾濡，故不行耳。

"行多露"，以雾深露重，喻荆棘满途。应选择能走的环境才行。

谁谓雀无角（鸟喙）！何以穿我屋？

"雀有角"，喻男方有财。

"谁谓雀无角"，谁说那鸟雀没有犄角？"何以穿我屋"，那怎么可以穿我的瓦屋？

谁谓女（汝）无家（gū）？何以速（致）我狱？

"家"，姑，未嫁。"大家"，女子之尊称。东汉班昭，称"曹大家"，入宫任女师。昔以娶女，为"求家"。"速狱"，人无罪而给帽戴。

"谁谓汝无家"，谁说你没有家室？"何以速我狱"，何以要致我于罪？

虽速我狱，室家不足！

"室家不足"，婚姻之礼不足，我绝不受。

"虽速我狱，室家不足"，虽如此强迫我，但是我非礼不嫁。女子以礼自守。

谁谓鼠无牙，何以穿我墉（墙）？

"鼠有牙"，鼠有粗大牙，喻男方有权势。

"谁谓鼠无牙"，谁说那鼠没有粗大牙？"何以穿我墉"，不然怎么穿透我的厚墙！

你虽是有权有势，但我亦不为所屈。

威武不能屈，多么坚强！

谁谓女无家，何以速我讼？

"谁谓女无家，何以速我讼"，你既已有了家室，何以还要如此陷害于我？

虽速我讼，亦不女（汝）**从。**

虽是如此强逼压迫，"亦不汝从"，但我就是不从。意志之坚，真有骨气！

《韩诗外传·卷一》："传曰：夫行露之人许嫁矣，然而未往也，见一物不具，一礼不备，守节贞理，守死不往，君子以为得妇道之宜，故举而传之，扬而歌之，以绝无道之求，防污道之行乎！《诗》曰：'虽速我讼，亦不尔从。'"

"速我狱""速我讼"，虽是如此，但我终不为所挫。

"室家不足""亦不汝从"，不为权势所屈服，有守，"威武不能屈，富贵不能淫"！

七、羔 羊

国家无事时，公务员得以过着悠闲自在的生活。

羔羊之皮，素丝五绒 (tuó)。

"羔羊之皮"，小曰羔，大曰羊。用羔羊之皮以为裘，此大夫之服。

"素"，代表洁净，"绘事后素"（《论语·八佾》）。孔子为"素王"，空王也，有王之德，无王之位。中国字多半用引申义，用本义的少。

五丝为一绒，以白丝编织五圆形如纽之物，以连属两皮以为饰。五绒，一百丝。

"羔羊之皮"，戴羔羊皮冠；"素丝五绒"，用白丝线缝制而成的衣服。

退食自公，委蛇 (wēi yí) 委蛇。

"退食自公"，从公门而出，退朝，食于家。

"委蛇委蛇"，逶迤而行，走路逍遥自在，神态自若。

羔羊之革，素丝五緎（yù）。

"緎"，羔裘之缝，五緎一百丝。
"羔羊之革，素丝五緎"，地位高些，穿着服饰做工较细密。

委蛇委蛇，自公退食。

"自公退食"，可看出那时庆升平，民间皆富。

羔羊之缝，素丝五总。

"缝"，缝杀，两皮接合之处；"总"，犹结。五总四百丝。

委蛇委蛇，退食自公。

"退食自公"，退朝而食于家。即今天下班回家。
描写三种公务员，大小有秩，于穿着上可看出其品级，而生活皆自在。

八、殷其雷

丈夫远行从政，不遑宁处。夫妇俩不在一起，妻子心中有怨。

殷其雷（打雷声），**在南山之阳**（山南）。

前二句为"比"，"以彼物比此物"，况也，常意在言外。

"殷其雷"，形容雷声隆隆；"在南山之阳"，就在南山之南。
妻子闻雷声隆隆，动其思夫之情。

何斯（人）**违**（离）**斯**（地方），**莫敢或遑**（暇）？

"何斯违斯"，念夫君离家之久！
"莫敢或遑"，夫婿因忙于公务，不敢稍有闲暇。

振振（仁厚）**君子，归哉归哉！**

"振振君子"，美其夫君仁厚之德；"归哉归哉"，长相思，望
君早归。

殷其雷，在南山之侧。

雷声隆隆，就在南山之侧。

何斯违斯，莫敢遑息（止）？

夫君离家久不归，为公务不敢稍歇息。

振振君子，归哉归哉！

仁厚的夫君啊，盼君早日归来！

殷其雷，在南山之下。

"殷其雷"，在"南山之阳""之侧""之下"，喻雷声之无定在，
兴君子之不遑宁处。

何斯违斯，莫或遑处（居）？

"莫敢或遑""莫敢遑息""莫或遑处"，悯其从公之辛劳。

振振君子，归哉归哉！

丈夫从公在外，不遑宁处。
"归哉归哉！"妻望夫归，既殷且切，能无怨？

九、摽有梅

兴，托梅寄情。女子三部曲，感慨系之！婚姻不及时。

怨女，悲秋，女子伤心。兴、观、群、怨，《诗经》是社会学，自此看看"人"的情形。

摽（biào，落）有（语词，无义）梅，其实七兮。

"摽"，打落，坠落；"有"，语词；"梅"，初春开花，香远益清，二月结实，五月采收。
"摽有梅"，比喻女子；"其实七兮"，树上梅子七成未落。

求我庶士，迨（及）其吉（吉日）兮。

"求我庶士"，求我的年轻人；"迨其吉兮"，趁着吉日追求。

摽有梅，其实三兮。

"其实三兮"，梅树果子三成未落。

求我庶士，迨其今〔今日，急辞〕**兮。**

"求我庶士"，追求我的人儿；"迨其今兮"，趁着今日追求。

摽有梅，顷筐塈〔jì，取〕**之。**

"顷筐塈之"，果子全熟了，拿筐来拾取。
女子逾嫁龄，望嫁心切！

求我庶士，迨其谓〔相语，告急〕**之。**

"求我庶士"，求我的人儿啊；"迨其谓之"，但相告语约定。
三"摽有梅"："实七""实三"至"顷筐取之"，时已过，实落之尽矣！
"迨其吉""迨其今""迨其谓"，由待贾而沽，到望嫁情切。情急心切，感慨万千！
"匏瓜系而不食"，时日飞逝，时不我予也。

十、小　星

兴，触物感发。
做工的看到主人的感触。与对面人，两相比较，感慨万千！
有人富可敌国，有人披星戴月。社会即如此。

嘒（huì，微光闪烁）**彼小星，三五在东。**

"嘒彼小星"，黎明之前，天上的小星微亮。
"三、五"，喻不定数。"三五在东"，在东方的清晨残星。

肃肃（疾速）**宵**（夜）**征**（行），**夙夜在公。寔**（实）**命不同！**

"肃肃宵征，夙夜在公"，夜间行役，为公事忙，劳苦之至。
"寔命不同"，实命与人不同。自伤，感慨系之！

《韩诗外传・卷一》："传云：不逢时而仕，任事而敦其虑，为之使而不入其谋，贫焉故也。《诗》云：'夙夜在公，实命不同。'"

嘒彼小星，维参（shēn）**与昴**（mǎo）。

参星、昴星，二十八宿中西方七宿之二宿，黎明前出现在东方。
"嘒彼小星，维参与昴"，东方的夜空，小星微亮，黎明将至。

肃肃宵征，抱衾（qīn，被子）**与裯**（被单）。**寔命不犹**（如，若）！

"肃肃宵征，抱衾与裯"，早晚打工，抱着行旅。打临时铺，居无定所。
"寔命不犹"，实是命不如人！
此一感慨，非怨怼而何？但又无可奈何。

十一、江有汜

心仪的女子出嫁了，而丈夫不是我。个中滋味，真是点滴在心头！

江有汜（sì，水决后又流入），之子归（之子于归），不我以（与）。不我以，其（将）后也悔！

"江有汜"，江水流出支流；"之子归"，心仪的女子要出嫁了。"不我以"，不与我相厮守。
"不我以，其后也悔"，不与我相厮守，你将来会后悔。

江有渚（zhǔ，水中小块陆地），之子归，不我与（共，偕也）。不我与，其后也处（忧）！

"江有渚"，江中有一小洲；"之子归"，你已出嫁了！
"不我与，其后也处"，你既如此绝情，将会有忧心之时。

江有沱（江水支流），之子归，不我过（guō，过从）。不我过，其啸（吟）也歌！

"江有沱"，江水流入支流；"之子归"，你出嫁了！
"过"，回头看一个人；"不我过"，过我门，看也不看一眼。
"不我过，其啸也歌"，你过我门不顾，我只能号哭。人不舒服时，打口哨当歌。

"江有汜""有渚""有沱"，取分歧别出之意，象征心仪的人，离我而他嫁。

"不我以""不我与""不我过"，与我不相与，过我门而不入，何等痛心！

"其后也悔""其后也处""其啸也歌"，一层又一层，内心的悲伤，越来越沉重。

自此看，三千年了，但文句并无多大改变。

十二、野有死麕

兴，感物而情动于中。春天有所怀想。外面的引诱，自己必要守得住。

男女在郊外相遇，两情相悦，少女怀春，少男热情。可见中国古时自由得很，以后是"人之为道而远人"。

野 (郊外) **有死麕** (jūn)，**白茅包之**。**有女怀** (思) **春，吉士** (美士) **诱** (情挑) **之**。

"野"，郊外；"麕"，似鹿，性惊，又善聚散。"野有死麕"，何以用此形容？

"白茅"，多年生草本，自生于山野之中，春时，光叶子开花，簇生茎项，密生白毛。

"白茅"，《易经·大过卦》"藉用白茅，柔在下也"。"白茅包之"，喻圣洁白净。

"有女怀春"，"怀春"，春天而有所怀想。

"吉士诱之"，美士情挑。

林有朴樕（sù），野有死鹿。白茅纯束，有女如玉。

"朴樕"，小树。"林有小树，野有死鹿"，何义？

"纯束"，特别纯净。"白茅纯束，有女如玉"，形容女子冰清玉洁，喻有人品。

"舒（徐）而脱脱（tuì，行动迟缓）兮！无（勿，禁词）感（同"撼"，动摇）我帨（shuì，佩巾）兮！无使尨（máng，狗）也吠（fèi，叫）！"

"舒而脱脱兮"，形容男子之动作。

"帨"，系巾于腰，下垂逾膝，用以蔽前。

"无撼我帨兮"，女子要男子不要碰我的佩巾。以礼自防。

"无使尨也吠"，说不合礼的行为，将会引起狗叫。面对引诱，能守身如玉。

《西厢记》"金玉其外，败絮其中"。

十三、何彼襛矣

咏嫁女诗。

何彼襛（nóng，盛）矣？唐棣（dì）之华（花）。

"何彼襛矣？唐棣之华"，何花开得如此茂盛？原来是唐棣之花。

唐棣花，数朵聚集，形成总状花序，具芳香味，昔日多用于装饰嫁车。

曷（何）不肃（敬）雍（和）？王姬之车。

《礼记·乐记》："肃雍和鸣，先祖是听。"肃，虔敬；雍，祥和。

鸾在衡，和在轼。车行，则有鸾和之鸣，岂不肃雍？肃肃，敬也；雍雍，和也。敬以和，何事不成？

"曷不肃雍？王姬之车"，闻鸾和之声，知是出嫁的专车。

何彼襛矣？华如桃李。平王之孙（女孙），齐侯之子（女）。

"何彼襛矣"，形容繁花之艳丽；"华如桃李"，有如桃李般的绚烂。

"平王之孙，齐侯之子"，形容女子高贵出众。

其钓维（为）何？维（语词）丝伊（语词）缗（纶）。齐侯之子，平王之孙。

"其钓维何"，钓竿上用什么线系？"维丝伊缗"，用条丝拧成的丝绳。

"丝缗"，二者合而为一，才能钓到鱼。表明二人结合，必要和合，才能有所成就。

"平王之孙，齐侯之子""齐侯之子，平王之孙"，喻双方门当户对。

十四、驺 虞

《韩诗》以"驺虞",为天子掌鸟兽之官。《韩诗》,今文诗。

彼茁（初生草茂盛）**者葭**（jiā,芦苇）,**壹发**（射）**五豝**（bā,母猪）。

在那繁密的芦苇丛中,一次就射中五只母野猪。

于（吁）**嗟**（叹词）**乎驺虞!**

美善射!

彼茁者蓬（草名,叶似柳）。

"彼茁者葭""彼茁者蓬",形容草初生茂盛,到秋季时,风卷而飞扬。

赞美虞人善尽职责,管理围场周到,茁草长得好,所以动物得以繁殖。

壹发五豵（zōng,小猪）。**于嗟乎驺虞!**

"壹发五豝""壹发五豵",美其善射。然一下子杀掉那么多,到底是仁? 还是不仁?

《诗》无达诂,无从上至下,同一之解释。

《序》以"驺虞为仁兽,不食生物者（出气的）",白虎黑文,不食出气的。言"泽及物者广",曰:《驺虞》《鹊巢》之应也。《鹊巢》之化行，人伦既正……则庶类蕃殖，蒐田以时。仁如驺虞，则王道成矣。"

《周南》终于麟，麟不践生草；《召南》止于驺虞，驺虞不食生物。示仁之至也。"二南"互应，寓意极深。

程子曰："天下之治，正家为先。天下之家正，则天下治矣。'二南'，正家之道也。"

"寓于道"，必知其所以然。

余论

看一人文章，即知其人，文如其人。昔日读书人，医、卜、星、相都懂些，当作常识。相，在人多的地方，最容易看相貌如何。

做风水，如做错，问题就来了。清朝不会看风水，当上皇帝；会看风水，亡国了！我家不合婚、不看风水、不择日。虽懂，但家风如此，相信天命。

民国初年，那时思想界之热闹！北京，天天有不少演讲，给中国留下的余波，至今犹在荡漾中！

当时知识分子，回家旧，但出门新，自以为时髦。今天痛定思痛。这七十年，在学术上无发挥力量。人一软弱，就易生病。中国学术有中国的一套，应走自己的路子。中国的学问绝不可以自修，自修的学者无法懂精华之所在。

《易经》为五经之源，与《春秋》相表里，是中国很重要的两部书。民国以来，对《大易》与《春秋》很荒废。但自己只要肯努力，就有入手处。高深学问在自己深入，自己必要彻底明白，才能清楚交给下一代。自己如没到一境界，也不能将中国学问讲给别人听。熊十力于中国学问，代表一个时代，将来绝不亚于程、朱。

命名，名往前进，字就要往后退。韩愈，字退之。自名字，可看出其人修养。王安石，字介甫，其介如石，石头裂开呈直线，比喻其人正直。

北方歌雄壮，自然的节奏，此与北方的自然环境有关。江南水乡，南人秀美，吴侬软语，骚人墨客多。

文章，意境不到，就不行。蒋士铨《鸣机夜课图记》，记其母教，文笔不错。课子可是不易！你有高的身份、地位，谁都怕你，就是儿子不怕你。

今人不懂得课子，孩子随便长，所以成就就低了！"望子成龙，望女成凤"，光知盼儿成龙，却用养狗的方法养，当然成狗了。

孩子不必那么宠，没有冻死、饿死的孩子。从小教育重要，要养成天天看书的习惯，长大自然手不离书。人对好的事，陷入绝不会深，没有听说读书累死的。要读的书太多了，休息什么？

你们必要"实事求是"，慢慢能"见真"，不要净"盲从"，说三道四，"道听而涂说，德之弃也"（《论语·阳货》）。

遇事，必要看一看、听一听、察一察。见事，必要客观，不要尽主观。不要加入战团，把自己的价值弄没了！

"民可载舟，亦可覆舟"，政治的好坏，全视百姓接受与否。民主时代，更应重视民意，即倾听人民的心声。

做文章，必要大声念。诗、词、歌、赋，都有一定的调。学外国语，也必要大声念。许多老歌仔戏，很有古韵，连说话都有抑扬顿挫。

中国读书完全重实用之学，即活学问。要"眼观六路，耳听八方"，到哪儿都得看一看、听一听，必要印证所学，学以致用。许多书呆子，净在屋里读书，什么事也不懂，出门就没用。

"养浩然气，读有用书"，不要求虚名，必学有用之学，腹中能有韬略。经书也是致用之学，是在经纬时代，将其研究清楚，使自己的智慧能有用。

学智慧，随时皆可以致用。人生就是斗智，斗力的时候很少。每天斗智，练达智慧。

人有智慧以后，什么事都能做，但必要衡量所做的事，是否伤品败德？如摆地摊，显己之能，不犯法，又不必大的本钱。

求真知，必要到一个境界才行，"行有余力，则以学文"（《论语·学而》），学经纬天地，才能做政治家。

曾文正一生从政，看其全集有多少。《曾文正公全集》必看，此人为"伊尹后一人"，处世完整。他处在满汉疑忌的时代，犹能左右逢源，成就其不世之业。其人头脑清楚，是桐城文大师。中人的智慧，求阙，每天求己之阙，以勤补拙。

夫妻，"妻者，齐也"，与夫齐也。中国是"一夫一妻制"。以前，皇帝要废后，必费大力量，因为不可以杀。命妇，能到宫中当上客，唯曾文正公夫人，封一品夫人。曾年轻时，外号"呆子"；成功后，人以为是"内敛"。曾文正写日记，动机是写给西太后看的。

动笔少不行，应是有意见就写，要时常提笔。刻苦勉励自己，

诗　经

为学必要勤，一勤天下无难事。

读书，分"精读"与"浏览"两类。专家，一辈子有读不完的书。应世，必要能提笔为文。求阙，要有面对自己短处的勇气，不可以逃避。

求学问，必要自己读书。开始怎么读，都没有关系，就在你有没有读。只要读书了，人的思想会变。可怕的是，根本就没有看书，怎么进步？看孔子一生，有几个境界？

今天老师不读书，但能教书，可以骗学生小，可不能骗学生老。做人有一原则：不可以尽耍术。

读书，自根上认识，至少比没看过好得多。智力够的，有独立思考的能力，能够领导时代。不是反对谁，就认识一个真理。思想、学问都有特色、有见地。鲁迅，硬骨头，大有孔子之风。

要读完《四库全书》，不可能！有时间，可以看《四库提要》，虽不中，亦不远矣！

看《说文解字》，每天记几个字，不间断，不温习，往下记，可以认识许多字。

经书绝不能乱讲，讲经必要有根据。你们在观念上接触过，以后再看书，都是老朋友。人到中年，浮气就没了！小常识的书，时常接触些，可以有概念。年轻时要"博"，什么书都可以看；老了，必要专"精"。

为文要精细，行气要连贯。不要一拿笔就写。先好好构思，想一天，也没有关系。练习久了，功夫到，铁杵也能磨成针。纵使再有"才华"，还要加上"功夫"。

写信，有《秋水轩尺牍》《雪鸿轩尺牍》，可以参考，有一定的格局、规矩。题诗、画画，皆艺术。昔日名人信札，无论结构，或是布局，都是艺术品。信封、信纸的花纹，与时均有一定，有四季花卉、四君子，很雅，令人爱不释手。

为文，一出手，不能太低。中国有中国的一套，要知道。只可惜，今天教书的也不明白。

字值得读，尤其名家字。每天要有一定时间"读字"，读久了，就有美感。书信手卷，是送给晚辈（世交）读的，里头有许多深情。

《广艺舟双楫》，是书法专著，南海先生论字，可以参考。学字认真，一年可以成形。成家，则非每个人都能。南海字，有才华，成家，自成一格。

写字，必自基本字入手。"书画同源"，字没有学好，画就画不好。

风气很重要，风气一开，人无自主的力量。人很可怜！人性皆自私，不是新旧问题，而是人的自私心可怕！

有知识的人不做亏心事，但也不应占人便宜，应"发乎情，止乎礼"，做性情中人。

为政，不怕一家哭，但不能令一路哭。国有法令，必依法行事，不可以违法乱纪。知识分子尤其要特别冷静，不可以尽助人为恶！知识分子是时代的中流砥柱，要走入时代，使时代往前进步，而不是兴风作浪，到处煽风点火。

有空，每天读一首诗；《诗》三百，一年可以读毕。

要发心，每天不要空过，能持之以恒，久了就有成就。

诗　　经

《诗经》难读，非有大智慧，虽读之，与不读等。吾举《论语》言《诗》者四章，以示后生。愿思之终身，无妄谓易解。夫惟知圣言不易索解也，而后可求真解，而后可与言《诗》。

一、《论语·为政篇》云："《诗》三百，一言以蔽之，曰'思无邪'。"

二、《论语·八佾篇》云："子曰：《关雎》乐而不淫，哀而不伤。'"

三、《论语·阳货篇》云："子曰：'小子何莫学夫诗？诗，可以兴，可以观，可以群，可以怨。迩之事父，远之事君（案：古言事君，犹今言治国、平天下之道）。多识于鸟兽草木之名。'"

四、《论语·阳货篇》云："子谓伯鱼曰：'女为《周南》《召南》

---

① 摘自熊十力《读经示要》。

矣乎？人而不为《周南》《召南》，其犹正墙面而立也与？'"

三百篇，蔽以"思无邪"一言。此是何等见地，而作是言。若就每首诗看去，焉得曰皆"无邪"耶？后儒以"善者足劝，恶者可戒"为言，虽于义无失，但圣意或不如斯拘促。须知，圣言此语，通论全经，即彻会文学之全面。文学元是表现人生。光明黑暗，虽复重重，然通会之，则其启人哀黑暗向光明之幽思，自有不知所以然者。故曰"思无邪"也。非于人生领悟极深，何堪语此？呜呼！难言矣！

《关雎》古今人谁不读？孰有体会到"乐不淫、哀不伤"者？情不失其中，仁体全显也。仁者，万化之本源，人生之真性也。吾人常役于形，染于物欲，则情荡而失其性，乐至于淫，哀至于伤，皆由锢于小己之私，以至物化，而失其大化周流之真体。此人生悲剧也。

夫子于《关雎》，直领会到仁体流行，其妙如此。从来哲学家，几曾识得此意？凡今之人，慎勿轻言《诗》也。（读《诗》不易，读文亦然。今人论古书真伪，辄曰辨抉其文。何言之易乎？胸无义解与容蓄者，眼光浮短，焉得上下古今，论文章得失乎？海上逐臭，其不以金玉为瓦釜者，希矣！）

《诗》有功能：兴观群怨。人生真感，时代狂潮，政俗极敝，读三百篇，而犹可兴、可观、可群、可怨。《骚经》犹足嗣响。后此，而《诗》亡矣。

不为"二南"，其犹正墙面而立（面墙者，一物无所见，一步不能行）。"二南"于人生之启示，若是重要。夫子训伯鱼以此。试问"二南"是甚境界？后人欲究夫子作人精神，与其思想渊源，必不可不求之"二南"，何得轻心放过？

尚

书

前 言

　　《尚书》首让，尧让舜，公天下，中国人的政治思想，不能家天下，应让贤。

　　万章问：“至于禹而德衰，不传于贤，而传于子。有诸？”孟子有其主张，不讲师说，自圆其说：“天与贤，则与贤；天与子，则与子”（《孟子·万章上》）。

　　“祖述尧舜”，尧、舜以让。孔子革命，作《春秋》，以隐、桓印证尧、舜。“隐为桓立”，况让，公天下。越有让者越有容，引出许多和奴儒不同的思想。

　　孔子是第一个搞革命的，《论语·阳货》：“公山弗扰以费畔（叛），召，子欲往。子路不说（悦），曰：‘末之也已，何必公山氏之之（往）也。’子曰：‘夫召我者，而岂徒哉？如有用我者，吾其（岂）为东周乎！’”孔子不助东周，另立一小朝廷，即《春秋》，志在《春秋》，以《春秋》当新王，要拨乱反正，回尧舜公天下。

子思为其祖作传，就十六个字："祖述尧舜，宪章文武。上律天时，下袭水土。"

"祖述"，继志述事。"宪章"，法度典章，作为参考。"上律天时"，法自然，"律"字用得神，用得妙！"下袭水土"，明地理，用得通神！就此十六个字，即可立说。有修为，才能创作。

《尚书》是一部政书，看中国"政统"的演变，首"二典"，《尧典》《舜典》。"典"，标准、模范，尧、舜公天下，大同；"至禹而德衰"，开家天下之局，禹、汤、文、武、成王、周公，六君子为小康，从《大禹谟》到《周书》之完整。

孔子"序书传，上纪唐虞之际，下至秦缪，编次其事"（《史记·孔子世家》），《尚书》以《秦誓》终，有所取义，要琢磨。

屈万里《尚书集释》，"书序"附后，以序为伪，故置于后，讲考据，与曾运乾《尚书正读》解释不同。

《尚书》是中国最早的政书，政治理论、政绩皆在内。中国政治讲治理、道法、心法。所谓立功、立德、立言，"有德者必有言，有言者不必有德"。现在政治，言政论、政术、政绩（行政有成绩）。说法虽不同，其义一也。

读书必要静心，否则难读下去。《尚书》分今古文，很难读，各家看法不一。

《史记·秦始皇本纪》："天下敢有藏《诗》、《书》、百家语者，悉诣守、尉杂烧之。有敢偶语《诗》《书》者弃市。以古非今者族。"

《史记·六国年表》："秦既得意，烧天下《诗》《书》，诸侯史记尤甚，为其有所刺讥也。《诗》《书》所以复见者，多藏人家。"

《史记·儒林列传》："及至秦之季世，焚《诗》《书》，坑术士，六艺从此缺焉。""孝文帝时，欲求能治《尚书》者，天下无有，乃闻伏生能治，欲召之。是时伏生年九十余，老，不能行，于是乃诏太常使掌故晁错往受之。秦时焚书，伏生壁藏之。其后兵大起，流亡，汉定，伏生求其书，亡数十篇，独得二十九篇，即以教于齐鲁之间。学者由是颇能言《尚书》，诸山东大师无不涉《尚书》以教矣。"

《论衡·正说》："至孝武帝时，鲁共王坏孔子教授堂以为殿，得百篇《尚书》于墙壁中。武帝使使者取视，莫能读者，遂秘于中，外不得见。"

《史记·儒林列传》："孔氏有古文《尚书》，而安国以今文读之，因以起其家。逸《书》得十余篇，盖《尚书》滋多于是矣。"

今古文之争，不在文字，而在思想、制度、礼法之争。

今古文之争，周予同《经今古文学》说："学统不同，宗派不同，对于古代的制度，以及人物的批评，各各不同，而且对于经书的中心人物孔子，各具完全不同的观念。"六经的次第：今文家是《诗》《书》《礼》《乐》《易》《春秋》，按六经内容程度的浅深；古文家是《易》《诗》《书》《礼》《乐》《春秋》，依六经产生时代的先后。今文家以孔子是"素王"，六经为孔子所删述，所重在义，不在事、文。古文家"以六经都是前代的史料"，孔子是"述而不作，信而好古"的圣人，视孔子为古文化的保存者。

两汉今古文之争，直至郑玄遍注群经，混合今古文家法，自创一家之言，今古文家法淆然混乱，自汉末以后，今古文之事渐泯。

儒家十六字心传："人心惟危，道心惟微，惟精惟一，允执厥中。"即出自《尚书·大禹谟》。所以，伪书也要读，可以有所参考。《尚书》并非只有二十九篇而已。

古文家讲"二典三谟"：《尧典》《舜典》，《大禹谟》《皋陶谟》《益稷谟》。讲小康之学、世及制，《大禹谟》表明小康制有所本。

今文家：以"二典一谟"为要，《尧典》《舜典》，"帝典"，主宰的规范；《皋陶谟》，宰相大臣的规范。今文无《大禹谟》，将《益稷谟》与《皋陶谟》合。讲大同世，公天下。

中国思想分成两大系统，即"大同"与"小康"。子思称孔子"祖述尧舜"，即大同。小康，即"禹、汤、文、武、成王、周公"六君子，为小康之选（最）。

孔子删《诗》《书》，均有深意。《尚书》的"二典一谟"，在为法；《甘誓》以后，则为戒。《甘誓》，"夏德之薄，同姓相攻"。

"求也为季氏宰，无能改于其德，而赋粟倍他日。孔子曰：'求非我徒也，小子鸣鼓而攻之可也。'由此观之，君不行仁政而富之，皆弃于孔子者也。况于为之强战？争地以战，杀人盈野；争城以战，杀人盈城。此所谓率土地而食人肉，罪不容于死！故善战者服上刑……"（《孟子·离娄上》）"善战者"，一级战犯，唯史可法、王船山、文天祥不必"服上刑"。讲思想，非讲历史。

立功、立德、立言三不朽，有连带的关系，有德者必有言，立德而后立言，有丰富的经验，能不说说？此经验之谈，必不同于在屋里的读书人所谈。昔日大儒，自政坛退下再立说，理论经过验证了，才能与事实相吻合。学人论政，没有实际从政经验，甚察而不及于事，批评完就算了，只是快嘴，完全于事无补。此读书人的通病。

学会做事极重要。孔子"少也贱，故多能鄙事""不试，故艺"，没有背景，就靠自己奋斗。艺，系自"多能鄙事"来的。"求也艺"，学生，即学活，在学生存的能力，有能力了，"于从政乎何有"，从政又何难之有？

什么是智慧？在没办法中想出办法，才叫智慧。险中弄险，显己才能。什么事都得自己去做、去解决。出了问题，谁能解决，谁就有成就，天下事皆如此。如只会喊叫，却不知探讨问题，不能解决，谈何治国平天下？

恶使三年，善使一辈子。应严格训练自己。在家树威最难！最难的是齐家，天天在一起，能保持威仪？齐家治国，不能齐家，焉能治国？修身为本，必自本身做起，不能净是安慰自己。

我家东西放错地方都不行，何况说肮脏？猫狗都懂，人能不懂？一切由本身做起，不必天天去管别人。父子之间，身教重于言教。动与不动之间，多么不同！自思想、行为、意志健康起。心理的健全极为重要，必要脚踏实地去体悟，中国学问重"知行"，能知能行，用在生活中。

我小时候到日本，看日本人吃饭必有定量，碗小，八分满，一碗即毕。吃饭前不许说话，运气功，使身心把持住，心平气和后再吃饭。民族教育极重要。现在教育，小孩自小即毛躁，长大、老了仍然毛躁。

如学生喜什么就教什么，那又何必来上课？年轻人有惰性，强制他接受，将来就有用，不可以中途退出，干到底就成。在存亡危急之际，没有特殊的鬼灵精，难以成大事。

外交官不可以多话，说话必要中肯；不可以净盲从，必要有判断力。所谓成就，是对别人有好处。今天懂中国，也必懂外国，因为"知己知彼，百战不殆"。

人的智慧、理解力，年纪越大越好。练习下笔为文，持之以恒。"一言以为智，一言以为不智"，要识时、地、人。练习做事。"疏通知远，《书》教也"(《礼记·经解》)，读《尚书》，在练习用智慧。智慧的发挥最重要，要以前人的智慧启发自己的智慧，加上吸收今天的东西。西方的东西可以研究，但不可用以治国平天下。恨魔掌，但也得了解魔鬼，才知怎么对付。

做事不必太被前人约束，走不出自己的路子。时代已经不同，必有所不同，固守即是落伍，甚至灾临身，"生乎今之世，反（返）古之道。如此者，灾及其身者也"(《中庸》)。要将子书当启示读，不可为典要，唯变所适。

中国的"大一统"责任，即《中庸》"舟车所至，人力所通，天之所覆，地之所载，日月所照，霜露所坠；凡有血气者，莫不尊亲"，《孟子》称"居天下之广居，立天下之正位，行天下之大道"，《春秋公羊传》曰"王者无外"，远近大小若一，华夏。

"虑深通敏"，要养成虑深的功夫，才能通敏，敏而有功。"人一能之己百之，人十能之己千之。果能此道矣，虽愚必明，虽柔必强。"(《中庸》)昔人做事很努力，称"勉强"。就是天上掉下钱来，也必哈着腰去捡，绝没有不劳而获，侥幸而致。

"经纬天地曰文"，凡表现出的皆称文，有天文、有人文。必自根上了悟一问题，不自表面看问题。表现出信实，博而从正。

做事要防未然，但事情已发生了，则要冷静，慢慢地处理，不要急。不可以推测做一事，有时总以为自己说得对。应等事有眉目了，再下评语；未尘埃落定，如猛发言，只显出你的幼稚。要时时提醒自己：愚者好自用。说话就能客观一点。

积学，即一天一点儿，日积月累，日久，就能成为大学人。不要轻视积沙成塔的功夫。中国人的智慧，要自深处了悟，一切皆自"小"来，小的观念特别重要，"勿以善小而不为，勿以恶小而为之"。

颜回"一箪食，一瓢饮，在陋巷"（《论语·雍也》），其实也不像一般人所想得那么苦。孔子"不义而富且贵，于我如浮云"（《论语·述而》），视富贵如浮云，并不证明他没有富贵。读书要有用，以古人智慧启发自己智慧。

打坐，必心里头定了，才能生效。不是坐多久，而是定的功夫有多久。行亦禅，坐亦禅。佛讲"戒、定、慧"，无定，就不能生慧。儒曰："定、静、安、虑、得"，与禅的境界一样。决定了，是对事决定。心必能定了，才能学。如每天心游荡，想学东西达一境界，不可能！不泛，慢慢就能深入。

《书经集传序》

蔡沈

庆元（宋宁宗年号）己未冬，先生文公令沈作《书集传》。明年，先生殁。又十年，始克成编，总若干万言。

呜呼，《书》岂易言哉！二帝三王治天下之大经大法，皆载此书，而浅见薄识，岂足以尽发蕴奥？且生于数千载之下，而欲讲明于数千载之前，亦已难矣。

"二帝三王治天下之大经大法"，"帝"，主宰义；"王"，归往义。帝王之学，学如何做天下的主宰，使天下人心悦诚服。以今言，帝王学即学如何做领袖。如有人归往你，即学的有成绩。什么时候都得学帝王之学、帝王之术。

搞政治很难，看许多人之下场可知。是成功者，皆有特殊见地，而非普通人。

然二帝三王之治本于道，二帝三王之道本于心。得其心，

则道与治固可得而言矣。何者？精一执中，尧、舜、禹相授之心法也；建中建极，商汤周武相传之心法也。

儒家十六字心法："人心惟危，道心惟微。惟精惟一，允执厥中。"（《尚书·大禹谟》）精一执中。

"精一执中"，用精一功夫守住中道，此为王治之心法。精一不二，不杂；"允执厥中"，以中道为本。

《论语·尧曰》："尧曰：'咨！尔舜！天之历数在尔躬，允执其中。四海困穷，天禄永终。'舜亦以命禹。"

"终日所思，不如须臾之所学"，所学皆前人之所思，但如不到境界，也体会不出来。能传那么久，一定不简单，是精神食粮。古人一生的精华，我们捡便宜，何乐而不为？

"建中建极"，《洪范》"建用皇极""皇建其有极"，讲帝王之术，商汤、文武所传，乱制之术、之心法。至禹而德衰。

人最厉害的就是杂欲。与自己无切身关系者少去想，免得求不得之苦！行有余力，如一过力即苦。一切皆实至名归，又何必巧取豪夺？

曰德、曰仁、曰敬、曰诚，言虽殊而理则一，无非所以明此心之妙也。至于言天，则严其心之所自出；言民，则谨其心之所由施。

"严其心之所自出"，"严"，敬也，"家严"，家之所敬。礼乐教化，心之发也；典章文物，心之著也，著于事物。应自心求，不二。运用之妙，存乎一心。

养心，心，即性，即命，在天曰命，在人曰性，命、性、心一也。

礼乐教化，心之发也；典章文物，心之著也；家齐国治而天下平，心之推也。心之德，其盛矣乎！二帝三王，存此心者也。夏桀商受，亡此心者也。太甲成王困而存此心者也。存则治，亡则乱。治乱之分，顾其心之存不存如何耳。

《孟子·离娄下》："君子所以异于人者，以其存心也。君子以仁存心，以礼存心。仁者爱人，有礼者敬人。爱人者人恒爱之，敬人者人恒敬之。"

后世人主有志于二帝三王之治，不可不求其道；有志于二帝三王之道，不可不求其心。求心之要，舍是《书》何以哉？

沈自受读以来，沉潜其义，参考众说，融会贯通，乃敢折衷。微辞奥旨，多述旧闻，二典三谟，先生盖尝是正。手泽尚新，呜呼惜哉！

"手泽"，父母或师长用过的东西、写的字。

《集传》本先生所命，故凡引用师说，不复识别。

朱子命蔡沈编《书集传》。

四代（虞、夏、商、周）之《书》，分为六卷（虞一卷，夏一卷，商一卷，周三卷，十书凡百篇，遭秦火后，今所存者仅五八篇）。

虞书：《尧典》《舜典》，《书》首让，尧让于舜。《皋陶谟》，弼臣规范。

夏书:《甘誓》,"至禹而德衰"的证明。孔子删《书》,以《甘誓》作为划分,前为法,后为戒。

周书:《洪范》,为国之大法。《立政》,任人之道,讲用人行政之大法。

文以时异,治以道同。

圣人之心见于《书》,犹化工之妙著于物,非精深不能识也。

默而识之,心会神通,非有"精深"功夫,难以了悟在胸。

懂文字表面,绝不是真懂。要懂得心之妙用。心之妙,妙万物,惟妙惟肖。妙智慧。

是传也,于尧、舜、禹、汤、文、武、周公之心,虽未必能造其微,于尧、舜、禹、汤、文、武、周公之《书》,因是训诂,亦可得其指意之大略矣。

嘉定己巳三月既望,武夷蔡沈序

一、尧典、舜典

《尧典》《舜典》, 二典,《大学》称此为"帝典"。帝, 主宰义; 典, 即如今之大法。以二典作为主宰之大法。

昔在帝尧, 聪明文思, 光(广)宅(居)天下。将逊于位, 让于虞舜, 作《尧典》。

虞舜侧微, 尧闻之聪明, 将使嗣位, 历试诸难, 作《舜典》。

此为《书序》。一篇二序。

曾运乾《尚书正读》:"尧舜禅让之事, 虽分两序, 实为一篇, 首尾贯穿。""盖孔子序书, 上记唐虞, 下至秦缪, 篇次其事。""断远取近, 自唐虞始。"

"昔在帝尧","昔在", 审慎之意, 郑玄"使若无先之典然也"。"帝尧", 天下的主宰尧。《书》以尧为始。

"聪明文思","聪", 耳不软, 孔子"六十而耳顺", 境界不易! 外面的反应皆不重要。不聪, 则尽听闲言闲语, 对事之判断乃不正确, 没达到耳的最高境界。听其所当听, 为聪。"聪明正直之谓神", 其直如矢, 活神仙! "有遗德在民之谓神","神, 妙万物而为言也", 有智慧、有理智的神, 如发明家, 有祖师庙。"神"

字的结构，示、申，一个人身死，但生命仍延续到无穷。

"明"，"照临四方谓之明"，"日月无私照"，日月为明，无隐私；一有隐私，即有毛病，因为"爱之欲其生，恶之欲其死"，难以有成。

"子张问明，子曰：'浸润之谮，肤受之愬，不行焉，可谓明也已矣。浸润之谮，肤受之愬，不行焉，可谓远也已矣。'"（《论语·颜渊》）不管外面如何刺激，绝不改变本色。政治家还讲什么是非！

"文"，"经纬天地谓之文"，"天工人其代之"，天工有所不足，人能代天工之不足。中国虽没有说上帝创造人，但说一切皆天作之，天造、天工，人更扩而大之，使之更好。人将天工显出其更为有用，即"天工人代"，此为人的责任。连天工都得由人代其不足处，况其他乎？

人、山川、猫狗……皆天工也，但仍有所不足。人有智慧，能代天工之不足。高山过不去，古时修栈道，现在用飞机代其不足。人能代天工之不足，人工怎能有所不足？天、地、人，三才，何以平等？因"人与天地参矣"，天地之物役于吾行。孟子称"万物皆备于我"，人不应辜负自己与生俱有的智慧。人能役物，而今人为物所役，糟！

"思"，心作良田，耕之耘之。"虑深通敏谓之思"，如未能料稳就去做，怎能不败！

"吾十有五而志于学，三十而立，四十而不惑……"（《论语·为政》）孔子的回忆录，孔子的为学历程也是渐进的，不是一开始就成圣。

"光宅天下"，广有天下，有开土之功。宅而有之，"居天之广居"，即守土有责。国土不可轻易给人。

"虞舜侧微"，舜不出于仕宦之家。孔子"吾少也贱，故多能鄙事"（《论语·子罕》）。

"尧闻之聪明"，舜耳聪、目明，"舜其大知也与！舜好问而好察迩言"。舜无一不取于人，此舜之成其大智。

尧"将逊于位，让于虞舜"，《书》首让。尧传舜曰："咨尔舜，天之历数在尔躬，允执其中。四海困穷，天禄永终。"（《论语·尧曰》）奉天应时而治。

"历试诸难"，第一，就尧而言是出"难题"，"如有所用，必有所试；若有所试，必有所悟"；第二，就舜而言是难，"灾难"的难。

以舜之聪明，用他也得试一试，历试诸难，况常人乎？

曰若稽古，帝尧曰放勋。

此"尧本纪"。所有历史皆有本纪，是最重要的纪事体文章。

尧那么伟大，其传记也不过这么几个字。由霸至仁，也必行之以渐。

"曰若稽古"，"曰若"，启语词，无实义；"稽古"，研究、考核。《书》皆以"曰若稽古"先之。夏时所作，故皆云"稽古"。

佛经每经开始"如是我闻"，即"我闻如是"，闻，知也。

"帝尧"，不同于"尧帝"。此"帝"为动词，主宰义。以尧、舜为标准模范人物，故曰"帝尧""帝舜"。

"放勋"，一以为尧帝之字。昔人字号多，到一境界有一号，字则父命之。一以"放"为至，无所不在也，"勋"为功勋，以帝尧有至高之勋。《书经集传》，当"至勋"讲。

"曰若稽古，帝尧曰放勋"，言尧之功德，以帝尧对人类有无所不在之功勋，故要研究他。

钦明文思安安。

郑玄释："敬事节用谓之钦，照临四方谓之明，经天纬地谓之文，虑深通敏谓之思，宽容覆载谓之晏。"

"钦"，"敬事节用谓之钦"，即中国的治事精神，"慎始敬终"之谓。"钦此"，乃法尧，意即"你要敬谨行事"，敬谨行事即勤。做事"敬之"，即看重此事，郑重其事，做事不轻忽。

为政，"敬事而信，节用而爱人，使民以时"（《论语·学而》），此为中国政道之本。简言之，即敬慎也。"为人臣，止于敬"（《大学》），即敬事。国家税收来自百姓，必"节用"。尧则天，"与天地合其德"，自"敬事节用"始。活用之，放诸天地而皆准。

昔诏书后字"钦此"。"钦"字，乃为政之心法，不只是敬事、节用而已，此为用事之大本。太马虎，遇事没弄清即做，乃笑话百出。

"明"，"照临四方谓之明"，孟子谓"日月有明，容光必照焉"（《孟子·尽心上》）。为政是牺牲，非享受特权，是为民之仆，只要有容光处必照。有病的人才需要医生，政治家应是救苦救难的活菩萨。

凡事不亲临，易受蒙蔽，就不能明。境界不同，不可假之行事。如太阳照四方，得亲历其境，不得假手他人。君临天下，面临天下，照临四方。"明明德"，保持本然之善、本心。

"文"，"经天纬地谓之文"，掌握天地中之事，经之、纬之。

天地操于自己手中而支配之，即自己能支配自然界。

《春秋》的"文王"，是"法其生，不法其死"，文王之德，谁能经天纬地，谁就是文王。"王者，往也"，大家自动归往者为王。"君者，群也"，"群之首也"。

"思"，"虑深通敏谓之思"，虑深了反应才特别快。人有所虑，必有对象，才能虑深。"敏"，不能当敏捷，快则忙中出错。虑愈深，则出错愈少，判断愈准确。不胡思乱想，浪费思。

读书在改变气质，由普通人→知识分子→贤圣，到一境界有一称呼。善人→君子→贤人→圣人→大人。以此目标修己，即气质改变。己立立人，己达达人。皆实得境界。

汉时，以通一经为"博士"，通六经为"通人"。

"以暴易暴"，强来的，抢来的，大盗盗国。伯夷、叔齐扣马而谏，武王不听。二人殉道而死，为自己主张而死。周假惺惺时代，以道统自居，乃称伯夷、叔齐"义人也"，"义不食周粟"（《史记·伯夷列传》）。其实，伯夷、叔齐脑中根本无周的观念，粟乃天地所生，何为周所有？真是"尽信书，则不如无书"（《孟子·尽心下》）！

经义，在人的体会。书，是给有智慧的人留的。看东西的角度不同，得的结论乃不同。重视今天，开展明天，不要一意孤行，时也。

"安安"，又作"晏晏"，古字同。"宽容覆载谓之晏"，如天之覆、地之载，无所不容。海晏升平，清明。宽容覆载，孔子曰"君子不器"，《道德经》称"有容乃大"。

"安安"，《说文》云"晏晏，天清也"，海晏升平，如天之清明，无私也！《释训》云"故能覆载万物"，宽容覆载，言尧德之大，与天地同也。

宽才能容，群德之基。"宽裕温柔，足以有容也"（《中庸》）。卖豆浆，至少必有容三人之量，有容乃大。群德之基，在宽。今天最缺群德，谁也不能容谁。

自己缺什么德，就添些。自己没有修为，听什么课都没有用。

宽容覆载，"天无私覆，地无私载"，地上有皇宫，也有厕所。天像被子，覆盖皇宫，也覆盖厕所，没有分别心，一视同仁。

"君子不党"，群而不党，因党同即伐异，天天固守既得利益而不放。没有私心，能有几人？道理是一事，实践又是一事。

允恭克让。

"允"，信也；"克"，能也。不懈于位曰"恭"，即在己本位上，一点都不懈怠。在其位，必谋其政。推贤让能曰"让"。

《论语》多处只说结论。"五经"都明白了，才懂"四书"说什么。

"恭"，不懈于位，"恭己正南面而已矣"，素其位而行，在其位必谋其政，思不出其位。

"让"，推贤让能，让国，生让，"为国以礼，其言不让，是故哂之"（《论语·先进》）。

"允恭克让"，内圣、外王的功夫。

光被四表，格于上下。

"光"，广；"被"，披。"格"，至，正，感也。

"光被四表"，能容光必照；"格于上下"，至于天地。言尧之德，光辉及四海之外，如天覆地载，至于天地，感于天地。尧则天，

"大人者，与天地合其德，与日月合其明"（《易经·乾卦·文言传》）。

克明俊德，以亲九族。

"克"，能；"俊"，大。"惟天为大，惟尧则之"，克明明德。

"天命之谓性"，性，生也。天有好生之德。谁也帮不了你的忙，爸爸是圣人，儿子不一定是。皆自明也。

人的毛病，光看别人，忘了自己。了解为政了，看为政人物是哪流人物。并非每人都能搞政治，万般不与政事同。

"克明俊德"，尽性，发挥人性的本质。去私，则天，法天，天无私覆。公，与私相对，无私，大公无私。一部《大学》落实，"为政以德"，失德，政治就没法看。中国尚德，极为质密。

"克明俊德"，"明德"，指本体；"天德"，指用。"天德不可为首"，天有好生之德，因人法天，中国人的德行即尊生。尊生者，仁也。杀一无辜而得天下，不为也。仁者爱人，仁者无不爱。于政治上曰"仁政"，行为上曰"仁心"。

"正德、利用、厚生、惟和"，"正德"为先，"和"为原则，要中节。科学固然有用，但在大问题上应牺牲科学，否则使用不当反生害，则弊大于利。

我笔记的"九族"，今文家说法，也没录出处，当年没有准备教书。

第一，今文家之说。父族四：五属之内为一族；父女昆弟（即父之姊妹）适人者，与其子为一族；己女昆弟适人者，与其子为一族；己之女子子（即己女）适人者，与其子女为一族。母族三：母之父姓一族；母之母姓一族；母女昆弟适人者，与其子为一族。

妻族二：妻之父姓为一族，妻之母姓为一族。

第二，古文家之说。上自高祖，下至玄孙，凡九族，皆同姓。

今文家与古文家，礼法不完全一样。

五服，死后穿孝。家，祭祖，出服，即不在五服之内。第六代除服，仍在一庙祭祖，是同宗。

中国人的头脑质密，人际关系清楚，表兄弟尚分姑表、姨表。姑母亲，代代亲，打断骨头连着筋；姨娘亲，一代亲，姨娘死了断了亲。

昔比父亲大称伯，比父亲小称叔。到姑家，遇同辈女人称姑；到姨家则称姨，男的称舅。中国是礼义之邦，不是空的，对人都有称呼（谓）。

九族既睦（和睦），**平**（辨）**章**（明）**百姓。百姓昭明，协和万邦。**

"平章"，辨明。"百姓"，中国有姓开始，乃自做官，要加以辨别，那时，姓等于符号。

古时自贵族开始有姓，"百姓"即诸侯。"平章百姓"，先自诸侯分别始。姓氏分明，万邦就和合了。中国是礼义之邦，诸侯之国称邦，天子之国称天下。

中国开始应是联邦制，故称"诸夏"。"协和万邦"，即协和诸夏。"夏，大也"，"夏，中国之人也"。此"美尧德致太平之化，化诸夏并及夷狄也"（《论衡·艺增》）。

为辨明百官而有姓，其后人民亦有之。熟读《百家姓》，做事不糊涂。细心，善用智慧才成。

昔无子不可入祖茔，要过同宗儿子，一子可以两不绝。中国人的行辈最清楚。平辈，以自己年龄算；长辈，以父亲年龄分。不论是姻亲或是血亲，愈长门辈愈小。

黎（众）民于（wū）变时雍。

一是百姓变化的都很和善，不争吵；二是百姓与时合，已经懂得用时了。

尧造时，叫天下人都懂得用时。老百姓都懂得与时相合了，有用时的观念。

尧最伟大处，在"创历造时"。夏历，非禹的历法，中国为夏，夏历乃中国之历也。

今文家以"时雍"之时，与"造时"之时同。民与时相合。此为民族精神所在。

尧一生最大的成就，在于创造历法，"制历明时"，创夏历，功德圆满。尧则天，"与天地合其德"，明天道，"天革革，四时成"，有"时"的观念，造定历法，乃尧最大的成就，"敬授民时"，民与时相合，百姓都懂得用时了。

尧如何重视当时环境去做事，不讲空理，讲有用之学。

乃命羲和，钦（敬）若（顺）昊天，历象（像也）日月星辰（日月之所会），敬授民时（审知时候而授民也）。

此段看尧是如何造时。

"羲和"，重黎（帝喾高辛氏时任火正）之后，掌天地之官。命羲仲、羲叔、和仲、和叔分掌四时，总括而言。

"钦若昊天", "昊天", 天之泛称, "昊天上帝俾作神主"。言当顺天以求合, 不当为合以验天也。

"历象日月星辰", "历", 所以记数之书; "象", 所以观天之器, 有天象仪。总测日月星辰者, 乃能"敬授民时"。

屈万里以"敬授人时"本为"敬授民时", 因唐时讳"民"字, 改为"人"。然上一句何以不改? "人"与"民"之别: 民, 指老百姓; 人, 任官的, 有官职, 负行政责任。

今古文解释不同, 意境乃有别。

分命羲仲（春官）, **宅**（居）**嵎夷, 曰旸谷**（日之所出）。**寅**（敬）**宾出日, 平秩**（辨别秩序）**东作**（始）。

"分命", 四子分别掌四时, 分派任命, 使职有所专。

羲和四宅: 宅嵎夷、宅南、宅西、宅朔方。观测四时天象的官署, 均设在帝都, 而测候所则设在四宅。

命羲仲为春官, 在嵎夷, 旸谷地方测候。"寅宾", 寅, 恭敬; 宾, 宾客。恭敬地导引; "出日", 将出之日。

"平秩东作", 指导民日出而作, 治理春耕。

日中（日夜相等）, **星鸟**（朱雀）, **以殷**（正）**仲春**（春分）。**厥民析**（春耕）, **鸟兽孳尾**。

"日中", 在日夜相等, 傍晚朱雀星出现时; "以殷仲春", "殷, 齐也", 以正仲春, 将这天定为春分。时, 分孟、仲、季三个。中秋, 即仲秋。

"厥民析", 此时人民展开了春耕。"鸟兽孳尾", 孚化曰"孳",

交接曰"尾"。此时鸟兽开始交尾，乳化而生。以物之生育，验其气之和。

申（重）**命羲叔，宅南交，曰明都。平秩南讹**（动也，发动），**敬致**（底致，止致）。

"申"，重也。以专职分命，而加重申之意，与"命"为互文。命羲叔为夏官，在南方大交山测候。

"南讹"，《史记》作"南为"。春言东作，夏言南为。皆耕作营为，劝农之事。

"敬致"，《周官·保章氏》"冬夏致日"。夏冬待方中之日，而言致言底。

日永（白天最长），**星火**（大火，心也），**以正仲夏**（夏至）。**厥民因**（懷也，因也。解衣耕作），**鸟兽希革**（换毛）。

观象授时，由天象而人事，由人事而物候，皆先言推步，后言征验。

测出白天最长、夜晚最短，黄昏大火星出现在南方时，将这一天定为夏至。

"厥民因"，"因"，懷也，解衣耕作。此时气温上升，人民解衣耕作。"鸟兽希革"，鸟兽正值换毛时，身上的毛稀疏。

分命和仲，宅西，曰昧谷（日之所入地）。**寅饯**（饯行，送别）**纳日**（落日），**平秩西成**。

和仲为秋官，在西方昧谷地方测候，每天敬谨地送别落日，并劝导人民从事秋耕。

宵中（夜长、昼长均等），**星虚**（xū，虚星出现在正南），**以殷**（正也）**仲秋**（秋分）。**厥民夷**（易，和易可亲），**鸟兽毛毨**（xiǎn，理也，毛更生整理）。

在夜长、昼长均等，晚上虚星出现在正南方时，将这一天定为秋分。

"厥民夷"，民至秋乐易，休息，秋收的喜悦。春耕、夏耘、秋收、冬藏。

"鸟兽毛毨"，鸟兽长出全新的毛，毛羽更新，齐整鲜明。

申命和叔，宅朔方，曰幽都。平在朔易。日短，星昴（mǎo，与房星对冲，冬至初昏时在正南方），**以正仲冬**（冬至）。**厥民隩**（yù，室），**鸟兽氄**（rǒng，细软而茂密）**毛**（厚厚的细毛）。

和叔为冬官，在北方幽州测候，测出白天最短的一天，星昴出现在正南方时，定为冬至。

此时，劝导人民谨慎盖藏，小心门户。"厥民隩"，这时人民避寒入室，在室内取暖。"鸟兽氄毛"，鸟兽身上长出厚厚的细毛。

羲仲、羲叔、和仲、和叔四人实地观测日月运转、气温升降及动植物的生态变化，得出一大原则，向帝都官署报告，作为制历参考。

帝曰："咨（嗟），**汝羲暨**（与）**和。期**（四时）**三百有**（又）**六旬**（十日曰旬）**有六日，以闰月定四时，成岁。允厘**（治）**百工，

庶（众）**绩咸熙**（兴）。"

观测天象的总成绩。中国历法，自经验慢慢制定，此历法制定之始。

置闰成岁，三年一闰，五年二闰，十九年七闰，四时不忒。

一切学问都得经过证验，实践是检验真理最好的办法。

"允厘百工，庶绩咸熙"，厘定百官的职掌，使依时而行。所以各种事功，才能在分、至、启、闭不失其常的状态下，而分别兴盛起来。

尧具有真知灼见、完整的计划、正确的领导，且知人善任。立政以时，使民以时，"行若时雨，莫之能御也"。如时之信，以治百官，众功皆立，海晏升平。

帝曰："畴（谁），**咨**（嗟），**若时登**（成）**庸**（用）？"

尧展开求贤任事，考虑接班人选。

问："谁可以顺时征用贤才，顺时完成事功？"

放齐（臣名）**曰："胤子朱。启**（开）**明。"**

放齐说："丹朱为人开明，能知人。"

"胤子朱"：一说是指尧之子丹朱，《史记·五帝本纪》："放齐曰：'嗣子丹朱开明。'尧曰：'吁！顽凶，不用。'"另一说或曰胤国子爵，尧时诸侯也。《夏书》有"胤侯"，《周书》有"胤之舞衣"。今亦未必其必不然，姑存于此云。

帝曰："吁（惊词）！**嚚**（yín，奸诈）**讼**（顽凶，好争讼），**可乎？"**

尧说："丹朱口不道忠信之言，又好逞口舌之争，焉能继帝位！"不认可放齐的说法！

尧了解自己儿子，以为不能以一人病天下。尧有知人之明、大公无私的风范，不遮掩其教子无方的家丑。

帝曰："畴（谁）咨（谋），若予采（事）？"

尧以国事为忧，以民生为怀。

问："有谁能顺利地为我完成国家各种建设？"

驩（huān）兜曰："都（叹美之词）！共工方（páng，通"旁"，遍也）鸠（聚）僝（zhuàn，具）功（事）。"

驩兜、共工，四凶之二。当此时，二人共相荐举。

驩兜说："共工安集人民，具有功绩。"

帝曰："吁！静言（巧言）庸（用）违（邪僻），象（似）恭滔（慆，慢也）天（君）。"

尧以共工其人巧言，实则行为违逆。

"滔"，慆，水涨和天平。"象恭滔天"，貌似恭顺，实专佞慢上。表面说话恭敬，然用事往往阳奉阴违，所行与所言相违背，言行不能一致。

帝曰："咨（嗟）！四岳，汤汤（shāng，水流盛大貌）洪水（洚水）方（páng，遍也）割（hài，为害），荡荡（遍布）怀（包）山襄（上，汹涌貌）陵，浩浩（盛大貌）滔（水漫漫大）天。下民其咨（叹气），

有能俾（使）乂（yì，治）？"

"当尧之时，水逆行，泛滥于中国。蛇龙居之，民无所定。下者为巢，上者为营窟。"（《孟子·滕文公下》）

"如今洪水泛滥，漫无边际，来势汹涌包围着大山，更是淹没了许多丘陵，目之所及，水漫漫如与天平，人民为水所困，无不叹息着！四岳啊！到底有没有治水的能人？"

尧以治水为急务，"圣人贵除天下之患"，多有责任感！儒家的责任感特别重。

佥（皆）曰："於（叹美词）！鲧哉。"

四岳及众大臣，共同推举鲧治水。

帝曰："吁（叹息声）！咈（fú，违逆）哉，方命（放弃教命）圮（毁）族。"

尧说："鲧嘛！他总是抗命，处事多不合理，与众人也不和，伤人又害物。"

岳曰："异（异）哉！试可乃已。"

《史记·夏本纪》："四岳曰：'等之未有贤于鲧者，愿帝试之。'"一时未有治水人选，建议还是让鲧试试。

帝曰："往！钦哉。"

尧明知鲧不能做事，但一时未得能者，在众人推举下，于是

"听四岳，用鲧治水"（《史记·夏本纪》）。

尧屈己之明，因人之心，明知鲧不能做事仍用之。不但善于考察，亦善采他人意见。

九载（年），绩用弗成。

鲧治水九年，功用不成。

曾运乾："以上三询不得贤，为下文禅舜作张本。"

帝曰："咨！四岳（方岳之长）。朕在位七十载，汝能庸（用）命巽（顺）朕位？"

尧问四岳："你能按命令做事，是否能顺行天子之位？"

尧年十六，以唐侯升为天子，在位七十年。时年八十六，老将求代巽顺也。

岳曰："否（鄙）德忝（辱）帝位。"

四岳能用命尽职，但有自知之明，答说："我没有德能，将辱及帝位。"

曰："明（当动词）明扬侧陋。"

《史记·五帝本纪》："尧曰：'悉举贵戚，及疏远隐匿者。'"尧向民间求贤。

师锡帝曰："有鳏（无妻）在下，曰虞（国氏）舜。"

大家提出舜这个年轻人，当时舜尚未有妻室。

帝曰："俞（然）！予闻，如何（询其实）？"

尧说曾听闻其人，但不知其实情。想进一步了解舜。

岳曰："瞽（瞽叟）子。父顽（心不则德义之经），母嚚（口不道忠信之言），象傲（傲慢不友）。克谐（和）。以孝烝烝（厚也，日进），义（治）不格（至）奸。"

舜的家庭背景，《史记·五帝本纪》曰："盲者子。父顽，母嚚，弟傲，能和以孝，烝烝治，不至奸。"说舜有孝德之厚美，治不至奸。

帝曰："我其试哉！"女（nù）于是，观厥刑（型）于二女。

尧表示将试试舜。让国是何等大事，必须仔细考察，试可乃已。

尧"妻之二女，观其德于二女"，教娥皇、女英看舜一天的表情。

治天下观于家，治家观于身。二女骄贵，共事一夫，"二女同居，其志不同行"（《易经·暌卦》），人情之至难！舜可说是前后、左右皆陷阱。

厘（饬）降（下）二女于妫汭（guī ruì，山西省永济县南），嫔（pín，妇，服也）于虞。帝曰："钦哉！"

《史记·五帝本纪》："舜年二十以孝闻。三十而帝尧问可用者，四岳咸荐虞舜，曰可。"

《尧典》最大的启示，以试用人。亲戚可养闲，不可给权。有职无位，犹不坏大事。

大臣为重要干部，先用好；小臣可不用管。贤者在位，任贤，即任德。俊，才干够，能者，才俊之士，才者在职。在上者持其大体，不侵庶职。

尧了不起，用舜亦有所试，将二女嫁给舜，察其私德。历试诸难，考验其工作能力。经过重重考验后，再将神圣的帝位传舜。

是笨人、俗人更必用实际办法，我"如有所用，必有所试；若有所试，必有所悟"。在试之时，必有小损失，是小牺牲，总比大牺牲好。

慎徽（美）**五典**（五伦之事），**五典克从**（无违教）。

"五典"，五教、五伦、五常，孟子所谓"父子有亲，君臣有义，夫妇有别，长幼有序，朋友有信"（《孟子·滕文公上》）。

试舜以司徒之职，任"敬敷五教"工作。

纳于百揆（以度百事），**百揆时叙**（承顺，官无废事）。

使舜任百官之事，试其治事能力。

度百事，总百官。百官时叙，官无废事。

宾（宾迎之）**于四门**（明堂四门），**四门穆穆**（远方宾客皆敬）。

试舜为上傧，以迎诸侯，"诸侯远方宾客皆敬"（《史记·五帝本纪》)。

纳于大麓，烈风雷雨弗迷。

尧使舜入山林川泽，"舜入于大麓，烈风雷雨不迷"，舜在非常环境中，能镇静不失常，"尧乃知舜之足授天下"（《史记·五帝本纪》）。

刘逢禄《尚书今古文集解》："纳于大麓，孟子所谓'使之主祭而百神享之，是天受之'；烈风雷雨弗迷，谓风雨时节，百谷顺成，神享之征。"

帝曰："格（来）！汝舜。询（谋）事考言，乃（汝）言厎（定）可绩（成），三载（试舜年数），汝陟（升）帝位。"

历经三年试验后，"尧以为圣，召舜曰：'女（汝）谋事至而言可绩，三年矣。女登帝位。'"（《史记·五帝本纪》）欲禅位于舜。

庄存与《尚书说》："所难者，处非常之变而不惧，遇非常之事而不惊，而终克全乎天下古今之大常，则惟虞帝一人而已矣。"

舜让于德，弗嗣（继）。

舜让于德，刘逢禄："犹言否德忝帝位也。"

正月上日（朔日），受终于文祖（《史记》"尧太祖也"）。

王肃:"自夏以上,皆以建寅为正。"

"于是帝尧老,命舜摄行天子之政,以观天命。"(《史记·五帝本纪》)尧选定正月上旬,舜受终于文祖。

《论衡·谴告》:"'受终于文祖',不言受终于'天',尧之心知天之意也。尧授之,天亦授之,百官臣子皆乡与舜。"

中国学统真是政治学,但是自天发,以天道为本。

"文祖","文",经天纬地,"唯天为大,唯尧则之"(《论语·泰伯》),尧则天,是政治祖师爷。

《中庸》曰:"天命之谓性,率性之谓道,修道之谓教。道也者,不可须臾离也,可离非道也。"人禀天命之性,故能"则天"。但只有尧真正则天了!

在(察)璇(xuán)玑(jī,运转)玉衡,以齐(定)七政(日月五星)。

舜摄政的作为:法天以行政,法天以摄官。

尧命羲和,观象授时。舜继尧,重视天时,观测天象。

"璇玑玉衡",古天文仪器,璇玑象天地之经纬,玉衡窥七政之运行。

《钦定书经传说汇纂》:"历之理,非数无以显。而数非象无以明。"观天象,以定轨则。

"齐七政",玉衡之制,定日月、星辰运行的法则。

肆（遂）**类**（非时祭）**于上帝，禋**（yīn，精意以享）**于六宗**（郊祭），**望**（望祭）**于山川，遍**（遍）**于群神。**

中国祭政合一。祭告，报答天地生育万物之德。

"类祭"，非时祭天及五帝。

"禋"，烧柴升烟以郊祭，有天坛、地坛、日坛、月坛。

"望"，遥望而祭名山大川、五岳四渎；"遍于群神"，以尊卑次序遍祭之。

中国人宗教也信上帝，但知有源有本，祭祀是报恩、报本。

儒家完全用智慧解决问题，道不远人，人之为道而远人，"宇宙是个大天地，人是个小天地"，天人合一。

辑（敛）**五瑞**（信物），**既月乃日，觐四岳群牧，班**（颁）**瑞于群后**（众诸侯）。

曾运乾："尧将禅舜，使群牧敛之，复使舜亲往班之。"这绝不可能，因为那时交通不便，一年难办事。

舜选定时间，觐群牧，明政情，看称职与否，颁五瑞于众诸侯。

岁二月，东巡守（实地考察），**至于岱宗**（泰山），**柴**（祭天告至），**望秩**（次）**于山川。**

舜巡视所守，实地考察。

柴祭，祭时积柴，加牲于上而燔之，祭天告至。

"望秩于山川"，"望"，遥望；"秩"，次，遍以尊卑祭之。

肆（遂）**觐东后**（诸侯），**协时**（四时）**月正**（定准）**日，同**（法制）、**度**（丈尺）、**量**（斗斛）、**衡**（斤两）。

协调、确定四时、月数、日名，使不紊乱。四时不忒，没有差错。

"同律、度、量、衡"，统一律法、制度，使之齐一，有遵循的标准。

修五礼、五玉（瑞）、**三帛**（用以荐玉）、**二生一死贽。如**（各如其当）**五器，卒乃复**（回）。

"修五礼"，朝聘之礼；"五玉"，行礼之礼器，执之曰瑞，陈列曰玉，诸侯执圭朝天子。

"三帛"，用以荐玉。诸侯尊卑不同，以不同颜色之丝织品，垫于圭下，而进献之。

"二生、一死贽"，卿执羔、大夫执雁，羔、雁生也，士执死雉。"贽"，言致，所以自致也。

三帛三贽不还，五玉则卒事而还。

五月南巡守，至于南岳（衡山），**如**（若）**岱礼。八月西巡守，至于西岳，如初。十有一月朔巡守，至于北岳，如西礼。**

从二月、五月、八月至十一月，依序巡守四岳。

归，格（告至）**于艺**（祖祢，远亲）**祖，用特**（特牲，一全牛）。

巡守完毕，到艺祖庙祭告，慎终追远。

太牢，告庙。孔庙，用三牲祭祀，猪、牛、羊。

五载一巡守，群后四朝（朝觐）。

定天子五年一巡守，诸侯顺四时朝京师。
制定巡守、朝觐制，实地考察吏治。

敷（遍）奏（告，进）以言，明试以功（考绩），车服以庸（酬庸）。

"敷奏以言"，诸侯述职，普遍进言。
"明试以功，车服以庸"，考绩，《周官》："国功曰功，民功曰庸。"酬有功者。

肇（始设置）十有二州，封（因高增高，封土为坛）十有二山，浚（疏通）川。

"肇"，域，设置，为之定界。设立十二州。
每州有一主祭山，一州主官主祭其山主，为十二州之山镇。
"浚川"，浚，疏通；兴修水利，以为养民。水利工程的发展，也是统一的趋势，民族融合，向各方发展。

象（刻画）以（用）典（常）刑，流（放）宥（宽）五刑，鞭作官刑，扑（榎楚）作教刑，金（出金）作赎刑。眚（shěng，过失）灾肆（纵佚之）赦，怙（恃）终贼（杀）刑。

"象以典刑"，"象"，谓有所造立；"典"，常也。设立常刑，使民知所警戒。
"流宥五刑"，流放宥宽，发配到外方。中国、四夷，皆为流刑所在。

"鞭作官刑"，鞭刑惩戒、处分百官；"扑作教刑"，"扑"，戒尺，即檟楚，用以处罚学生。

"金作赎刑"，意善功恶，使出金赎罪，坐不戒慎者。

"眚灾肆赦"，赦小过，"过则勿惮改"，"以人治人，改而止"。

"怙终贼刑"，有过恶不悔改者，则刑杀之。杀恶人，不使恶传播。

刑其无刑，惩元凶，劝向善。

钦（敬）哉，钦哉，惟刑之恤（忧）哉！

慎刑罚，惟刑之忧。敬哉！敬哉！要敬慎刑事。慎刑罚，以德不愆，"必也使无讼乎"（《论语·颜渊》）！

能素其位而行，思不出其位，任何事皆必有成。

"敬事而信"，敬事，恭己，敬己，乃内圣功夫。人之短在缺"敬事"精神，坐这山望那山，在这行嫌那行。"节用而爱人"，用必有度，节用能爱人。

流（放）共工于幽州，放驩兜于崇山，窜（投弃）三苗于三危，殛（诛责，非诛死）鲧于羽山，四罪而天下咸服。

尧有四凶，《史记·五帝本纪》："驩兜进言共工，尧曰不可而试之工师，共工果淫辟。四岳举鲧治鸿水，尧以为不可，岳强请试之，试之而无功，故百姓不便。三苗在江淮、荆州数为乱。"

舜流放四凶，《史记·五帝本纪》："于是舜归而言于帝，请流共工于幽陵，以变北狄；放驩兜于崇山，以变南蛮；迁三苗于三危，以变西戎；殛鲧于羽山，以变东夷：四罪而天下咸服。"

"国人皆曰可杀，然后察之；见可杀焉，然后杀之。故曰，国人杀之也。"（《孟子·梁惠王下》）"遏恶扬善，顺天休命"（《易经·大有卦》），天下皆服。

搞政治，胆、量、识，加上稳、狠、准。治乱世用重典，必要恰到好处。扰乱社会，祸莫此为甚。要和敌人斗，必特别了解敌人，知其斗争尖锐化的地方，才能提高我们的警觉。

读了《孙子兵法》，会用吗？如会用，就不得了！了解敌人的厉害，再善用智慧。你们年轻，应自多方面去了悟，先到外国多接触。自哪方面都可以做导火线，才能奋起。

领导人有德，尧犹有四凶，舜流放四凶。

鲧是四凶之一，但能生禹。尧了不起，其子却是丹朱，若是"有其父，必有其子"，用得上？自此玩味中国的思想是什么，以之为况，就能深入。自不同角度看中国思想。

"虽曰天命，岂非人事哉"，人事影响一个人至大，即今天的环境，环境使然也。必要时时注意，非自己有德，就必有好儿女。我母亲说："儿女不必管，全靠德行感。"

鲧为四凶之一，禹能干父之蛊。父母失德，你当弥补之，干父之蛊，"有子，考无咎"（《易经·蛊卦》）。

以上为舜摄政之大事。大才与大德，则天、无为，推行尧之德政。

二十有八载（年），**帝乃殂落**（死）。**百姓**（百官）**如丧考妣，三载**（服三年丧），**四海**（全国）**遏**（绝）**密**（静）**八音**（音乐）。

"四海遏密八音"，尧死，全国守丧三年。

昔师死，服心丧。古时无服，但也得守丧三年，即25—27个月，不能结婚。

结束上半篇，皆尧时事。

月正（正月）元日，舜格（祭告）于文祖（尧太祖庙）。

舜服三年丧毕，将即位，祭告于文祖庙，决心继尧之公，着其德于无穷。

《史记·五帝本纪》："尧知子丹朱之不肖，不足授天下，于是乃权授舜。授舜，则天下得其利而丹朱病；授丹朱，则天下病而丹朱得其利。尧曰：'终不以天下之病而利一人'，而卒授舜以天下。尧崩，三年之丧毕，舜让辟丹朱于南河之南。诸侯朝觐者不之丹朱而之舜，狱讼者不之丹朱而之舜，讴歌者不讴歌丹朱而讴歌舜。舜曰：'天也'，夫而后之中国践天子位焉，是为帝舜。"

《孟子·万章上》："使之主祭而百神享之，是天受之；使之主事而事治，百姓安之，是民受之也。天与之，人与之。"天与人归，人心所向。

询（谋）于四岳，辟（开）四门，明（通达四方）四目，达（一切公之于世）四聪。

舜即位后的施政：纳贤人，广视听，使野无遗贤，通达四方耳目。

"四门"，明堂四门，"古以明堂为宗祖配帝，咨询岳牧，傧见群后，接纳贤士，宣布政教之地"（曾运乾），以出政教于天下。

"明四目"，以明通四方之所闻；"达四聪"，无所掩藏，一切公诸世。出政教，广视听，使野无遗贤，民无隐痛。

咨（命）十有二牧（长），曰："食哉惟时！柔远能（伽，顺也）迩（近）。惇（厚）德允（信）元（善之长），而难（拒远）任人（佞人），蛮夷率（顺）服（治）。"

州牧，安民，养民。任十二州州长，治理地方事物。

"曰"，嗟咨而言于州牧。"食哉惟时"，"食哉"，民以食为天，王政以食为首，养民，使之不虞匮乏。重农，"政在惟时"，以时为先，不违农时，勿失其时，不能有过与不及之事，而有害于民生。

"柔远能迩"，近悦远来，由近及远，由亲及疏。

"惇德允元"，尽己之性，率性允元。元，"大哉乾元，万物资始；至哉坤元，万物资生"。天德，体；王道，用。安民，养民，政权在养人，"不家食，吉"（《易经·大畜卦》），不是自家食而已。

"难任人，蛮夷率服"，斥远佞人，顺服四夷。

舜曰："咨！四岳。有能奋（发起）庸（功）熙（兴）帝之载（事），使宅（居）百揆，亮（相）采（事）惠（顺）畴（类）？"

"有能奋庸熙帝之载"，访群臣有能起发其功，以广尧之事业者，使统领百官。

"亮采惠畴"，有相事顺类之才能，裁成辅相，智周万物。

"以通神明之德，以类万物之情"，社会不外乎"通""类"两事。通了——类之，把天下事通了，就会以类类之，可以指哪儿打哪儿。

但是通可不易！社会用直道难以达成，利用矛盾才能成功。社会起冲突，乃没能"通而类"。

金（咸，都）曰："伯禹作司空（平水土之官）。"

都推荐伯禹居百揆之首。

《史记·夏本纪》："用鲧治水。九年而水不息，功用不成。于是帝尧乃求人，更得舜。舜登用，摄行天子之政，巡狩。行视鲧之治水无状，乃殛鲧于羽山以死。天下皆以舜之诛为是。于是舜举鲧子禹，而使续鲧之业。"

帝曰："俞（然）！咨禹，汝平水土（司空），惟时懋哉！"

舜以为然。以禹治水有功，任为百官之首，勉其新猷。

禹拜稽首，让于稷、契暨（与）皋陶。

"稽首"，叩首至地。拜，跪而俯身，以手抚地。
稷、契、皋陶，皆尧时旧臣。

帝曰："俞！汝往哉！"

舜不听禹之让，使禹往居此官。

帝曰："弃，黎民阻（厄）饥，汝后稷（官名），播（种）时（莳，更别种也）百谷。"

弃，后稷名，周祖先，以农事兴，重稼穑，有"稷神"之称。

民以食为天，养民，治之先务，任命弃为稷官，任用专家，教民稼穑。

帝曰："契（殷祖先），百姓不亲，五品（伦）不逊（顺），汝作司徒，敬敷（布）五教，在宽。"

契，高辛氏之子，殷的祖先。

富然后教，任命契做司徒，教以人伦。"敬敷五教，在宽"，以此作为政教之原则。教育不同于刑法，五教在宽，"宽柔以教，不报无道"（《中庸》）。

"劳之来之、匡之直之、辅之翼之，使自得之，又从而振德之。"（《孟子·滕文公上》）以此当药方，必自正而后能正人；先修己，己立立人，己达达人。

"先之劳之"，小人怀惠，有"劳之"之惠，才能近悦远来。"匡之直之"，教育百姓非易事，必导民以政，"政者，正也。子帅以正，孰敢不正"（《论语·颜渊》），"人之生也直"，"举直错诸枉，能使枉者直"（《论语·颜渊》），使他在良心上有所悟、所得，在不知不觉中潜移默化。"辅之翼之"，辅相、傅翼之，"使自得之"，皆自得也，"又从而振德之"，使他受感化成人，明明德于天下。

帝曰："皋陶，蛮夷猾（乱）夏（中国），寇（强取）贼（杀人）奸（外患）宄（内患）。汝作士（主持狱事），五刑有服（服其罪），五服三就（次，处）。五流有宅（居），五宅三居。惟明克允（信）。"

刑以弼教，命皋陶主持狱讼之事。

"蛮夷猾夏"，"夷"，未进于礼仪者；夏，《说文》云"中国之人也"，知礼义之人：侵扰中国。"寇贼奸宄"，郑玄："强取为寇，杀人为贼。由内为奸，外起为仇。"内患外乱。

"五刑有服"，五刑要用得其时，用得适中，公平、尽情，勿枉勿纵，各有用刑时机。刑当其罪，当其可之谓时。刑期无刑，咸服天下。

"五服三就"，分别于野、朝、市服其罪。

"五流有宅，五宅三居"，自九州岛以外，至于四海，三分其地，以为流放之远近。

"惟明"，正大光明，能明，方可毕知情伪；不明，不足以尽人心。"克允"，能允，方能轻重适当；不允，不足以当人罪。

"惟明克允"，为政以德，治术之神。

帝曰："畴（谁）若（善）予工（主持百工）？"

"巧者述之守之，世谓之工"。百工，"审曲面势，以饬五材，以辨民器"（《周礼·冬官考工记》）。

"若"，顺其理而治之。《曲礼》有"六工"。"立成器以为天下利。"（《易经·系辞上》）

金曰："垂哉！"
帝曰："俞！咨垂。汝共工（掌百工技艺）。"

命垂掌百工技艺，以利民生日用。

垂拜稽首，让于殳（shū）、斨（qiāng）暨伯与。

殳、斨、伯与，三臣之名。

帝曰："俞！往哉，汝谐（和）。"

"俞"，然其让，仍使偕往治事。

帝曰："畴若予上（山）下（泽）草木鸟兽？"

养长万物，使草木、鸟兽、虫鱼各得其孳长，然后以时取之，所以顺物性也。

佥曰："益哉！"

帝曰："俞！咨益，汝作朕虞（掌山泽之官）。"

虞官，掌山川林泽。

"数罟不入洿池，<u>鱼鳖</u>不可胜食也；斧斤以时入山林，材木不可胜用也。谷与<u>鱼鳖</u>不可胜食，材木不可胜用。"（《孟子·梁惠王上》）能顺物之性，使其各得孳长，然后以时取用，则民可以足食、足用，不虞匮乏。

益拜稽首，让于朱虎熊罴。

朱虎、熊罴，二臣之名。

帝曰："俞！往哉！汝谐。"

命益作虞官，以蓄民财。

刘逢禄："殳、斨、伯与，垂之佐。朱虎、熊罴，益之佐。故于此七人，独言'汝谐'，而不别命以职也。"

帝曰："咨！四岳。有能典（管理）朕三礼？"

"三礼"，郑玄："天事、地事、人事之礼。"

佥曰："伯夷。"

帝曰："俞！咨伯。汝作秩宗（宗庙祭祀，主次尊卑）。夙（早）夜惟寅（敬），直（不枉不偏）哉惟清（清明）。"

"伯夷能礼于神以佐尧者"（《国语》），舜命伯夷典三礼。

"夙夜惟寅"，早晚敬慎其事；"直哉惟清"，清明者才是正直的人。无欲乃无私，故能清。

"夙夜惟寅，直哉惟清"，欲成就事业，必能实行此八字。

伯拜稽首，让于夔、龙。

夔、龙，二臣名。

帝曰："俞，往，钦哉！"

自古重视礼，治定制礼。舜命伯夷典三礼，以范民行。礼主敬，敬慎其事。

帝曰："夔！命汝典乐，教胄（长）子。直而（能）温，宽而栗，刚而无虐，简而无傲。

舜命夔"典乐"，掌乐教。"功成作乐"（《礼记·乐记》）。

《白虎通》云："天子者，爵称也"，一爵也。天子之子曰"元士"，"王者太子亦称士何？举从下升，以为人无生得贵者，莫不由士起，是以舜时称为天子，必先试于士礼。"《士冠经》曰："天子之元子士也。"

"教胄子"，教长天下之子弟，使之受乐教，"平好恶，而反（返）人道之正也"，"合情饰貌"（《礼记·乐记》）。乐以和性，"成于乐"（《论语·泰伯》）。

以前奏乐，一成、一段、一乱。乱，结论，结尾之引文。

乐教的目标，在去除过与不及，使情发而中节，则性即情，情即性。日习乐，在养性，陶冶情性。

"直而温，宽而栗，刚而无虐，简而无傲"："正直而色温和，宽大而谨敬战栗，刚毅而不虐害，简约而不傲慢"，此四者，即教之以德。"闻其乐而知其德。"（《孟子·公孙丑上》）

"战栗"，"战战栗栗，日谨一日"。对任何事漫不经心，即傲即慢。教之以防其失。

"诗言志，歌永（长）言，声依永（长），律和声。八音克谐，无相夺（乱）伦（序），神人以和。"

曾运乾："按七语教国子以乐。先治情性，乃可以言乐也。"

"诗言志"，"诗者，持也"（《诗纬》），"持其志，无暴其气"（《孟子·公孙丑上》），"志，心之所主"，心有所主，则不放失。

"歌永言"，"永"，悠，远也，长言诗之意；"声依永"，声之曲折，又依长言而为之声；"律和声"，律吕，所以调和其声。

"声成文，谓之音"（《礼记·乐记》），八音，即金、石、丝、竹、

尚　书

137

匏、土、革、木，音乐之泛称。

《春秋繁露·正贯》："故唱而民和之，动而民随之，是知引其天性所好，而压（yà，伏）其情之所憎者也。如是则言虽约，说必布矣；事虽小，功必大矣。声响盛化运于物，散入于理，德在（同）天地，神明休（美）集，并行而不竭，盈于四海而讼咏。《书》曰：'八音克谐，无相夺伦，神人以和。'乃是谓也。"

"八音克谐，无相夺伦，神人以和"，人与大自然和合，天人境界！

乐以和性，以音乐陶冶人的性情，使得中和之道，"望之俨然，即之也温，听其言也厉"。

"致中和"，性即情，情即性，"天地位焉，万物育焉"，天人合一。"明于情性乃可与论为政"（《春秋繁露·正贯》），声音之道与政通，闻其声知其政。

夔曰："於（wū，叹词）！予击石（磬）拊（fǔ，拍）石，百兽率舞（音和）。"

曾运乾："见兽犹知感，则人民之感化不待言矣！""乐为虞氏所掌，《韶》为舜德之至，故详言之。加入夔言，所以发挥《韶乐》之盛也。"

帝曰："龙！朕堲（jí，疾恶）谗说殄（tiǎn，绝，病也）行，

震惊朕师（众）。**命汝作纳言**（承上启下），**夙夜出纳朕命**（王命），**惟允**（信实）。"

命龙作纳言，喉舌之官，出纳王命。防谗言，谨喉舌，卫群臣，以成其终。

"谗说殄行，震惊朕师"，说是非者，即是是非人。

郑玄："所谓色取仁而行违，是惊动我之众臣，使之疑惑。"

"出纳朕命，惟允"，王之喉舌，以信实为要。听下言，纳于上；受上言，宣于下。纳言之利，谗言之害，互为表里，相得益彰。谨喉舌，所以防壅蔽，养聪明。

以上是舜即位后的作为，见其平日能详察，任官能明断，用人得其所。

帝曰："咨！汝二十有二人，钦哉，惟时（承）**亮**（助）**天功。"**

"二十二人"，舜任命的人才。《史记·五帝本纪》云："此二十二人咸成厥功：皋陶为大理，平，民各伏得其实；伯夷主礼，上下咸让；垂主工师，百工致功；益主虞，山泽辟；弃主稷，百谷时茂；契主司徒，百姓亲和；龙主宾客，远人至；十二牧行而九州岛莫敢辟违；唯禹之功为大，披九山，通九泽，决九河，定九州，各以其职来贡，不失厥宜。方五千里，至于荒服。南抚交址、北发，西戎、析枝、渠厐、氐、羌，北山戎、发、息慎，东长、鸟夷，四海之内咸戴帝舜之功。于是禹乃兴《九招》之乐，致异物，凤皇来翔。天下明德皆自虞帝始。"

为政在人，能者在职，任人为第一要义。舜"无为而治"，任人而已，造就接班人。

"惟时亮天功"，敬其职，相天事。杨亮功（1895—1992），亮功，助人事，人代天工。

"天工人其代之"，人可以代天工之不足，因为成事在人，《易经》曰："范围天地之化而不过，曲成万物而不遗"，人为天地的主宰，使天地之化皆在我的"范围"中，而免于过失。这是中国人重要的思维，也是科学观的萌芽。

以上记舜命官任事，用人而已。成事在人，任人为第一要义。

"三载考绩。三考黜陟幽明。"庶绩咸熙（兴），分北（别）三苗。

伏生："绩不善至于幽，六极以类降，故黜之。积善至于明，五福以类相升，故陟之。"

"三载考绩，三考黜陟幽明"，三岁小考，九岁大考，黜无职而赏有功。"庶绩咸熙"，众功皆兴。

"分北三苗"，北，别也，分别相背之形。"四十年间，无为而治。终系之以分别三苗，盖末年南巡守，别生分类之事。非西裔诸侯犹为恶也。"（刘逢禄）

以上，为舜命官之次序，完成"大一统"。

君王，不在事必躬亲，"尧、舜垂衣裳而天下治"（《易经·系辞下》），"无为而治者其舜也与？夫何为哉？恭己正南面而已矣"（《论语·卫灵公》）。

舜生三十，征庸（召用）**三十，在位五十载，陟方**（巡行各国）**乃死。**

舜二十以孝闻，年三十尧举之，历试三载，摄政凡二十八，在位五十载。

《淮南子·修务训》："南征三苗，道死苍梧。"有苗为乱于江汉之间，舜因南巡以征之。

《史记·五帝本纪》："舜南巡狩，崩于苍梧之野。葬于江南九嶷，是为零陵。"

九嶷山，又名苍梧山，位于今湖南省南部永州市宁远县境内，宁远县城南六十里，属南岭山脉之萌诸岭。

做学问不可以急功近利，传世之说必经千锤百炼。境界与时不同，老年回头看，不对，再修之。一个东西绝不可轻以示人。名算什么？没真力量，也不能传，即使传也不能宏大。真材料没到，强求没有用。才很重要，应做窄而深的研究。

求己，静思，不可有成见在胸。细寻思，就能深懂。荣华富贵，万里江山，都如过眼烟云，唯有精神长存！

不怕敌狠，就怕己无脑，必冷静才能清楚。外边环境不必怕，就怕自己不整齐。自己必修成金刚，才能降魔。

假仁者霸，安仁者王。假，假借；安，造次、颠沛必于是。

久假而不归，焉知其非仁？看一书，再回忆他书，互相印证。中国学问在力行，是知行合一。

《心经》："观自在菩萨，行深般若波罗蜜多时，照见五蕴皆空，渡一切苦厄。""般若波罗蜜多"，即妙智慧。首字即在"行"，必修到"五蕴皆空"境界，自求多福，非消极，乃自积极结果得来。"苦厄"，自得也。"观自在"，观者，察也。观世音，察世音，寻声救苦。"自在"，达此境界，观自在了，你就是观世音。"希圣"，你就是圣人。皆在行，不在知。

"为政不在多言"，为政不以道，丑也！

先秦，诸子有高智慧。汉以后，人的物欲愈高，智慧愈低。"嗜欲深者，天机浅"，今人表现少有人的行为。当冷静看一事，才有智慧。今天所接触的，完全为欲的表现。不要忽略我们的本质，我们是有智慧的民族。昔三十几岁的进士，行住坐卧皆有人样。

中国近代少成功者，乃缺少内力，既得之，又失之，及身而亡。

二、皋陶谟（今文合《益稷》。《大禹谟》，晚出古文有）

《大禹谟》，乃乱制（家天下之制）后添入，"至禹而德衰"，禹为乱制的祖师爷。但其中亦有不少金句："德惟善政，政在养民"；"正德、利用、厚生、惟和"；"地平天成"；"人心惟危，道心惟微，惟精惟一，允执厥中"。

今文所讲对家天下不利，家天下自禹传下，汉儒乃作古文《尚书》，添《大禹谟》，以世及制（兄终弟及制）为合法。

"王者，往也"，天下所归往。王，指德言，治民以德，"为政以德"。"齐之以礼"，是用礼来齐民，为王者之化。王制，乃是天下所归往之制，德化之制。

孔子"祖述尧舜"，认为古时除尧、舜外，皆为乱制。孔子称"三世必复、九世必复"，即在复王制。历代皆有奴儒，不谈真理，"王制"光有其名，已无其实，和乱制混了。

团体必有伦序，否则必生乱。彼此不相服，又称何团体？群德何在？

《皋陶谟》弼臣规范，言君臣谋国之道，如何辅弼成天下事。示共治共主，尚公、尚均、尚平，不外法天以行治也。

皋陶矢（陈）厥谟（谋），禹成厥功，帝舜申（重）之。作《大禹》《皋陶谟》《益稷》。

此为序。《皋陶谟》一篇，《益稷》实包在内。合两篇为一观之，与序文正相应。

曾运乾："尧、舜二典，合称帝典。顾命、康王之诰，合称顾命。故皋陶谟、益稷，亦合称皋陶谟也。"刘逢禄："书序孔子所定。稷为配天之祖。"

皋陶谟，君臣互以为治，相辅相成，言仁偶也。仁，二人相偶，偶，配偶，成双成对。相匹配，匹敌，相敌，相对。

曰若稽古。

《尚书》"曰若稽古"，"二典一谟"的启语词。"曰"者，《说文》云"象口气出也"，《广雅》云"言也"。《史记》言帝舜朝，禹、伯益、皋陶相与语帝前，皋陶述其谋。

皋陶曰："允（信）迪（行，蹈）厥德，谟明弼（辅）谐（和）。"

段玉裁："此记言之体也。"

"允迪厥德"，《管子·心术》："德者，道之舍。"舍，止也；得于心也。真行你的德，脚踏实地行你的德。

中国文化重行。"知行合一"的祖师爷是子路，"子路有闻，未之能行，惟恐又闻"（《论语·公冶长》）。王阳明（王守仁，1472—1529）白捡了，倡"知行合一"哲学。佛家也重行，吃斋。

恕，推己及人，"己所不欲，勿施于人"，以自己爱恶衡量别人的爱恶，人同此心，心同此理。

德，"道之舍"，即道的屋子。将道行出，即为德，得之于心，行之于外。知道了，必行出。尽性，发挥自己性的本能。天性，大公无私，天道尚公。

"夏，大也"，"唯天为大，唯尧则之"（《论语·泰伯》），法天，尧则天有成，成"文祖"，政治的祖师爷。天之德，仁，天德好生。仁，生也；引申义，爱也，"仁者爱人"，"仁者无不爱也"。

孔子学说为"时"，孟子以孔子为"圣之时者"。中国道统是"仁"，孔子"祖述尧舜"，是祖述尧舜之仁，"君子体仁，足以长人"。

"谟明弼谐"，弼，辅助者；谐，和。信由其德，谋必公于天下，谋明了，无半点儿私心在内，则辅你的人就能谐了。做事，按良知，去私心。

有安排，则有私；没安排，辅助者皆和合，因无戒心。如谁也不信谁，乃互耍小术。成"天民"，不愚了，有了智慧。国之难治，在此。

"允迪厥德"，按良知去实行；"谟明弼谐"，有计谋，必大家明白。"允迪厥德，谟明弼谐"八字，随时皆可用上，为培养群德的不二法门，做事的模范。

计谋，谋略，一般皆以为诡诈，实可指筹划、计划。谋，明于众人之前，大家明白，才能互相合作，才能和谐。合作之人不能有隐私，但非谋略要公之于世，彼此必互相了解。夫妇关系之近，如彼此有隐私，日久，也会离心离德。

社会上有权势者时时有，然成功者不世出，千百年难得一成功的。

经书，白话注解没有真懂，必了解书的深义了，能用上才有用。

年轻人开始做事时力量薄，合在一起力量就厚，必要学会合作。每个人都想当家做主，各立山头，结果力量薄弱，没能发挥作用。

应练习如何合作，昔为"君臣"，今为"主从"。臣，《说文》云"事君者也。象屈服之形"，非趴下，坤卦"含章可贞"，即己虽有含章之美，还要含而不露，才是永固之道。不显自己的成就，才有"终吉"，"无成有终"。为政者，必含其章美。大家都争成就，岂不成四匹马拉车，能不纷歧？

禹曰："俞！如何？"

请问其详。

皋陶曰："都（语词）**！慎厥**（其）**身，修思永。**

修德树本，本立道生。

"慎厥身，修思永"，内圣的功夫。"慎其身"，真行己之善德，"其身正，不令而行；其身不正，虽令不从"（《论语·子路》）。《论语》思想之精华，取之不尽，用之不竭。最要得"思其永"，可大可久之道。"三月不违仁"，日新己德，永恒，即"天行健，君子以自强不息"（《易经·乾卦》）。

养树，每年必修一次树，否则，难养成栋梁材，会养得乱七八糟。修剪，去掉多而无用部分。昔学校有"修身课"。每日做事、思想上，皆有多而无用部分，细想自己忙一天，是否无事忙？今年轻人易犯此一毛病。

修，得常修、永修。小枝不影响大干时，就不必修了。小毛病不一定影响大德。君子有时也有不仁之事，但完全不仁，就无法做君子。

"慎厥身，修思永"，有恒力，永久如一。内圣功夫，想为政，本身必修好。外王之业，为政之目的，为百姓、国家谋福利。

内圣外王，即一部《大学》。"大学之道，在明明德"，即存本然之善，亦即本心，"天命之谓性"，"在身曰心，在人曰命"，命、性、心，一也。"在止于至善"，"平天下而天下平"，平天下，步骤；天下平，终极目的：平天下而天下平。

"惇（厚）叙（序）九族，庶（众）明（贤明）励（勉）翼（辅），迩可远在兹（由近及远）。"

郑玄："序九族而亲之，以众明作辅翼之臣，此政由近可以及远也。"

刘逢禄："《礼》《大学》修齐治平，《中庸》九经之义，本诸《帝典》，此四语亦总摄之。"

先修其身，次叙九族，又次以众贤明作辅翼，则可大可久之业也。

在未天下平之前，孔子赞许霸业，"以力假仁者霸"，"久假而不归，恶知其非有也"（《孟子·尽心上》）。"齐一变，至于鲁；鲁一变，至于道"（《论语·雍也》），"大道之行也，天下为公"（《礼记·礼运》）。

《春秋》分三世："据乱世、升平世、太平世"，最高的境界，也是一步一步来的，一步一脚印，行之以渐。

齐家，看《大学》。中国人认为，家不齐，国就不能治。没有所谓"新旧"，到最后必自食恶果。爱情是绝对自私的，一步走错，一辈子不能原谅。偶一不慎，一生绝不会幸福。时代不论怎么进步，道德永不会改变。

我小时听的话，长大后才明白。我家环境单纯，师母可以遥控我。金屋藏娇，家必乱。

《中庸》"行远必自迩，登高必自卑"，自诚正修齐到治平，完全在内圣功夫。内圣，外王，由近及远，本立而后道生。应大家都贤明，彼此互相勉励，才是帮助。

生病了，不找病历，能了解病情？救国必要用脑子，有抱负，也要"行远自迩、登高自卑"。净放空枪，皆失败。许多人无此一智慧，虽身为国家领袖，亦无超时的境界。

你们一生不一定是很顺的路子，遇事应往大处、远处看，没有不能解决的事。

禹拜昌言曰："俞！"

"昌言"，美言，善美之言。"百世其昌，五世其昌"，昌，美，大也。

皋陶曰："都！在知人，在安民。"

中国文章笔法，上四字，下三字。

"在知人，在安民"，知人属智，安民为仁，必仁且智，此为政之要。傅元初："知人安民，千古致治。尽此四字。"（《钦定书经传说汇纂》）

"在知人"，知人者智，知人善任，此人有什么长，使其任什么事，最会用人。"在知人"，知人非易事，不能真知人，就无法善任。

长才之人，必驾驭之，要截长补短。人的力量很重要，必知人善任。"知人则哲，能官人"（《尚书·皋陶谟》）。自私，用人之短，都听自己，按己鼻子出气。

领导人未必是专家，故必用专家。

愚人者，任人之短；以天下为公者，任人之长。能善任，乃因知人，了解其所长。虽"毕业"，亦未必学得好。

《人物志》讲知人、任人。古代想搞政治，必读《人物志》。我讲《人物志》，有大学教授批评："又讲《人物志》，尽讲怪玩意儿！"讲完，仍纹风不动。不能用没有用，应能成毓家军。

"在知人，在安民"，此"在"字，同"在新民，在止于至善"之"在"字。一个人坐着不动，屋里进人皆不知之境，想得入定，即"在"。

人生即"知人""安民"两件事。知人善任，才能发挥任人的功效。娶妻，家也必安定，"在安家"，也必知人。如找错对象，就把你在胡同烧死。人生想明白，皆一笑置之！就是过家、请仆人，也必要有知人的智慧。每天做事，皆必"知人"。环境不安宁，能够做事？

本身如有智，再用智者，就可"垂衣裳而治"。左右近人，必用仁人，任人特别重要，必要有识人之才，才智之士会动脑解决问题。

"四书""五经"仔细讲一遍，不是讲得好，至少不错。以前太老师教，也没都讲完，有时，一天就讲四五个字。叶玉麟授《史记》、子书、桐城文。郑孝胥教《资治通鉴》，罗振玉则讲其他。

四五年，讲完这几部书。讲快，没用，必要真知；不真知，等于不知。

禹曰："吁（惊词）**！咸若时**（是）**，惟帝**（尧）**其难之。知人则哲**（智）**，能官人**（任人，器使）**。安民则惠，黎民怀之**（怀惠）**。**

言虽若是，但连帝尧都难以做到。"如有博施于民而能济众，何如？""尧、舜其犹病诸"（《论语·雍也》）。

"知人则哲"，知人者智。要能知人，必先知己，知己之所短、所缺，修之，养之。"能官人"，任人，因材器使。

知人，故所任皆恰到好处，能表现其才智。雇老妈子，用一辈子，要会用人。出来帮佣，赚几个钱？给多些钱，安人之心，又待之客气，能要走？

学生能挤垮圣庙！必受严格训练，反应快。到哪个地方，记特色、要点，必细看，以认人。特点，要记不变之处，就是摸黑也能到，识要点所在。

能吃苦，方能任事。一离开父母就变样，如不能适应环境，焉能在特殊环境发挥作用？年轻受正常教育，必懂苦的一面，才能应变。

"安民则惠"，"安民"，安人，安仁，"仁者安仁"。"惠"，"小人怀惠"，故必示惠于民，非口头，必实际，益下之惠，使民以时，"黎民怀之"。

天天修"知人"之智慧，"安民"之耐力。读空的东西，与实际生活，半点儿关系也没有，怎有作用可言？读书，要得实用，要读有用书，变成生命力。

"能哲而惠（仁），何忧乎驩兜，何迁乎有苗，何畏乎巧言令色孔（甚）壬（佞）？"

尧有四凶，不能去。巧言令色孔壬，言共工。四凶举其三者，郑玄以"禹为父隐，故言不及鲧也"。

"能哲能惠"，"仁者安仁，知者利仁"（《论语·里仁》），又何忧驩兜、三苗、共工？

此三天所讲，在"智"与"仁"二字而已矣。要点抓住，放诸四海而皆准，但重要在知而必行。

"四书""五经"，用字不同，意境则一，"吾道一以贯之"。

以不变应万变，是"以一行万"，外面怎么变，我里面永不变，必要有"一"的修养。设若对时代看得透彻，即看清利与弊，就不会听任何人一句话，行事就以己之"一"，贯己一切之行。

若看不清，就无法"一以贯之"，乃偶俗、随波逐流了。人来说什么，就扯什么，"筑室道谋，三年不成"。德与智，有高的修养了，才能"一以贯之"。

社会就是一大舞台，大家一起唱。但落幕之后，能留给观众深刻印象的有几人？

做事要脚踏实地，叫别人肯定，不必不择手段号召天下。能传下的，绝对是实际的东西。

人自小即涵育于中国文化当中，长大后就知中国文化是什么，懂得怎么用中国文化。

皋陶曰："都！亦行有九德。亦言其人有德，乃言曰，载

（为）采采（非一事）。"

皋陶既言可大可久之业在于"知人安民"，此复言"知人之道"。

曾运乾："亦行有九德""亦言其人有德"，两"亦"字，亦，有两须之意。

"行有九德"，人之行有九德，九德之行，可作为准则。

"载采采"，一类一类的事，举出事实。说一人有德，必有凭据，当举行事以验之，不妄下考语。

别人有毛病不必管，自己好好修德。不要老管别人，最后自己成"剩人"。

禹曰："何？"

问九德之目。

皋陶曰："宽而栗（坚实），柔而立（自立），愿（敦厚）而恭（敬己），乱（治）而敬（敬事），扰（和顺）而毅（果毅），直而温，简而廉，刚而塞（充满），强而义。彰厥有常吉哉！

以九德作为知人考言的准则。

上九字"宽""柔""愿""乱""扰""直""简""刚""强"，为本质，性之美；下九字"栗""立""恭""敬""毅""温""廉""塞""义"为进德，乃功夫所在。

"宽而栗"：宽能容，容才能大。但宽者易弛，必兼栗德，用坚实的功夫，成宽之德。一般人一宽，则成婆婆妈妈。

宽得有标准，有所守，坚持原则。对儿女之爱过宽，显己家有钱，岂是教子之道？必爱之以德，不能溺爱不明。

旧时文化根基深，按规矩行事，家中上下人等，月有月银，都有一定，男女孩一样多。

我自己的用完，向姊借钱，被太师母知，连带处分。管账先生绝不能乱支，说"借你几个钱"。没钱，没机会坏。对孩子必爱之以道。伟人的父亲不必是伟人，伟人的母亲必是伟人。

不要从俗，风俗害死人。一时代到"各从其欲，家自为俗"（《春秋繁露·立元神》）就坏！

哲理不分新旧，自人生体验得的经验。有文字详细记载，就几千年了。

"柔而立"，柔易弱，必能立。卓然自立，"望之俨然，即之也温，听其言也厉。"（《论语·子张》）俨然，卓立；温，柔；厉，说造就人的话。厉、励，古时同一个字，《管子》中的"厉"即"励"。

《管子》虽非管子所写的，然确有管子之言，后列入法家，因法家自管子出。孔子列管子入儒家。

法家所用术不一，韩非不同于商君。儒家讲性不同，有性善、性恶说。立说不一，发展乃有别。老庄并列，其实老子与庄子所讲不同。熟能生巧，深入琢磨才有用。

"愿而恭"，乡愿，表面恭，假貌为善，易同流合污而不庄。叫人感觉自己必是厚，"谨""厚"，两个表情。"敬""慎"，横草都不过，处处小心，一点儿亏也不吃。必加上"厚"，特别"惇厚"，才是"愿"，《中庸》"和而不流，强哉矫"，强中之强。

"乱而敬"，治乱曰乱，乱者恃有治乱解纷之才，则易忽、乱。敬谨则为德。"谨而信"，"敬事而信"，谨也。

"扰而毅"，扰者，驯顺而易软弱，扰而果毅则为德。

"直而温"，"人之生也直"，直情径行，而易攻击人的隐私。直而温良，"即之也温"，有温和之气势则为德。

"简而廉"，简省，简单，简者多率略，应该转弯就转弯，"砥砺廉隅"（《礼记·儒行》)，有廉隅则为德。

"刚而塞"，无欲乃刚，刚者多无保留，"温恭允塞"（《尚书·禹贡》)，刚而充实则为德。

"强而义"，强者倔强固执，多恃勇而不审宜，故强能义则为德。

"彰厥有常，吉哉"，彰显这些祥善之德，吉也。

"日宣（表现，遍）三德，夙夜浚（崇）明（勉）有家（卿大夫）。日严（俨）祗（敬）敬六德，亮（佐）采（事）有邦（诸侯）。翕（合）受敷（遍）施（施政），九德咸事（天子），俊（才德过千人）乂（才德过百人）在官，百僚（官）师师（相切磋），百工（官）惟时（善其事）。抚（顺）于五辰（五星），庶绩（众事功）其凝（成）。

此讲九德官人之法。因材器使，以德为先，为政以德，德称其位。

《论衡·答佞》："唯圣贤之人，以九德检其行，以事效考其言。

行不合于九德，言不验于事效，人非贤则佞矣。"

《盐铁论·刺复》："言官得其人，人任其事，故官治而不乱，事起而不废，士守其职，大夫理其位，公卿总要执凡而已。"

为政在人，必求贤才，"贤者在位，能者在职"，使人中之秀者，皆使之在官。野无遗才，国无废事，众事功乃成。

"无教（令）逸欲有邦（诸侯），兢兢（戒也）业业（危也），一日二日（日日）万几。

上言"野无遗，国无废事"，此讲安民之道，慎无逸，俾代天工。

"无教逸欲"，无令贪于逸乐，纵情私欲，上好下甚，风气易成。

"兢兢业业"，做事谨慎诚恳；"一日二日万几"，君王日领万几。

刘逢禄："《易》曰'几者，动之微，吉之先见者也'，又曰'惟几也，故能成天下之务'，曰万几者，合庶官言之。"

司马光《传家集》："治之于微，则用力寡而功多；治之于盛，则用力多而功寡。是故圣帝明王皆销恶于未萌、弭祸于未形，天下阴被其德而莫知其所以然也。"

"无旷（空）庶官（百官），天工，人其代之。

《论衡·艺增》："毋空众官，真非其人，与空无异，故言空也。"

"无旷庶官"，旷官就失事。"天工，人其代之"，天工人代，人代天工未竟之业。

中国虽没有说上帝创造人，但说一切皆天作之，天造、天工，人更扩而大之，使之更好。人将天工显出其更为有用，即"天工人代"，此为人的责任。

连天工都得由人代其不足处，况其他乎？高山过不去，古时修栈道，现在用飞机代其不足，人能胜天，因人能代天工之不足，人工怎能有所不足？

天天努力修德，乃要代上天未竟之工，此为人的责任，因此必严格修己。

"天叙（序）**有典**（法，常），**敕**（饬）**我五典五惇**（厚）**哉！天秩**（爵之次第）**有礼，自**（由，从）**我五礼有庸**（五用常）**哉！**

此谈为政之德，当以敦厚为本。法天德，以顺民心；叙五典，以范民行。

曾运乾："典曰天叙、礼曰天秩者，典礼皆本乎性之自然。""五典五惇者，五典之教，皆以厚为本。五礼有庸者，言五等之礼，各有吉、凶、宾、军、嘉五者之用也。"

典礼，皆本乎人性之自然，故曰"天叙""天秩"。天叙，五伦；天秩，品秩，随其大小、尊卑、高下所宜也。

礼，天理之节文，"礼仪三百，威仪三千"，男孩儿自小要养威仪，"君子不重则不威"。"自我五礼有庸"，"圣人缘人情而制礼"，"五礼"，吉、凶、宾、军、嘉，五者之用。

"同寅（相接以敬）协恭（相待以恭）和衷（相与以诚）哉！

曾运乾："总须君臣端己于上，而后小民乃能承流于下也。"

天有好生之德，尊生，生生不息，"人同此心，心同此理"，相与以诚，礼由人起。循天理，不可以师心自用。

以敬相接、以恭相待、以诚相与，同心协力，和衷共济，才能有成就。

"天命有德（在位），五服五章（章明其德）哉！天讨有罪，五刑五用哉！政事懋（勉）哉！懋哉！

"天命有德"，有德者必得其位，在位谋政，和衷共济，才能有成就。

"五服五章"，五等之服，有五等之章，所以章明其德。

"天讨有罪"，有德彰德，有罪惩戒。"五刑五用"，刑赏为国家驭世之柄，故齐之以政事，而求其勉。

"政事懋哉懋哉"，君主之，臣用之，当勉勉而不可怠。万般不与政事同，必要勉为其难，不可以尽做喜欢的事，否则终必遭难。

曾运乾："服曰天命，刑曰天讨，言刑赏皆所以报人功罪，为上者不参私意于其间，便若出于天意也。"

为政之德，是基本的。为政之方，不可离现在知识，必吸收现代知识。

"天聪明（耳聪目明）**，自**（由，根据）**我民聪明。天明畏**（威）**，自我民明威。**

自古"民为贵"的思想自此来。

"天聪明，自我民聪明"，天之聪明，乃根据人的聪明来的。

"天明畏"，赏善罚恶，显扬善人，惩罚恶人；"自我民明威"，根据民欲民情来的。为政以顺民为主，明天命本于人心，得民心者得天下。

水涝、干旱，天变之灾，乃天之威明于人。政治不上轨道，百姓积怨在心，上帝乃要明畏，有所警戒。

"达于上下，敬（钦）**哉有土**（国）**。"**

"达于上下"，由天子以至于庶人；"敬哉有土"，敬则有国，能敬慎才能有其国，"道得众则得国，失众则失国"（《大学》）。

居安思危，时存警戒心，吃亏就少。给人难堪，人必永记而后报复。

人找你麻烦，绝不可以躲避，愈躲愈厉害。不惹人、不欺负人，则无真正怀恨你者。不积怨在人，但也不要怕事，必有勇气面对一切困难，来个先礼后兵。

愈懂谨慎，愈能成功。找助力不易，不惹人则少一阻力。做事业，有据点，互相合作。不能因各有据点，而相互竞争，致两败俱伤。

皋陶曰："朕（我）言惠（顺）可厎（zhǐ，致，得到）行。"

古时，"朕"，即予、我，谁都可以用，不限于帝王。《尔雅》："朕，余，躬，身也。"

皋陶说：我上面所说的话一定可以实行的。

禹曰："俞（然）！乃（汝）言可厎可绩（功）。"

"绩"，在事情上，得到经验，想出的。

禹回说："可行，按此而行，可以致功。"

皋陶曰："予未有知，思日赞赞（佐）襄（治理）哉！"

"未有知"，一是知，知识。二是智，智慧。"日赞赞襄"，每天尽己之责，别无目的。

皋陶谦说："我只是日以知人、安民之谋，赞帝以行之，期于成治而已。"

以上皆皋陶与禹，相语于舜帝前，舜"默而识之"。

下为舜、禹、皋陶君臣交儆之语

帝曰："来！禹，汝亦昌言。"

听完皋陶建言后，舜要禹也提出伟大建言。

禹拜曰："都！帝，予何言？予思日孜孜（汲汲）。"

禹回拜舜，说：我实没什么好说，只是每天勉励自己罢了！

曾运乾："依此，则《皋陶谟》与《益稷》，不可分两篇矣。但上为禹、皋问答之辞，下为舜、禹君臣交儆之语。文辞虽不可断，文意实各有系属。"

皋陶曰："吁！如何？"

皋陶询禹所孜孜者何事？

禹曰："洪水滔（漫）天，浩浩怀（包围）山襄（冲上）陵，下民昏（没）垫（陷）。予乘四载（四种交通工具），随山刊（斜斫）木，暨（与）益奏（进）庶（众）鲜食。

禹具述政治之难也，当洪水泛滥之时，民有陷没之患，我每天孜孜勉于事功。

《史记·夏本纪》："鸿水滔天，浩浩怀山襄陵，下民皆服于水。予陆行乘车，水行乘舟，泥行乘橇，山行乘桥（jú），行山刊木。与益予众庶稻鲜食。"

"四载"，四种交通工具。在不同环境下，使用不同的交通工具。禹为勘察水势，时乘不同交通工具，行山砍木，作为治水标记。

洪水过后，黎民阻饥，虽种谷物，收获犹少，乃与伯益使民兼营鲜食。

"予决九川距（至）四海，浚（掘之使深）畎浍（田间沟）距川；暨稷播（散种），奏庶艰（根）食鲜食。

禹治水，"掘地而注之海，驱蛇龙而放之菹。水由地中行，江、淮、河、汉是也。险阻既远，鸟兽之害人者消，然后人得平土而居之"（《孟子·滕文公下》）。

《史记·夏本纪》："以决九川致四海，浚畎浍致之川。与稷予众庶难得之食。"

"尽力乎沟洫"（《论语·泰伯》），疏导九州岛河川入海，掘深田间沟道，与河川相通。与后稷教民播种，使民根食、鲜食各半，互相补充。

"懋（贸）迁（徙）有无化（货）居（储）。烝（众）民乃粒（定），万邦作（始）乂（治平）。"

刘逢禄："贸迁有无，谓行货为商。《史记》训为调有余补不足也。"

《史记·夏本纪》："食少，调有余补不足，徙居。众民乃定，万国为治。"

"调有余补不足"，使货物有无相通，可以有备无患。"烝民乃粒，万邦作乂"，众民乃定，万国为治。

皋陶曰："俞！师（斯）汝昌言。"

皋陶然禹所言，要禹亦建言。

禹曰："都！帝，慎乃（汝）在位。"

禹以"慎乃在位",对舜建言。

"慎乃在位",慎于所在之位,"恭己正南可而已矣"。不在其位,不谋其政。在其位,必谋其政。贤者在位,思不出其位。

帝曰:"俞!"

舜立即首肯。

禹曰:"安汝止(知止)**,惟几**(危)**惟康**(安)**。其弼**(辅臣)**直**(十日烛隐,德)**,惟动丕**(斯)**应。徯**(待)**志以昭**(清明)**受上帝,天其**(将然之词,将会)**申**(重)**命用休**(以福禄)**。"**

禹进而详言之。

"安汝止",止于所职,安己之所止。知止,是最高境界,"在止于至善","为人君,止于仁",仁者爱人,而无不爱,"仁者安仁",一视同仁,没有分别心。

"惟几惟康",居安必思危,要防微杜渐。

"其弼直,惟动丕应",谋明示于天下,则"绥之斯来,动之斯和"(《论语·子张》),动无不应,绥之斯和。

"徯志以昭受上帝",虚心平意以待上帝。天子,是昭受上帝之志,故"继天之志,述天之事"。

"天其申命用休",天命再给你幸福,可以永享天禄。祸福无不自取,皆自得也。

帝曰:"吁!臣哉邻(近)**哉,邻哉臣哉。"**

舜亦言:"臣哉邻哉!邻哉臣哉!"君臣之道近,乃相须而成。

帝言亦须良辅，所谓推心置腹，君臣交儆，上下和合。上下不合，就"无人""无邦"。

有权时，不要独断专行，要"和而治"；独断独行，终剩下自己。天下没有一人做事能成功的。

禹曰："俞！"

帝曰："臣作朕股肱耳目（视听动作）。予欲左右（助）有（语词）民，汝翼（翼成，辅佐）。予欲宣（布）力（功）四方，汝为（助为）。

舜以禹总百官，作股肱耳目，动作视听皆由臣，以之宣教四方。表明君臣一体，和衷共济。

"予欲左右有民，汝翼"，我欲安抚四方，汝当辅佐。

"予欲宣力四方，汝为"，我欲宣教四方，汝当助成。

"予欲观古人之象（就其物，拟其象），日月星辰山（取其静而生物）龙（取其随时变化）华虫（雉鸟，取其有文理）作会（绘），宗彝（虎雌）藻火粉米（白米）黼（fǔ，白黑相次花纹）黻（fú，黑与青相间花纹）缔（chī，细葛布）绣（刺绣），以五采彰施于五色作服。汝明（成之）。

舜说："我欲观古人之象，制作十二章服，汝来完成。"

十二章服，礼服上的文章，即衣服上的花纹，天子用以饰祭服，用以彰显其德。

上六者，作绘于衣，上衣："日月星辰"，能照临四方；"山、龙、华虫"，山，取其镇静又生物；龙，取其随时变化；华虫，雉鸟，取其文采昭著。

下六者，绘施于裳，下裳："宗彝"，古为祭器，上画虎与蜼，取其能服猛，有智捷；"藻"，水草，取其文秀而清洁；"火"，取其文明；"粉米"，白米，取其能养。"黼"，如两斧相背；"黻"，如两弓相背。彰显能断，取其有违而辅直。

"予欲闻六律五声八音，在〔察〕治忽〔乱〕。

舜说：我欲用音律，察民之心声。

音，声音，《说文》云："生于心，有节于外。"律，分也，法也，《说文》云："均布也。"

十二律：黄钟、大吕、太蔟、夹钟、姑洗（xiǎn）、仲吕、蕤（ruí）宾、林钟、夷则、南吕、无射（yì）、应钟。六律，奇数，阳律；六吕，偶数，阴律。合为律吕，定数。不言六吕，阳统阴。

五声：宫、商、角（jué）、徵（zhǐ）、羽。后来又加上变宫、变徵。

八音：金，编钟、特钟、铙；石，编磬、特磬；丝，古琴、古瑟；竹，箫、笛、管、篪（chí）；匏（páo），竽、笙、葫芦丝；土，埙（xūn）、缶（fǒu）；革，鼓；木，柷（zhù）、敔（yǔ）。

以律吕、五声施之八音，"声成文，谓之音"，合之成乐。

"在治忽"，治，整治，治理；忽，《说文》云："忘也"，忽慢。治忽，治乱。察声音之哀乐，以知政教之理乱，《礼记·乐记》云："凡音者，生人心者也。情动于中，故形于声。声成文，谓之音。是故治世之音安以乐，其政和；乱世之音怨以怒，其政乖。"声音之道与政通，"审声以知音，审音以知乐，审乐以知政，而治道备矣"。

"以出纳五言〔各方之声诗〕，汝听〔听政〕。

"出纳五言，汝听"，"出纳"，出，如大行人以亲诸侯；纳，如陈诗以观民风;"五言",各方之声诗,汝自此听民声。

"听",判断,"天听自我民听",听而不闻。"汝听",达其志,通其欲,通德类情,裁成辅相。自音乐,可以知政治之得失,察民之心声。

"予违（背）汝弼（辅），汝无面从，退有后言。钦四邻。

王符《潜夫论·明暗》云:"国之道,劝之使谏,宣之使言,然后君明察而治情通矣。"

舜说:我如有违道之处,你当以直辅弼。不能当面顺从,退朝后再加以是非。要敬四辅,同心辅朕。

伏生《尚书大传》:"古者天子必有四邻,前曰疑,后曰丞,左曰辅,右曰弼。天子有问,无以对,责之疑;可志而不志,责之丞;可正而不正,责之辅;可扬而不扬,责之弼。其爵视卿,其禄视次国之君也。"

"庶（众）顽（心不则德义之经）谗说,若（语词）不在（察）时（是），侯（射侯）以明之（教之），挞（挟）以记之（惩戒），书用识（志）哉,欲并生哉。

明教之,使愚顽、谗媚之辈知所悔改;不能惩戒之,甚至公之于众,以昭炯戒。赏善罚恶,以清政风。

刘逢禄:"《礼》云尊贤则不惑,敬大臣则不眩,《论语》举直错诸枉。"

"工（官）以纳言，时（善）而飏（扬举）之，格（正）则承（进）之庸（用）之，否则威（惩）之。"

为官者当善于纳言，扬善进用人才，使政清人和。

"飏之、承之、庸之、威之"，或以德进，或以言扬，或以事举，否则警告之。

《礼记·乐记》："礼以道其志，乐以和其声，政以一其行，刑以防其奸。礼乐刑政，其极一也，所以同民心而出治道也。"

禹曰："俞哉！帝光（广）天之下，至于海隅苍生，万邦黎（众）献（贤），共惟（为）帝臣。

禹要舜举用四海之内贤者，大家同心辅佐帝业。

"大一统"，普天之下，诸侯都是你的臣，"率土之滨，莫非王臣"。王者无外，远近大小若一。

"惟帝时（善）举（用），敷（取）纳以言（采谏言），明庶（试）以功，车服以庸，谁敢不让，敢不敬应。

惟帝举用贤才，采纳建言，推贤向善。

"明试以功"：尧有智，舜有才，尧对舜犹"历试诸艰"，舜则"历经诸难"。

"车服以庸"，以车服酬赏有功者。

"谁敢不让，敢不敬应"，《春秋繁露·度制》："贵贱有等，衣服有制，朝廷有位，乡党有序，则民有所让而不敢争，所以一之也。《书》曰：'举服有庸，谁敢弗让，敢不敬应。'此之谓也。"

"帝不时（善），敷同日奏（善恶皆进于朝廷），罔（无）功。"

君如不善用人，"敷同日奏"，善恶同时进用。贤者不愿与不贤者同朝为官，就跑掉了，"无功"，治道无成。

帝曰："无若（如）丹朱傲（慢），惟慢（惰）游（佚）是好，傲虐（戏谑）是作（为）。罔（无）昼夜额额（额同"额"，舟行不安），罔水行舟。朋（放）淫于家，用殄（绝）厥世，予创（惩）若时（是）。"

《论衡·问孔》："《尚书》曰'毋若丹朱傲，惟慢游是好'，谓帝舜敕禹毋子不肖子也。重天命，恐禹私其子，故引丹朱以敕戒之。"

"昼夜额额，罔水行舟"，洪水已平，丹朱无水行舟，使人推行之。

"放淫于家，用绝其世，予惩若是"，舜有意由禹继帝位，以丹朱行为戒禹，要他不溺爱其子。

"帝以己子商均不肖，故亦不以继世"（刘逢禄），圣人不私其子。圣人也是人，圣人说真的。乡愿就伪装，色庄！

《史记·夏本纪》："帝舜荐禹于天，为嗣。十七年而帝舜崩。"

禹曰："娶于涂山，辛壬癸甲。启（禹之子）呱呱（小儿啼声）而泣，予弗子（子，当动词。子产不字，过门不入）。

禹说："我自娶涂山，仅四日即被命治水。启生，呱呱而泣，我过门而不入，惟荒度土功是务。"

《史记·夏本纪》："禹伤先人父鲧功之不成受诛，乃劳身焦思，居外十三年，过家门不敢入。"

《孟子·离娄下》："禹、稷当平世，三过其门而不入。"禹道自受命治水以来，惟栉风沐雨，勤力从公。

《论衡·问孔》："禹曰：'予娶，若时辛壬；癸甲开呱呱而泣，予弗子'。陈己行事，以往推来，以见卜隐，效己不敢私不肖子也。"

禹向舜表明，不私其子。

曾运乾："意言禹娶涂山，仅四日而被命治水。启生堕地，呱呱而泣，禹过门而不得入。惟荒度土功是务也。以事涉及闺房之好，燕昵之私，帝前不能直率言之，仅举'辛壬癸甲'为歇后语，听者自可意悟也。"

"惟荒（奄，大也）**度土功。弼**（辅）**成五服，至于五千，州十有二师。外薄**（迫）**四海，咸**（皆）**建五长。**

"弼成五服，至于五千，州十有二师"，广辅五服而成之，五服：甸服、侯服、绥服（度王者文教而行之）、要服（要结好信而服从之），九州岛之内，有十二州牧；"外迫四海"，荒服曰四海，以其政教荒忽，因其俗而治之。皆建五长。

禹在平治水土后，又规划地方行政，国土达五千里，直至四海，建立师长制。

"各迪（作）有功，苗顽（劣）弗即（就）功（事功），帝其念（常思）哉！"

禹以九州岛五长各有其功，惟三苗顽凶，不得就事功，提醒舜三苗之事。

帝曰："迪朕德（导吾德），时（是）乃（汝）功惟叙（绪，业）。"

舜说："三苗不服治化，乃吾德薄能鲜，当导吾德，收服三苗之大业。"

上舜禹相语：由慎德而任贤，由任贤而赏罚，由赏罚而黜陟，由黜陟而奸恶，由奸恶而三苗。九州岛承化，惟三苗否，故在明德之外，以刑辅之。

皋陶方祗（敬）厥叙（绪），方施象刑，惟明（明察）。

皋陶正在宣德明刑，施行象刑，言顽凶不化，非刑无可惩戒也。《荀子·正论》云："凡爵列、官职、赏庆、刑罚，皆报也，以类相从者也。一物失称，乱之端也……杀人者死，伤人者刑，是百王之所同也，未有知其所由来者也。"

"惟明"，以明为要，务求其中，明察而中正。

"象刑"，德化，"时人尚德义，犯刑者但易之衣服，使不能冠饰以耻之"（伏生），使民知所戒惧，而返于礼。

《韩诗外传》："是君之所以象典刑而民莫犯法，民莫犯法，而乱斯止矣。"

舜德广布，以皋陶、禹功显，"归美二臣"（郑玄）。

《大戴礼记·主言》："昔者舜左禹而右皋陶，不下席而天下治。"

夔曰（爰，于是）戛（jiá，敲打）击鸣球（玉器。金奏也），搏（bó，用力弹）拊（fǔ，轻抚）琴瑟，以咏（歌诗。此升歌也）。祖考来格（至。神降临），虞宾（前代帝王之后）在位，群后（诸侯助祭者）德让（升降揖让）。

《史记》说为夔行乐。此记宗庙堂上之乐。

"虞宾在位，群后德让"，称客而朝，不臣，是客人，亦即贵宾，可以穿其衣冠，行其礼乐，是平行的。

夔说明乐的功能：清庙祭祀，颂扬先王功德，与祭诸侯，以德相让。

古时家庭，读书声、织布声、小孩声……皆有之，一片和乐声。

下（堂下）管（竹乐器）鼗（táo）鼓，合止柷（zhù，合乐用）敔（yǔ，止乐用。下管也）。笙镛（大钟）以间（迭。间歌也），鸟兽跄跄（动也，起舞。形容音乐之盛）；《箫韶》（舜乐）九成（合乐也），凤凰来仪（婆娑而舞，形容音乐之盛）。

陈澔《礼记集说》："间者，代也。笙与歌皆毕，则堂上与堂下更代而作。"

"下管"以下，为宗庙堂下之乐。
《箫韶》之乐，致鸟兽起舞，凤凰亦来朝，婆娑起舞。

曾运乾："按乐节凡六，先金奏，次升歌，次下管，次间歌，次合乐，次金奏。以金奏始，以金奏终……本文以鸣球始，以击石拊石终，金石即钟磬，孟子所谓金声而玉振之也。"

一、堂上之乐：堂上坐奏，拊挎玉磬、琴瑟，用于清庙祭祀。
二、堂下之乐：在两阶之间立奏，有竹管、鼗鼓、柷、敔、笙、钟也。

郑玄："《箫韶》，舜所制乐也。乐备作谓之成。成，犹终也。每曲一终，必变更奏。若乐九变，人鬼可得而礼。故致得凤皇来仪。"

夔曰："於！予击石拊石（以金奏终也，乐之大成），百兽率舞（形容音乐之盛），庶尹（正）允谐。"

"百兽率舞，庶尹允谐"，神人以和，乐之感，无不至矣，众事安定。

刘逢禄:"言声音之道与政通焉。庶,众也;尹,正也。允,信也。言乐之所感,使众正之官,信得其谐和。"

群的力量,就在分之当否,分则必要有识人之智。"二人同心,其利断金",不在多,贵乎志同道合,才能发挥群策群力的力量。

帝庸（因以）**作歌曰:"敕**（谨）**天之命,惟时**（无时不戒）**惟几**（无事不谨）。"

舜为此歌颂众功,即兴作歌,先述其义,戒慎傲惕。

丘浚《大学衍义补》:"盖天命无常,理乱、安危相为倚伏。今虽治定功成,礼备乐和,然顷刻谨畏之不存,则怠荒之所自起;毫发几微之不察,则祸患之所自生。不可不戒也。""几者事之微也,方其事之始萌,欲动未动之际,方是之时,善恶之形未分也,而豫察其朕兆;是非之情未著也,而豫审其几微。毫末方起,已存戒谨之心;萌芽始苗,已致防范之意。不待其滋长显露,而后图之也。古之帝王所以戒敕天命也如此,其至所以祸乱不兴,而永保天命也欤。"

处理任何事,不要急,慢慢来,弄完一个是一个。任何事发生了,用急手段处理,则愈处理愈乱。事未发生前,应防未然;既已发生了,非一日能处理好,必要养精蓄锐以处理。

天下无过不来的山崖,天下本无事,不要看得很严重,就看成小孩摆家家酒,处事就能镇定。

乃歌曰："股肱喜哉！元首起哉！百工熙（和合）**哉！"**

于是续作歌：股肱之臣喜乐尽忠，元首治功乃起，百工之业亦和合。

皋陶拜手稽首飏（大声）**言曰："念哉**（谨慎小心）**！率作兴事**（先导之）**，慎乃**（汝）**宪**（法）**，钦哉**（敬其职）**！屡**（数）**省乃成，钦**（敬终以善）**哉！"**

皋陶听后，行礼致意，陈述作歌之义。

"念哉"，念帝之戒；"率作兴事"，天子率先起治。

"慎乃宪"，遵守法度。"钦哉"，敬其职。"屡省乃成，钦哉"，考其绩，敬以善其事。

治国之道，在守法、考绩。地位高的愈看不起法，立法而违法，养成特权阶级。特权横行，焉有法制可言？

乃赓（续）**载**（成）**歌曰："元首**（君）**明哉，股肱良哉，庶事康**（美）**哉！"**

《孔安国传》："帝歌归美股肱，义未足，故续歌'先君后臣，众事乃成'，以成其义。"

皋陶接着咏歌："为君者明，为臣者良，众事美哉！"责难于君臣之谊：上明哲，下贤良。

简朝亮《尚书集注述疏》:"君能知人以官人,君圣明则臣贤良,众事由是而安矣。所谓谟明弼谐,庶明励翼也。"

又歌曰:"元首丛(总聚)**脞**(cuǒ。啰嗦于小事,细碎无大略)**哉,股肱惰**(懈弛不进取)**哉,万事堕**(败坏)**哉!"**

又续咏歌:"为君者烦琐,为臣者懈怠,众事败哉!"

简朝亮:"君不能知人以官人,君兼众事而烦琐,则臣不任事而懈力,万事由是坏矣。"

帝拜(答)**曰:"俞,往,钦哉!"**

舜答说:"各往敬其职。"君臣相互敬谨从事。

丘浚《大学衍义补》:"舜作歌而责难于臣,皋陶赓歌而责难于君,君臣之相责难者如此,有虞之治兹所以为不可及也。"

吴闿生《尚书大义》:"郅治之隆,及君臣相得之美,非言语、文字所能尽。言有尽,而意无穷。"

君臣即兴作歌,交相规劝。君臣之间,开诚布公,推心置腹,无所隐私,坦率真挚,相互责勉,永为后世典范。

生,性也。天有好生之德,法天,天德好生,生而不有,尊生。战争不能解决问题,好生,不杀生,反对战争。天德,王道之隐。

自古征战几人还？"黯兮惨悴，风悲日曛。蓬断草枯，凛若霜晨。鸟飞不下，兽铤亡群"，多读《吊古战场文》，当不作战。

解决问题，必坐下来谈。好勇斗狠，皆血气之勇，头脑简单。现什么事皆以暴力解决，能解决问题？要理智，善用智慧。自古武人较单纯，易受人蛊惑，年轻人亦然。

兵不血刃，"神武不杀"，生生，天地之大德曰生，尊生不杀，不动刀就能解决，用的是"聪明睿智"。

一时冲动，只是制造事端而已，并不能解决问题。"识时务者为俊杰"，务，"当务之为急"，并非乡愿，是能了解当务之急的事。

要活下去，必重视未来，要适应、面对未来。你们如同老和尚，未老先衰，已到禅定的境界！坐下来，好好为自己想。君子素其位而行，思不出其位。

做实际事，不能说梦话。不要将妄想当成志，"士尚志"，但妄想不是志。如何迎接未来？此识时务也。

人的毛病，专看别人，忘了自己。

我在年轻时，感到必行革命以强中国。回想我们年轻时的梦想，今天是否已达到人间净土？成功毕竟是少数的少数，多数是抬轿的。

"国家败亡，妻离子散，矜寡孤独系于一身"，我一生没幸福过，十三岁到国外，年纪大的还要问我怎么办，就要装腔作势地解决问题。

越是棘手问题，越要用智慧解决。每个人皆有责任，但不一定皆有智慧解决。智慧必培养，"子孙虽愚，经书不可不读"。"不龟手之药"（《庄子·逍遥游》），用法因人而异。

中国经书没有用，是你没有智慧和力量吸收。熊十力说中国书是智海，取之不尽，用之不竭。"一言以为知，一言以为不知"，吸收完全在自己。

你们必要有高智慧，以应付中国的特殊环境。这环境，真不是一个普通人能应付的。

白头宫女话当年！我什么事皆打前锋，却没有做先烈，也是命！夜里可不睡，中午又不打瞌睡，忙一辈子。死生确是有命。

目的在成功，成功多少必用点儿术。论、术、绩。捷足先登的，不一定成功。

有出色的智慧，才能善用出色的环境。真有智慧，要好好培养。如见得短，看别人也不高。

必了解时之所当务。你不动，他主动，也没办法。看一问题，必要窥其全貌，不能一厢情愿，就戏台想媳妇。

所见、所闻，值得重视；所传闻之事，不必信。必真正了解中国近代史，才能了解我们何以到今天。

日本本身没有文化，原住民为北海道虾夷族，大和民族是混血民族。韩国满人更多。日本皇室，大和民族的老大。天照大神，即"天朝大臣"（指徐福）的音转，日本学中国东西学得并不纯，接受中国文化。如今中国人喜接受西方文化。满人礼法严，入中原后学中国礼法，依中国礼法行事。本身文化不健康，乃全盘接受外来文化。日本接受西方文化，乃造成其战后复兴。

日本明治维新，大正元年即中华民国元年。我民国七年到日本，此时日本明治维新已四十多年，我赶上，他们没有我们这么乱，其成功在二战战败后可以看出。明治维新精神复兴了日本，今天经济发展震惊全世界。其教育思想是套阳明学的"知行合一"。七十年前，日本完全依中国文化行事，对"阳明学"真是身体力行。身体力行精神养成，做任何事情皆认真。"阳明学"未能救中国，却救了日本。

复兴文化，自复兴民族精神开始。将古书当智慧吸收，就会健康；若当书讲，则如同嚼蜡。很多当代的教育，失败在一个"伪"字，老师不能同学生讲真话。

中国人已到觉醒的时代，今后，必好好识时务。社会上最怕的是"名存实亡"。

不要天天求"名存实亡"的事，不要天天无所事事，应时时事事反省自警。

三、甘　誓

孔子删《诗》《书》皆有理，《书》以尧、舜为始，《甘誓》前为法，后为戒。一般不讲此篇，今文经特重此篇，"至禹而德衰"的证明。

《春秋》以鲁当新王，有"王制"，王制之道为法。"至禹而德衰"，开"家天下"之局，创此"乱制"，乱制之道为戒。

启与有扈战于甘之野，作《甘誓》。

此为《甘誓》序。

首反乱制之战，存此篇意义深长。天不佑扈，此败，天民尽刚于鸟兽之群。

《史记·夏本纪》："有扈氏不服，启伐之，大战于甘。将战，作《甘誓》。"

《淮南子·齐俗训》云："昔有扈氏为义而亡。"有扈氏何以"不服"？高诱注："有扈，夏启之庶兄也。以尧、舜举贤，禹独与子，故伐启。启亡之。"禹开启家天下，传子不传贤，有扈氏不服。启伐之，"有扈氏为义而亡"，他这一败，几千年家天下乃起。

冯衍《显志赋》："讯夏启于甘泽兮，伤帝典之始倾。"注："谓夏德之薄，同姓相攻。"

"甘誓"，甘，地名；誓，《释名·释言语》云："誓，制也，以拘制之也。"用于军中，约言。

"夏德之薄"，德薄，不能以德服人；"同姓相攻"，兄弟相争而相残。

大战于甘，乃召六卿。

《尚书大传》："战者，惮警之也。"《春秋谶》曰："战者，延改也。"

未战，称"大战"者，谓天子亲征之师也。

"征者上伐下也，敌国不相征也。"（《孟子·尽心下》）是征不服公天下者，"征犹正也，欲言其正也"（《白虎通·诛伐》），"子率以正，孰敢不正"，己身不正，如正人何？

"六卿"，六军之将，天子有六军。"六卿"是周代设置的官职。

王曰："嗟！六事之人，予誓告汝。

《墨子·明鬼》："王乃命左右六人，下听誓于中军。"

"六事"，军吏下至士卒。

"有扈氏，威侮五行，怠弃三正。

"有扈"，曾运乾："《楚语》观射父云：尧有丹朱，舜有商均，夏有观扈，周有管蔡。以扈与丹朱、商均、管蔡并举，则有扈为夏启之庶兄，诚如《淮南》高注所云也。"

"威侮"，暴逆之；"五行"，古以"木金水火土"配"仁义礼智信"，是五行即五常。

"三正"，建子、建丑、建寅。"怠弃"，不奉正朔。

郑玄："有扈与夏同姓。五行、四时，盛德所行之政也。威侮，暴逆之。三正，天地人之道。"

皮锡瑞《今文尚书考证》："禹继尧仍当祢舜，所存二王后必是唐虞，三正谓唐、虞与夏。"

"尧、舜、禹"，三正迭王，公天下。但"至禹而德衰"，不师唐、虞公天下，传子不传贤，开启家天下之局。

"天用剿绝其命。今予惟恭行天之罚。

《白虎通·三军》："王法天诛者，天子自出者，以为王者乃天之所立，而欲谋危社稷，故自出，重天命也。犯王法，使方伯诛之。《尚书》曰：'命予惟恭行天之罚。'此所以言开（启）自出伐有扈也。"

"剿绝"，剿，绝也。"天用剿绝其命"，天绝其命。

"恭行天之罚"，本为争国，托词天讨。有扈氏不服启家天下，为启所亡。历史哪有真的？"成者为王，败者为寇"。

"左不攻（治）于左，汝不恭（"共"之借字，具也）命；右不攻于右，汝不恭命；御（服马者）非其马之正（政事），汝不恭命。用命，赏于祖；弗用命，戮于社。

以天子亲征，必载庙之主行。有功则赏，赏祖主前，示不专。
又载社主，谓之社事。奔北，则戮之于社主前。社主阴，阴主杀也。

"予则孥戮汝。"

《尚书大传》："孥，子也。非但止汝身，辱及汝子，言耻累也。"

"予则孥戮汝"，"孥戮"，或以为奴，或以刑戮，无有所赦，"非但止汝身，辱及汝子"，此连坐法之滥觞。由此，夏启之德可知，为了争天下，同室操戈，不但杀之，并辱及子女，不仁莫甚！

"三代以前，父子兄弟，罪不相及。至秦，始有连坐之法。"

刘逢禄："谷梁子云：'诰誓不及五帝，盟诅不及三王。'然则此篇及《五子之歌》《胤征》三篇，为夏书之变，犹《诗》风、雅、颂俱有正变也。"

四、汤 誓

《汤誓》，汤伐桀之誓，示乱制虐民之甚，假仁假义，倾天下之民命，以保一家之尊荣。曾几时，其子孙尽沦为禽兽！

伊尹相汤伐桀，升自陑（ér，自风陵登岸），**遂与桀战于鸣条**（今山西运城安邑镇北）**之野，作《汤誓》。**

此为序。

夏都于安邑。鸣条之战，在安邑西。

《史记·殷本纪》"伊尹名阿衡"，"汤举任以国政。伊尹去汤适夏。既丑有夏，复归于亳"。"当是时，夏桀为虐政淫荒，而诸侯昆吾氏为乱。"《孙子兵法·用间》："昔殷之兴也，伊挚在夏。"伊尹对夏内部了解深刻。"汤乃兴师率诸侯，伊尹从汤，汤自把钺以伐昆吾，遂伐桀。"（《史记·殷本纪》）孙子曰："能以上智为间者，必成大功，此兵之要，三军之所恃而动也。"（《孙子兵法·用间》）

王曰：“格（来）尔众庶，悉听朕言。

汤在未代夏之前，为一诸侯。

《尚书大传》：“汤称王，则比桀于一夫。”

《孟子·梁惠王下》：“贼仁者谓之贼，贼义者谓之残，残贼之人谓之一夫。闻诛一夫纣矣，未闻弑君也。”

“非台（我）小子敢行称（举）乱（以下犯上），有夏多罪，天命殛（诛）之。

汤以臣下伐王，假“天命”以行之，出以谦辞。朱子：“汤有惭德，如武王，恐亦未必有此意。”

“今尔有众（呼而告之），汝曰（你们说）：‘我后（汤）不恤（忧）我众，舍我穑事而割（hé，何也）正夏？’

尔有众之不喜用兵者，皆曰：“我后不恤农事，舍我田功而何正乎？”

《尚书·洪范》“农用八政”，八政以食为首。商人以为用兵，不恤农事，如何得正？

“予惟闻汝众言，夏氏有罪。予畏上帝，不敢不正。

汤解释：“予虽闻汝众言，然有夏多罪，天命诛之。予畏上帝，不敢不正也。”托之于天，师出有名。“政者，正也”，“必也正名乎"，"名不正，则言不顺；言不顺，则事不成"（《论语·子路》）。

"今汝其曰：'夏罪其如台（奈何）？'

汤设为问词。"其曰"，其将曰也。"夏罪奈何"，商人不解。

"夏王（夏桀）率遏（止）众力，率割（剥）夏邑。有众率怠弗协（和）。

汤宣布桀之罪责："重役以穷民力，严刑以残民生。民亦恶怠于奉上，而不和于君。"

"曰：'时（是）日曷丧，予及汝皆亡！'

夏桀虐政荒淫，不听劝，说："吾有天下，如天之有日也，日有亡乎？日亡，吾亦亡矣。"

人民叹道："这个日啊，何时去死？我与你同归于尽。"民怨恨之深，欲与之同亡，因已经受够了！

"夏德若兹，今朕必往。

人民怨桀实深，故汤吊民伐罪，师出有名。人心思归，《易经·革卦》曰："汤武革命，顺乎天而应乎人。革之时大矣哉！"

"尔尚辅予一人，致天之罚。予其大赉（赐）汝。

"一人"，《白虎通·号》："王者自谓一人者，谦也，欲言己材能当一人耳。故《论语》曰：'百姓有过，在予一人。'"

"致天之罚"，"不修天罚，将惧及焉"（《国语·晋语五》）。

"尔无不信，朕不食（伪）言。尔不从誓言，予则孥戮汝，罔有攸赦。"

汤表示赏罚分明，以示其讨纣之决心。

徐干《中论·赏罚》："夫赏罚者，不在乎必重，而在于必行；必行，则虽不重而民畏；不行，则虽重而民怠。故先王务赏罚之必行也。"

五、洪　范

洪范，大法，如同今之宪法。以马一浮《洪范约义》讲得最好，收在《复性书院讲录》中，好好读。

武王胜殷，杀受，立武庚，以箕子归。作《洪范》。

《史记·宋微子世家》："箕子者，纣亲戚也。纣始为象箸，箕子叹曰：'彼为象箸，必为玉桮（同"杯"）；为桮，则必思远方珍怪之物而御之矣。舆马宫室之渐自此始，不可振也。'纣为淫泆，箕子谏，不听。人或曰：'可以去矣。'箕子曰：'为人臣谏不听而去，是彰君之恶而自说（悦）于民，吾不忍为也。'乃被发佯狂而为奴。遂隐而鼓琴以自悲，故传之曰《箕子操》。"

"明入地中，明夷。内文明而外柔顺，以蒙大难。"（《易经·明夷卦》）箕子隐居以求其志。

《史记·齐太公世家》："纣杀王子比干，囚箕子。"《论语·微子》："微子去之，箕子为之奴，比干谏而死。孔子曰：'殷有三仁焉。'"孔子甚少以仁许人，称"殷有三仁"，那此外都不是仁了，可见处乱世之不易！

《尚书大传》："鸿范可以观度。"《汉书·梅福传》："箕子佯狂于殷，而为周陈《洪范》。""箕子非疏其家而畔亲也，不可为言也。"

"箕子之贞，明不可息也"（《易经·明夷卦》），明不息，"大明终始"，终而又始，生生不息，箕子要行义以达其道。

惟十有三祀，王访于箕子。

"祀"，《尔雅》尧舜时称"载"，夏代称"岁"，商代称"祀"，周代称"年"。此用"祀"，当在武王立国之初。

王乃言曰："呜呼，箕子。

"王"，通天、地、人；"乃"，难词，武王有所难色。

曾运乾："武王胜殷杀纣，而访道于箕子，故重难其词也。"

"惟天阴（荫）**骘**（zhì，保护）**下民，相**（助）**协**（和）**厥居，我不知其彝**（常）**伦**（理）**攸**（所）**叙**（定）**。"**

曾运乾："惟天生民，无王乃乱……欲助天和协斯民，使各得安其所居。意古帝王必有常理大法，以次叙斯民者，问君道也。"

"常理大法"，伦常愈清楚，亲情愈浓厚，愈不会乱。

"问君道"，君，群之首，君临天下，统帅天下之道。

"阴骘"，阴，荫；骘，本为定，同上字加在一起，为保护。"阴骘下民"，为善不欲人知，默而成之，各止其所，保护下民。

《文昌帝君阴骘文》，凡人间之乡举里选、服色禄秩、封赠奏予，等等，都归文昌帝君管理。

"相协厥居"，裁成辅相，道济天下。

"彝伦攸叙"，常道之所定，天经地义。不相夺伦，有层次下来。

箕子乃言曰："我闻（知）**在昔鲧堙**（堵塞）**洪水，汩**（乱）**陈**（列）**其五行。帝乃震怒，不畀**（予）**洪范九畴**（类）**，彝伦攸致**（dù，败）。

一为新朝之君，一为旧朝之臣，用"乃"字，有相对之意。

曾运乾："言昔鲧治洪水，不务疏导，而务障塞，失水之性，以至乱列五行。帝大动怒，不予大法九畴，彝伦所由败也。"

"鲧则殛（放也）**死**（先放而后死也），**禹乃嗣**（继）**兴**（起）。**天乃锡**（赐）**禹洪范九畴，彝伦攸致。**

禹继鲧治水，平洪水后，天赐"洪范九畴"。箕子言"洪范九畴"之由来，并及"洪范"原文。

"天赐"，理顺物从，天与之。"洪范九畴"，此洛书九章，为古帝王君人之大法。九，数极于九。得其理，数在其中。数，也有生命，由生以示数，言数以知变。奇数，生数，"一阳生"。

数碰数，由数理来卜吉凶。八字，又叫四柱，年、月、日、时，都两个。

《易经·系辞上》曰："河出图，洛出书，圣人则之。"河图洛书，章太炎："斯犹萧何之收秦图籍，以知地形阨塞也。"

"初一曰五行（用），次二曰敬用五事，次三曰农（厚）用八政，次四曰协（合）用五纪，次五曰建用皇（君）极（中），次六曰乂（yì，治）用三德，次七曰明用稽（卜）疑，次八曰念用庶征（验），次九曰向（飨）用五福，威（罚罪）用六极。

此总叙九畴之目，按层次排列。

马一浮："凡言'用'者，皆自己出，为一心之大用，举而措之，非有假于外。"

"曰敬用者，五事最近，日用不离，不敬则失，敬而能发其用也。曰农用者，八政皆厚生之事，惟敬用五事者能厚之。曰协用者，五纪以律天时，其用在和。曰建用者，皇之所立，惟德而已。曰乂用者，刚柔正直。曰明用者，明之至矣。曰念用者，敬而无失。曰向用者，在德不任刑。"

"一、五行：一曰水，二曰火，三曰木，四曰金，五曰土。

《尚书大传》："水火者，百姓之所饮食也；金木者，百姓之所兴作也；土者，万物所资生也，是为人用。"

这是最古的"五行"排法。

"五行"，为人生活日用所在，是生活的素材。古人利用大自然，以厚民生。

"水曰润下，火曰炎上，木曰曲直，金曰从革，土爱稼（种之）**穑**（收成）。

"水曰润下"，水以润下为性，故能生生不息。

"火曰炎上"，火炎上为性，使人类有了熟食。

"木曰曲直"，木曲则直之，曲直为性，可作为工具，便于生活日用。

"金曰从革"，金，从革为性。变革金木，可作为器具，生产工具进步。

"土爱稼穑"，土性博厚，可以养长万物，使人类进入粒食。

了解物性后，能尽物之性，役使万物，使人的生活内容更为充实。

"润下作咸，炎上作苦，曲直作酸，从革作辛，稼穑作甘。

"润下作咸，炎上作苦，曲直作酸，从革作辛，稼穑作甘"，此言作用。

马一浮："此寄味以明其功，自性发用之谓作。""五味得咸而坚，得苦而下，得辛而散，得甘而和。""润下则流，作咸则止。炎上则扬，作苦则降。曲直则舒，作酸则敛。从革则结，作辛则解。"

"土爰稼穑"，土为中，为万物母，种之、收聚，"稼穑作甘"，五味，以甘为主。

"二、五事：一曰貌，二曰言，三曰视，四曰听，五曰思。貌曰恭（恭己）**，言曰从，视曰明，听曰聪，思曰睿**（心敞）**。**

"事"，职也，犹言官司。"士者，事也"，自一身而推之天下，皆己事。约之以"五事"。言事，尽己之事，为建极之大本。五事皆尽其性，能尽己之性，然后能尽人之性、尽物之性，则万事皆无失职。

马一浮："五事并为一心之妙用，圣人敬而用之，则以践形尽性。凡愚肆而失之，则以徇欲忘生。""思，五事之用，发之者敬。聪明睿智，皆由此出。唯敬而后能知性，唯敬而后能尽性，唯敬而后能践形。"

五事，有其修为之层次，以"貌"为首，赅动静，主全身。
"貌曰恭"，恭者，温粹敛摄，非可矫而饰也。
"言曰从"，从者，理顺辞达，非可袭而取也。
"视曰明"，明者，烛幽洞微，非以察察为贵也。
"听曰聪"，聪者，声入心通，非循声逐物也。
"思曰睿"，睿者，智照内发，非假强探力索也。
思，以心作田，耕之耘之。貌言视听，以心为正，正心而后心正。

五事，皆一心之妙用。五事之用，发之者为"敬"，即"钦"，敬此，故曰"敬用五事"。

"恭作肃，从作乂（治）**，明作晰**（知）**，聪作谋，睿作圣。**

马一浮："凡言作者，指功用而言，亦曰功业、德业者。"

作，本义：人起身，《说文》云："起也。"引申：作息，工作，创作，作品。

"恭作肃"，"肃"，"有孚颙若"（《易经·观卦》），"君子正其衣冠，尊其瞻视，俨然人望而畏之"（《论语·尧曰》），"动容周旋中礼者，盛德之至也"（《孟子·尽心下》），"礼仪三百，威仪三千，待其人而后行"（《中庸》）。

"从作乂"，以顺人之性治天下，"君子居其室，出其言善，则千里之外应之"（《易经·系辞上》），言为世法。

"明作晰"，明，"浸润之谮，肤受之愬，不行焉"（《论语·颜渊》），"知人则哲，能官人"（《尚书·皋陶谟》）。

"聪作谋"，"舜好问好察迩言"，"执其两端，用其中于民"，成其大智，作事谋始，好事谋成。

"睿作圣"，"聪明睿智，神武而不杀"，"知进退存亡而不失其正"，"有始有卒者，其惟圣人乎"（《论语·子张》）。

"三、八政：一曰食（民生）**，二曰货**（通有无），

"五事"为"八政"之本，"八政"为"五事"之施。为政以德，正德，"政者，正也"，先正己，再正人，"子率以正，孰敢不正"，不能正己，家都不能齐。

食，民以食为天，以食为本，制民之产，故八政首"食"。饮食，攸关人的生存，"衣食足，然后知荣辱"，存性者，知荣辱，无受外诱之私。"食货"相连，生民之本，包含各种生产活动。货，财货，贵通有无。人生活必需品最重要。

《汉书·食货志》："《洪范》八政，一曰食，二曰货。食谓农殖嘉谷可食之物，货谓布帛可衣，及金刀龟贝，所以分财布利通有无者也。二者，生民之本。"

"三曰祀，四曰司空，五曰司徒，六曰司寇，七曰宾，八曰师。

祀：报本追远。祭政合一，设宗伯，掌祭祀。祭祀，乃在物阜民丰之余，人民行有余力。

为政，必讲求实际问题，非看问题的表面。看民俗，知民之穷富，"富润屋，德润身"（《大学》）。百姓生活最好能顺自然。

"司空"，量地制邑以居民，即户政。古时视人特重，故设有户部。

"司徒"，乐事劝功，然以兴学。昔礼部，礼为内政之本。

中国古礼极全，民国后多废除，今人已不知昔日之礼乐，昔礼乐都流失了，今帝王之乐哪儿找？皆流亡于外。老乐师也只能传自己会的那一部分而已，几千年的乐毁了！

为政之道在务本，一切皆有根本。治家必自本身做起。知识分子应有所守，即一切行事皆有一定的规矩。

职业妇女必懂得理家之道，否则下一代不堪闻问。旧家庭犹有家风，人有个样子。新家庭主客观环境加在一起，有的没有人样。过智慧、理智的生活，习惯成自然。

吃得好坏不重要，应定时定量。过精神生活，就怕忧虑，心境很重要。身体要好，自年轻开始保存，注意摄生之道。过正常理性的生活，不可过量、过力。

"司寇"，简不肖以绌恶。掌邦禁，诘奸慝，刑暴乱。

"宾"，送往迎来，朝聘会同。冠、昏、丧、葬、乡饮、射皆有宾。

"师"，讨不义，除暴乱。昔司马，武备。不曰兵，有征而无战，而曰师者，观德不耀兵，以德服人。"师者，众也"，众所归往，容民畜众，讲习武事。

马一浮："八政，不出教、养二端，制之者礼，行之者仁，而后知理政之根原，实为尽性之事。"

教养合一，"道之以德，齐之以礼"（《论语·为政》），然后人性可尽。政在养民，使"人人皆有士君子之行"，人人有德行，社会、国家就上轨道。

"四、五纪：一曰岁，二曰月，三曰日，四曰星辰，五曰历数。

纪，本义散丝的头绪，《说文》："别丝也。"《白虎通》曰："纪者，理也。"史书纪事之本末。

"上律天时"(《中庸》)，法自然之运，"天行健，君子以自强不息"(《易经·乾卦》)。观象授时，修人事以奉天时。尽其性，以尽人物之性，即所以尽天地之性。

马一浮："五纪曰协用，所以顺天之序。"

协用五纪，顺天之序。"大哉乾元，万物资始，乃统天"，尽天地之性，天、地、人，合而为一，"与天地合其德"(《易经·乾卦》)，"与天地参"(《中庸》)。

夏历，"以闰月定四时，成岁"(《尚书·尧典》)，立算以定岁，自今年冬至，至明年冬至为一岁。

岁、月、日、时之数，因人而纪，约之以五纪，以明其常。

"历数"，"天之历数在尔躬"，协天时，敬人事。历法必资于数，"数"，从一至十。悬象著明，立算推演。明时，一切皆有运作规则，有伦有序，有条不紊，"十二月令图"，绘岁时，节令与习俗。不失其时，"君子而时中"。中国人的历史观极为清楚。

"五、皇极：

九畴，总摄于"皇极"，示尽性之极则。"皇"，表人；"极"，表法。人能弘道，"苟不至德，至道不凝焉"(《中庸》)，道之所寄，待人而显。

马一浮："九畴总摄于皇极，而寄位于五者，前四后四。诸言用者，皆皇极之用也。"

"皇建其有极。

马一浮："极，是所建。皇，是能建。其，非助词，指其不离人，不假外求也。有者，谓其本有也。建则有，不建则无。"

此明建用之旨，建中建极，精一执中。建则有，不建则无，建即是用。

"皇"，君也；"极"，中也；"皇极"，君之中道，大中至正，"唯天下至诚，为能经纶天下之大经，立天下之大本。""诚者，天之道；诚之者，人之道"（《中庸》），意诚而后心正。为政在人，以修身为本。

尧传舜曰："天之历数在尔躬。允执其中。四海困穷，天禄永终。"（《论语·尧曰》）"中也者，天下之大本也"，"致中和，天地位焉，万物育焉"（《中庸》）。

《中庸》讲用中之道，懂中道方法就懂大人之学，行大人之行，此自用中来。中者，礼义也。中国，礼义之国，《春秋》者，礼义之大宗。

师者，表也，为师者更得建极，即立中。人师难得，以身作则，所重为德。

德，内得于己，外得于人。在己有深的修养功夫，然后实行于外，就能得于人。内圣，加上外王，己立立人，己达达人。

顺于天，顺从而行，法自然，率性。成败皆在一己，皆咎由自取。

"敛（聚）时（是）五福，用敷（布）锡（赐）厥庶民。惟时厥庶民于汝极，锡汝保极。

马一浮："敛者，言乎福德之聚也。保者，言乎任持之密也。敛之在己，是自受用。敷锡于民，是他受用。""汝之锡民，犹言授记；民之锡汝，则是归依。教之所被，机感同符，故云交锡耳。"

"五福"，寿、富、康宁、攸好德、考终命。

"敛时五福"，福德之聚，自受用；"用敷锡厥庶民"，理顺物从，他受用。

"惟时厥庶民于汝极"，语倒，"惟厥庶民承极于汝"；"锡汝保极"，服教化，无违法乱纪。汝之赐民，民亦赐汝，君民相与之际，犹施报也，"有孚惠心，勿问之矣；惠我德，大得志也"（《易经·益卦》），君民一体，同功异位。

"凡厥庶民，无有淫朋（邪党），人（在位者）无有比德（偏私），惟皇作极。

曾运乾："臣民无有阿党为恶者，惟君为之极耳。申言皇不可不建极也。"

"惟皇作极"，民之协极，即汝所作也。观民无有淫朋，在位者无有比德，乃皇所作之极。是民之有失德，即己之失德。

"凡厥庶民，有猷（谋）有为有守，汝则念之。不协于极，不罹（遭难）于咎，皇（君）则受之。

马一浮："有猷有为有守，是其才之美为可念也。如是之人，虽不协于极，亦不罹于咎，是汝所当摄受也。"

发掘人才，起用贤才，人之生也直，"举直错诸枉，能使枉者直"；教育中人，社会中人多，"嘉善而矜不能"（《论语·子张》）。

"有猷、有为、有守"，三"有"，亦有深浅，"有谋虑者未必能行，有措施者未必能久，三者具虽或可免于咎，而卒未能入二德者，何也？已见犹存，而好德之心不笃，故不协于极耳"（马一浮）。

"而（汝）康而色，曰：'予攸（所）好德。'汝则锡之福，时（是）人斯其惟皇之极。

曰"予攸好德"，蔡沈："见于外而有安和之色，发于中极有好德之言是也。"

皇与庶民，性一也，同元共生，"继之者善也，成之者性也"，成性存存，道义之门（《易经·系辞上》）。

"汝锡"者，马一浮："实犹天锡，而是人之所证者无他，亦惟皇所证之极耳。"此明"向用"之旨，在同得同证也。

"无虐（不虐）茕独（孤独无依），而畏高明（显宠）。

"安人者，天下一人"，一视同仁，民胞物与的胸怀。

马一浮："不侮鳏寡，不畏强御，不轻未学，不重多闻。观民之道，运心平等，非有好恶，是器非器，咸其自为。茕独不可弃，高明不足矜。"

庄存与："天所贵惟圣，其次惟贤，高明非所畏也。'无虐茕独，而畏高明'，箕子此言，乃道上古贤贤贱不肖之法，以为武王法也。卒之周德既衰，世诸侯卿大夫士，而圣贤位在匹夫，帝王之治遂不可复振。"

"人（在位者）之有能有为，使羞（进）其行，而邦其昌。

为官择人，必得其才，功加于人，德称其位，名实相副。人尽其才，则国家兴盛。

"凡厥正人（为长之人），既富方（并）谷（禄）。汝弗能使有好于而家，时人斯其辜。于其无好德（德行），汝虽锡之福，其作汝用咎。

此明向用之失。

在位食禄，应尽"天工人代"之责，如尽尸位素餐，官不称职，则应予罢黜。

为政要择人而使，丢掉感情包袱。宁可养他闲，不给他权，如顾问之类。花钱事小，祸国事大。有权，才能祸国。

"无偏无陂，遵王之义；无有作好，遵王之道；无有作恶（擅作威福），遵王之路。无偏（比而不周）无党（朋党），王道荡荡（广

远)。**无党无偏，王道平平**（平，当为"采"。辨治，治理有序)。**无反无侧，王道正直**（治理成功)。**会**（会通）**其有极**（择人而使)，**归**（归趋）**其有极**（择君而事)。

"皇极"，体；"王道"，用。此"皇极"之敷言，为中国传统之王法。中国传统就有传统王法的标准，昏君、明君之划分在此。八"无"，止一"无私"耳，尚公。

偏陂好恶，己私之生于心也；偏党反侧，己私之见于事也。王之义、王之道、王之路，皇极之所由行也。"荡荡"，广远也；"平平"，平易也；"正直"，不偏邪也。"皇极"，正大之礼也。"遵义"、遵道、遵路，会其极也。荡荡、平平、正直，归其极也。会者，全而来；归者，来而至也。"会其有极，归其有极"，一致百虑，殊途同归，万法归元。

此章盖诗之体，所以使人吟咏，而得其情性者也。夫歌咏以协其音，反复以致其意，戒之以私而惩创其邪思，训之以极而感发其善性。讽咏之间，恍然而悟，悠然而得，忘其倾斜小人之念，达乎公平广大之理，人欲消息，天理流行，会极归极，有不知其所以然而然者，其功用深切，与《周礼》太师致以六诗者，同一机，而尤要者也。后世此意不传，皇极之道其不明于天下也，宜哉！

"曰皇极之敷（陈）**言，是彝**（常教）**是训**（顺），**于帝**（天）**其训。**

"极"，本义屋栋，引申为极至之称，"大哉至哉"。
"敷言"，敷陈其事而形于言；"彝训"，是常，是教，常教。

"于帝其训"，上同于天，顺帝之则，"帝"，主宰义；"则"，天则。"率性之谓道"。

"凡厥庶民，极之敷言，是训 (顺) 是行，以近天子之光。

皇极，庶民极。皇与庶民，皆一性之所现，同元共生。

"以近天子之光"，人人皆可以为圣人，人人皆可为尧舜。"仁远乎哉？我欲仁，斯仁至矣"（《论语·述而》），因人性皆同，人人皆可尽性。

一个人必先自救，才能救国家、民族。不能立于中，则家不家。

"曰 (语词) 天子作民父母，以为天下王。

《白虎通·爵》："天子者，爵称也。爵所以称天子者何？王者父天母地，为天之子也。"天子，继天之志，述天之事。天志尚公，生而不有。王，人人所归往，修文德以来之。

"作民父母"，犹父母之于子女，"民之所好好之，民之所恶恶之，此谓之民之父母"（《大学》），民之所欲，长在我心。

吴闿生："皇极之义，必使人人皆进于德，所由致然者，亦在于黜陟之明也。"

"六、三德：

德者，得也，"足乎己而无待于外"。才有刚柔偏胜之过，去其过而得其中，使无过与不及，过与不及皆非中道。

林之奇《尚书全解》："三德者，圣人所以临机制变，称物平施，以为皇极之用，而权变其轻重也。"

"一曰正直，二曰刚克，三曰柔克。

"正"，止于一；"直"，"从乚（yǐn）从十，从目。乚，隐也。十目所视，虽隐亦直"（《六书正讹》），"'直'其正也"（《易经·坤卦》）。

天道正直无私。法天，法天而直，天无私覆。把自己的心量放大，少师心用事，才是正直的。

"刚克"，"克"，自治其性，"直养而无害"，无欲乃刚，智者不惑于欲。

"柔克"，"天下之至柔，驰骋天下之至坚"（《老子·第四十三章》）。

"平康正直。强弗友刚克，燮（和）友柔克。

"上智与下愚，不移"（《论语·阳货》），中人者，进之可为善，弃之则流于恶。想成为社会领导人，必对这些人下功夫。容受中人，为政之要。受中人之量，化中人之德。

文化，人生体验积累而成。对问题看的角度不同，感受也不同。

"沉潜刚克，高明柔克。

刚柔并济，调和调和。因其气质不同，裁成方法亦有别。

"沉潜"，深沉静默，近于狷者，狷者有所不为。"沉潜刚克"，柔者戒慎恐惧，太柔用刚治。

"高明"，抗厉发扬，近于狂者，狂者进取，见义必为。"高明柔克"，太刚用柔治。

自己有深的修养功夫，然后实行于外，就能得于人。要了解自己，先知自己长短，然后用人以辅己之缺失，刚柔并济，其事乃可成。修己，知人，任人。

张居正，帝王师，不懂时，下场惨。

"惟辟（诸侯）作福（专庆赏），惟辟作威（专刑罚），惟辟玉食（备珍美）。

此申言威用之失。

奉法惟谨，位以表德。威福之用，使人戒惧，刑期于无刑。

天命有德，天讨有罪，是为奉天之法，非人君所得而专也。

马一浮："玉食者，民之所奉于君，亦曰天禄。君能奉法，始得有之，故曰惟辟作福，惟辟作威，惟辟玉食也。是必奉法惟谨，岂曰威福自恣，竭天下以奉一人哉？"

"臣无有作福作威玉食。臣之有作福作威玉食，其害于而（尔）家，凶于而国。人（百官）用侧颇僻（不正），民（庶民）用僭忒（越分）。

世卿制，"世卿非礼也"，大夫秉持国政久，作威作福。明为人君持法之道，不可权移于臣下。

一国三公，事权不一，如同三头马车，何去何从？

天下有德者居之，位以表德，"圣人之大宝曰位，何以守位曰仁"（《易经·系辞下》）。"大德，必得其位，必得其禄，必得其名，必得其寿"（《中庸》）。

马一浮："有道之世，君臣之位以德为差，君尽君道，臣尽臣道，安有僭侈之事？惟君失其道，乃魁柄下移，权臣执国。臣而如此，凶害可知，不独祸国，亦覆其家。君臣交失，民亦随之。"

"颇僻僭忒"，极言民德之堕，皆由在上者有以致之。《大学》所谓"一人贪戾，一国作乱"也。

开国者必无私，才能成其大龙头。民国政权多，嫡系有南京、重庆、武汉。南方：福建、广东、云南。北方：华北、冀东、北平、满洲。军阀：赵、吴、冯。无一得全国拥护的领袖。因为大家都想称王，争地盘。

"七、稽疑：

"稽"，本义：稽留，阻滞。凡详审而不忽者必留。引申：求其同异，而得其同。

"疑"，不明，惑也。辨惑，"爱之欲其生，恶之欲其死。既欲其生，又欲其死，是惑也"（《论语·颜渊》）。决疑祛惑。

"稽疑"，卜问。卜以龟，筮以蓍。

"择建立卜筮人，乃命卜筮：

"择建立卜筮人"，立卜筮人，必择于觋中之贤者而立之。立人为重。

马一浮："人不自任其私智，致其精诚，其神明，即寄于著龟而显。"

"曰雨（兆之体气如雨然），**曰霁**（如雨止之云气在上），**曰蒙**（气不释郁冥冥），**曰驿**（yì，同"圛"，云气接连不断），**曰克**（如浸气之色相犯），**曰贞，曰悔，凡七。卜五，占用二，衍**（演）**忒**（变）。**

"雨、霁、蒙、驿、克"，龟兆之形。
筮所得之卦："贞"，内卦；"悔"，外卦。
卜筮之名凡七。卜用五，占用二。
"衍"，演；"忒"，《说文》云："更也"，变。兼卦变言之。

"立时（是）**人作卜筮，三人占，则从二人之言。**

"立时人作卜筮"，知此方术者，使作卜筮。审之在人。
卜筮各三人，太卜掌三兆三易，"善钧从众。夫善，众之主也"（《左传·成公六年》）。
"三人占，则从二人之言"，"再三渎，渎则不告"（《易经·蒙卦》），三占从二，钧贤智也。善钧从众，不分地位高低，少数服从多数。

马一浮："若不问贤否，而唯舍少以从多，则世间愚不肖之数，恒过于贤者，其违道而害事也必矣。"

"汝则有大疑，谋及乃心，谋及卿士，谋及庶人，谋及卜筮。

"大疑"，"大"，表慎也。"大疑"，多为国之大事，如立君、迁都、征战等事。

"访于善曰咨，咨难为谋"。

"谋及乃心"，自相问难，以尽其理。

"谋及卿士，谋及庶人，谋及卜筮"，先尽人事，后问蓍龟。重要事决疑，示不自专。

"汝则从（同意）、龟从、筮从、卿士从，庶民从，是之谓大同。

不违民以为吉，不专任以断事，"大同"是尚，到达皆无违逆意见时。

马一浮："龟筮无心，以人之心为心。圣人以百姓心为心。五者皆从，是一心也。故谓大同。"

龟，守国之宝也。谋能从众，虽龟策也不违。

"身其康（安）强，子孙其逢（大）吉。

善则逢吉，恶则遇凶。

不唯身安，泽流后世，谋之至善，明用之极也。

"汝则从、龟从、筮从、卿士逆、庶民逆，吉。卿士从、龟从、筮从、汝则逆、庶民逆，吉。庶民从、龟从、筮从、汝则逆、卿士逆，吉。汝则从、龟从、筮逆、卿士逆、庶民逆，作内吉，作外凶。龟筮共违于人，用静（守常）吉，用作（动）凶。

此言决疑。从多逆少者，皆吉。

"八、庶征：

"庶"，众也；"征"，《说文》云："召也"，微而显之义，引申为：验，应。

"庶征"，五事之应。《中庸》曰："不息则久，久则征，征则悠远，悠远则博厚，博厚则高明。""博厚配地，高明配天，悠久无疆。""致中和，天地位焉，万物育焉。"

"曰雨（木气），曰旸（yáng，金气），曰燠（yù，火气），曰寒（水气），曰风（土气）。

众感非一，约之以五。五征之目：雨、旸、燠、寒、风。

"雨"，润物；"旸"，干物；"燠"，成物；"寒"，收物；"风"，动物。雨、旸、燠、寒，皆与风俱，故风之义尤广。四时之风，春风风人，如沐春风。

"曰时五者来备，各以其叙，庶草蕃（滋）庑（丰）。

当其可之谓"时"。备者，无阙也。五事得其理，则五征以时，为吉；反之，则凶。"圣之时者"，"知进退存亡而不失其正者，其唯圣人乎！"（《易经·乾卦》）

自然界种种现象，如能合乎时序，则草木生长茂盛。

"一极备（恒），凶；一极无，凶。

"恒"，不时，过与不及；"极备"，患其过，凶；"极无"，患其缺，凶。

"曰休征：曰肃（恭己），时（以时至）雨若（顺，如也）；曰乂（治），时旸（日出）若；曰晰（明），时燠（热）若；曰谋（图），时寒若；曰圣（明通），时风若。

判休、咎。"吉凶者，失得之象也"（《易经·系辞》）。

"休"，本义：人依木止息；引申，美也。"休征"，言美行如五气之时。

"肃"，时雨若；"乂"，时旸若；"晰"，时燠若；"谋"，时寒若；"圣"，时风若。五事之修，在天为祯祥，在人为美德。

"圣"，明通，无阻。能明通事理，才能类其事。"以通神明之德，以类万物之情"。

做事易生错误，忙了一天，也不知自己在忙些什么，忙不成事。要"明通类物"，才不浪费时间。人按部就班，易于成功。

许多事皆"触类旁通"，因事有"类通"，孔子之"一以贯之"，即"明道而类"的功夫。

"曰咎征：曰狂（不恭），恒（常）雨若（顺）；曰僭（过差），恒旸（阳）若；曰豫（舒缓），恒燠若；曰急（急促），恒寒若；曰蒙（雾，鄙吝），恒风若。

"咎"，灾也，与"凶"互训；"咎征"，言恶行如五气之不时，其来不以时。

五德可翻为五恶："狂"，恒雨若，反恭；"僭"，恒旸若，反从；"豫"，恒燠若，反明；"急"，恒寒若，反聪；"蒙"，恒风若，反睿。

是休、是咎，全在一心，克念作怪，罔念则狂。一念不觉，则四咎俱至。祸福无不自求，"惧以终始，其要无咎"（《易经·系辞下》）。

"曰王省惟岁，卿士惟月，师尹惟日。

"省"，本训为视，犹比也。此因五纪以发其义，申其义，以示戒。考核自己工作的好坏，行为与所受必相配。

"王者"，每年要省察自己；"卿士"，每月省察自己；"师尹"，每日考核自己。

世及制固然不好，但仍有一定的规矩。王子犯法，与庶民同罪。御史，皇家的狗，有事没事咬一口。

"岁、月、日时无易（无改常道），百谷用成，乂（政治）用明，俊民用章，家用平康。

"岁、月、日时无易"，王、卿士、师尹、庶民，各率其职，各尽其性。"五谷丰登"，登者，成也。五谷之用，完成全功。

"政治用明，俊民用章"，此各尽其性之效；"家用平康"，风调雨顺，太平之世，天下一家。

"日、月、岁时既易（失常），百谷用不成，乂用昏不明，俊民用微（隐），家用不宁。

道失，则败德如此，家中不安宁。

"庶民惟星，星有好风，星有好雨。日月之行（运行），则有冬有夏。月之从星，则以风雨。

庶民所好无常，卿士、师尹所行各意。逆民固事有不行，循民抑或以阶乱。王者当示之以大中至正之道。

"星有好风，星有好雨"，百姓有好风、好雨之时，言民之好恶无定。

百姓虽然没地位，但其想法、行动却能影响政治。"民可载舟，亦可覆舟"，群力可怕，控制不住，坏！人一感情用事，就没有理智可言。

"日月运行，有冬有夏"，喻群臣职守之有常。

"月之从星，则以风雨"，喻皇之不极，政教失守，虽从民欲，亦不能无乱。

中国政治哲学，最高是实至名归，王天下，天下归往。

成败之间仍有真理。胜负之间实有道理存在，千万不可以好高骛远，巧取豪夺，应按部就班，循序渐进。天下没有白捡的，必要有点儿耐力。

"九、五福：

"五福"，为德化所致，福是德相。"福"，与富互训，与祸相对。

马一浮以"向者，示以趣向之途"。扬善，好善；"威者，致其惕惧之意"，遏恶，恶恶。"福之为言备也，德备则为福"，成己成物，尽己之性，所以尽人之性。

"一曰寿，二曰富，三曰康（安）宁，四曰攸好德（所喜好的是德），五曰考终命（寿终正寝）。

"知足者富。""死而不亡者寿"（《老子·第三十三章》），与天同寿。

"康宁"，安而行之，安处善，乐循礼。

"攸好德"，德为贵，好德则四者皆备，否则四者皆非。

"考终命"，正命，"莫非命也，顺受其正。是故知命者，不立乎岩墙之下。尽其道而死者，正命也"（《孟子·尽心上》）。寿终正寝，正命而终。

讣闻：男"正寝"，置于大厅中堂；女"内寝"，不可置于厅堂。

马一浮："心外无境，性外无事，则知福极皆由自致，非性而何？岂别有加之者哉？""故成物即所以成己，尽己乃所以尽人。"

"六极（变）：

马一浮："极之为言变也，失德则致变。福是恒规，极为变相。""心安理得，则无适而非和顺祯祥。相变体殊，则虚受一切身心大苦，此乃福极之真谛，非由幸致，故曰：向畏因则，履霜知戒，驯至坚冰。"

"极"，变也，病也，病即其变。"极"是劣相。

"小惩而大诫"，履霜，知坚冰至。

"一曰凶（横死）、**短**（早死）、**折**（夭折），**二曰疾**（病），**三曰忧，四曰贫，五曰恶，六曰弱。"**

《黄帝内经·素问·上古天真论》："上古之人，其知道者，法于阴阳，和于术数，食饮有节，起居有常，不妄作劳，故能形与神俱，而尽终其天年，度百岁乃去。"

马一浮："短折乃其变也，而不得其死，尤为变之大者。精神内守，病安从来？是疾亦起于变也。乐天知命，本自无忧。庄敬日强，安得有弱？见大忘小，何致患贫？"

《春秋繁露·身之养重于义》："人甚有利而大无义，虽甚富，则羞辱大恶。恶深，祸患重，非立死其罪者，即旋伤殃忧尔，莫通能以乐生而终其身，刑戮夭折之民是也。夫人有义者，虽贫能自乐也。而大无义者，虽富莫能自存。"

神，"鼓万物而不与圣人同忧"，天地之于物，任其自然。圣人则有忧，先天下之忧而忧，故下"裁成辅相"功夫，思"道济天下"，为民解忧。

"忧"自欲来，有欲就有忧，求不得而忧。一个人不要做自己不能的事，绝不想非分之物，"君子不忧不惧"（《论语·颜渊》）。每个人都想找好的，但要看自己合适与否。

马一浮："故知未能免于五者之患者，皆由不好德也。好德，则无恶。无恶，则五种劣相无自而生。""圣人示人以向用者，好德而已矣。其畏之者，恶而已矣，具德则受用无刚，去恶则纤毫务绝，如是，则一切境缘，唯福无极。众人熙熙，如春登台，极乐现前，太平可致矣。此非尽人之性，以尽己之性而何？"

"尽三"：尽己之性，尽人之性，尽物之性。"穷理尽性以至于命"（《易经·说卦传》）。"为天地立心，为生民立命，为往圣继绝学，为万世开太平"（张载《横渠语录》），此中国知识分子的责任。

《易经》终于既济未济，《洪范》终于五福六极，明物不可以终穷，而圣人尽性之功，亦与物而无尽也。

六、立　政

讲古时立官之事，任人之道，用人行政之大法。

王引之《经义述闻·卷三》："政与正同，正，长也。立政，谓建立长官也。篇内所言皆官人之道，故以立政名篇。所谓惟正是又之也。"

周公作《立政》。

此为序。

《史记·鲁周公世家》："周公旦者，周武王弟也。自文王在时，旦为子孝，笃仁，异于群子。及武王即位，旦常辅翼武王，用事居多。"

又"成王在丰，天下已安，周之官政未次序，于是周公作《周官》，官别其宜，作《立政》，以便百姓。""便百姓"，辨百官，犹《尧典》"辨章百姓"。

周公若曰："拜手稽首，告嗣（继位）天子王矣（语止词）。

时成王在宗周，周公在洛阳，王命使陈言，故称"拜手稽首"。《立政》之作，在周公致政成王之后，故称"告嗣天子王"。"告"，言天下皆归往，乃以勉辞启下事。

"用咸戒于王，曰（读于）王左右常伯、常任、准人、缀衣、虎贲。"

"咸"，一、遍也；二、箴，屈万里释。周公会群臣，共戒成王。

"常伯"，即下之牧、牧伯。刘逢禄："牧，为诸侯之长，入为卿士，亦王左右。"

"常任"，即下之事、任人，常所任事，常所委任，三公六卿，治事之官。

"准人"，即下之准、准人，士官，平法之官。

"缀衣"，掌衣服者。

"虎贲"，掌戍卫者。天子身边重要的侍从官。

周公戒此五官之重要，宜得其人，因关系着天下社稷之安危，乃存亡之机，不可不谨也。

周公曰："呜呼！休（美）兹（斯）知恤（忧），鲜（少）哉！

"休兹"，当知设这些官的美意。

"知恤，鲜哉"，言能居安思危者，知忧得其人者，少矣！

"古之人迪（道）惟有夏，乃有室（诸侯）大竞（强），吁（呼）俊，尊（遵）上帝迪（启导），知忱（诚）恂（信）于九德之行。

"古之人迪惟有夏"，古人之道说夏禹之事；"乃有室大竞"，人君为政，莫强于得贤人者。

"吁俊"，夏代君臣相竞招贤。呼吁贤俊，才俊之士可起模仿作用。青年人有抱负，有想法，虽不合实际，但应有表达机会。政治沟通必开诚布公。

"尊上帝迪"，遵循上帝启导。尊本，有中心信仰。

"知忱恂"，"忱"，诚，是用；"恂"，信心，是体。想成就事业，必要有信心。人在危机时，才看出信心的价值。信心为成就事业之基。有了信心，配合诚。信心即信仰，也是力量。"于九德之行"，亦行有九德，亦言其人有德。

曾运乾："九德官人，不惟其言惟其行，不惟其貌惟其心。"

"乃敢告教厥后曰，拜手稽首后矣，曰：宅（度量之）乃事，宅乃牧，宅乃准，兹惟后矣。

为政，必大家彼此互助，同心协力。

三宅："宅乃事"，度其理乱之道；"宅乃牧"，度其安民与否；"宅乃准"，度其法之平否。

曾运乾："度之而后名副其实，功称其职，则得'曰：宅乃事、宅乃牧、宅乃准'矣。"

"兹惟后矣"，言顾名思义，乃得后称矣。后，主事者。

曾运乾："此以观行、观心为官人之法矣。"

"谋面（以貌取人）**用丕**（不）**训**（顺）**德，则乃宅人，兹乃三宅无义民。**

曾运乾："上言所当法，下言所当戒，千古官人之得失，尽兹二义。"

如观人不考诸行，不审其心，徒听言观色，以貌取人，用人不循九德官人，恐怕在三方面就无贤人。

搞政治自己垮，还带来灾害。

任何事皆有用人、任人之道。不怕没好事，就怕没有好人。"贤者在位，能者在职"，支配阶级必是贤者，德能兼备。任职者必有能，有专才，能担重任。

"贤者在位，能者在职"，此中国之政术。首长必须有德，而专业之才在职，能尽其职就足矣！

政治上有派系，政局就很危险，藏了危机。贤者在位，就不会树立派系。

"小德出入可也"（《论语·子张》），用人不必求全责备。政治所以垮，在于任人无能。

一个人有没有用，视其急智。敏感即急智；没急智，难成大事。

《资治通鉴》是为皇帝写的，乱世知鉴，要会读。真想成事，不能胸无半点儿墨。先选一部子书，精读之，可用世。熟能生巧，虑深才能通敏。以书中精华应世，学会一套应世之方。

出国，是为了多见识，多接触。抢着做事，才有经验，不怕出错，失败是交学费。多做事，练达智慧。从小就应严格训练自己，什么事都能做才行。有毅力，不能也得能，千万不要说不能。人有享不了的福，没有吃不了的苦。

不可以有私心，亲朋不会做事，不能给权，可以养其闲。不能背着感情包袱。

一个人聚精会神做事，小事也清楚，不可以马虎。暗处都注意看，定有成就，因他能专。注意一般人不注意的事，从小事可看出一个人来。

自写字，可看出一个人的心定不定。楷书，庄以莅之，有毅力，有定力。从小就训练，否则也要在青年时。

母亲很重要，乃家庭教育之所在，选妻重德甚于重貌。德，是按部就班，能尽己本分。娶妻以德，漂亮不长久。

严格训练自己守分做事，不犯毛病，才能无忝所生。享福与受苦，没有标准。原则：可以没有成就，但绝不可丢祖宗的脸。必要叫别人说好，即乡愿。

一个女人应用学问与智慧来装饰自己，有专才才是真的美，日久愈芬芳。

学任何东西的不二法门，即背。喜什么就背，必下真功夫去背，才能玩味，体悟出常人所不能体悟的。没有深的体验，书也读不明白。读思想的境界。自己没有达一境界，对高深学问能够了悟？下智之士，永远无法体会到上智的境界。

不背书，永达不到境界。持之以恒最重要，要背生书、温熟书，多少书皆可温。

母亲特别重要，我对经书倒背如流，感谢我母亲。昔皆有传家之学，师母家以"选学"（《昭明文选》）传家。

民生之不易，家中用度绝不可浪费。昔人教小孩，说"先造死，后造生"，一切用度均有一定，是心理教育。自小教之"惜福"之道。古时即有"胎教"，怀孕时口不出恶言，耳不闻恶声，目不视恶色。昔女人将孩子看得重要，不把感情摆第一，极有智慧。

任何一事，都有成功的希望，也有失败的关键。今天之野，在于没有规矩。

以前翰林，是宰相的根苗，皇帝的秘书，在御前多见习。军机行走，挑帘子军机，皆实习。

"桀德（兴），惟乃（其）弗（不）作（起）往（旧）任（老成持重的人），是为暴德，罔后（绝世）。

言夏桀既兴，反禹之道而行，不任用老成持重的人，而只用暴德之人，因而亡国。

历代国君，无不读亡国史，深引以为戒，再讲治道。今天是民主时代，不必如此。

你们刚懂事，接触的正是西方文化，对中国文化了解浅，要将两者合起来看问题不易。

东西一过时，只能当思想，却不能拿来用。以古人智慧启发我们的智慧，此为读古书的目的。一个东西能传之几千年，不知经过多少智者去品尝、试用，智慧的结晶是永远存在的。

礼，以时为上。中国礼可变，但不能离中国味。中国人只要父母在，绝不能用白手绢，既是礼又是孝。九十岁以上故去，称"喜丧"，最多用蓝色，不用白色。年轻故去，用白的愈多，即代表悲哀多。

文化，严重者可以动摇国本。中国文化孕育太久，要叫百姓接受。《孝经·开宗明义章》"先王有至德要道，以顺天下"，"顺天下"，必如水之行舟，顺人性以治天下。《开宗明义章》是真理，此外是假的。汉以孝治天下，乃有"天子章……孝治章、纪孝行"等。

"亦（亦有夏也）越（及）成汤陟（升），丕釐（xī，大福）上帝之耿（明）命。乃用三有（语词）宅（事）、克即（就）宅，曰（于也）三有俊（进也）、克即俊。

到成汤兴起，他能受天之明命，亦在能用人，使官称其职，德配其位。

"三有宅"，"宅"，以位言，在位谋政；"三有宅"即三有事，以事、牧、准之成绩考核官吏。

"克即宅"，就是位而不旷其职，即在其位必谋其政。

"三有俊"，"俊"，以德言，以事、牧、准之科目登进人才，以专长登录人才。

"克即俊"，实能就是德，而不浮其名，名实相符。

想做事业，必要用智，将公、私分开。做事与处朋友，是两回事，做事择能而使，必问其能不能。

"严（刻）惟丕式（大法），克用三宅三俊。其在商邑，用协（洽）于厥邑；其在四方，用丕式见（显现）德。

因汤能以此垂为定式，用有德之人，使官无废事，野无遗贤。所以他在商邑，能使都邑协和。对天下诸侯，亦用此法则，大家以德为尚。

"呜呼！其在受（纣名）德（升）。暋（mǐn，强悍）惟羞（进）刑暴德（任刑弃德）之人，同于厥邦（同恶相济）；乃惟庶（众）习（左右近习之人）逸德（失德，如声色货利）之人，同于厥政。帝钦（严）罚之，乃伻（bēng，使）我有夏（周旧地），式（用）商受命（天命），奄（覆盖）甸（治理）万姓。

可叹到了纣在位时，一意孤行，用任刑弃德者，同恶相济；在政治上，用习于淫逸失德者。上帝大兴讨伐，使周代商而有天下，来安治万民。

"殷鉴不远，在夏后之世"（《诗经·大雅·荡》），前事不忘，后事之师。

殷后，因不服周之统治，周公乃将其放于墟，称"殷墟"；还不服，乃东征平叛，正法武庚、管叔，流放蔡叔，废霍叔为庶人，并将国家势力扩展至东海。而天下不以他为暴戾。

清朝的江山实是雍正皇帝打下的，一人能系天下安危，杀恶人即为善，有时亦必用杀。天下有德者居之，净耍花招无用。

"亦越（于）**文王武王克**（能）**知三有宅心，灼**（明）**见三有俊心。以敬事上帝，立民长伯。**

文王、武王能知"三有宅"心、见"三有俊"心，建官立长，以德为先，敬天行事，为民立官长。

刘逢禄："贤俊者，上帝之心也。文、武能官人，所以事天治民，即夏王之吁俊尊上帝也。"

"立政（正）**任人**（任事者）、**准夫**（平法者）、**牧**（牧民者），**作三事**（治天、地、人三事）。

建官，立百长之长，以常德善行之士。"贤者在位"，必有德才能叫之有位。

有位无德就糟，不能做活，还捣蛋、造谣！

"虎贲、缀衣、趣马小尹，左右携仆（左右携持器物之仆），**百司庶府。**

"虎贲、缀衣"，王的内官侍卫之近臣。

"趣马"，掌养马；"小尹"，其属。

"左右携仆"，仆人师扶左，射人师扶右，俱掌王之朝位。

"百司庶府"，服务朝廷者，如司会、司书、太府、内府、泉府，等等。

"大都小伯、艺人、表臣百司，太史、尹伯，庶常吉士。

"大都小伯"，外臣，服事于王畿（jī）。

"艺人"，征税官；"表臣百司"，表，外也，外百司。

"太史"，掌建邦之六典。

"尹伯，庶常吉士"，刘逢禄："若翰林院掌院学士，教习庶吉士者也。庶常吉士，谓九德之士。"

"司徒、司马、司空，亚旅。

诸侯国官制，三卿、次卿众大夫。

"夷（东夷）微（南蛮）卢（西戎），烝（君也）。三亳，阪尹。

"夷微卢烝"，四夷，刘逢禄："立之君而不官制，从其俗。《春秋》：'夷狄无大夫'，即本此义。"

"三亳阪尹"，刘逢禄："经意盖以前代旧都，亦不以封诸侯。阪，则九州之险，王制所谓名山大泽，不以封诸侯者，皆立尹以统之。"

曾运乾："本文序官，先大臣而后小臣，先近臣而后远臣，先王朝而后侯国，先诸夏而后戎狄，其大较也。"

"文王惟克厥宅心，乃克立兹常事司牧人，以克俊有德。

文王官人之法。

王氏樵《钦定书经传说汇纂》："三'克'字最有力，言文王知人，惟克知其心，乃克立其官，以克称其任之人也。"

文王，文德之王，"法其生，不法其死"。

"文王罔攸兼于庶言（教令）**。庶狱庶慎，惟有司之牧夫**（牧人），**是训**（顺）**用违**（或用或违，惟有司与牧是顺）**。庶狱庶慎，文王罔敢知于兹。**

文王任贤之法。
文王劳于求才，逸于任贤。持其大体，不侵庶职。

刘逢禄："庶言者，毁誉之言，出纳之责在准人。庶狱者，讼狱之事，轻重之科在司寇。庶慎者，财赋之则，出入之总在司会。有司，百司也；牧夫，其长也。牧夫职其要以达于王，其言是者则顺之；其言非者，用违之言，王务持大体，不以苛察为明也。庶狱、庶慎，言罔敢知而不及，庶言听言，亦人君之事，惟狱讼、财赋专职。"

司法独立、财政不犯。"文王罔敢知于兹"，文王不过问。

"亦（亦文王也）**越**（到）**武王率惟**（语词）**敉**（mǐ，完成）**功，不敢替**（废）**厥义德**（德合宜）**，率惟谋**（读为"敏"）**从容德**（休休有容）**，以并受此丕丕**（很大）**基。**

武王竟文王之功，不敢替废文王的"义德"与"容德"，惟敏从文王任贤之法，顺从其宽容覆载之德，以遍受此大基业，传之子孙而已。

曾运乾："义德，即文王之克宅厥心，克俊有德。容德，即文王之罔攸兼于庶言也。"

"呜呼！孺子王矣（语气词），继自今我其立政（正）。立事、准人、牧夫。我其克灼知厥若（指示代词，即上所言），丕乃（斯乃）俾（使）乱（治），相（助）我受民（受之于天），和（平）我庶狱庶慎。时（是）则勿有间（代）之，自一话一言。我则末（终）惟成德之彦（九德之吉士），以乂我受民。

此告以官人之法，任人之要。

曾运乾："话言并举者，极言庶职之不可侵也。""自一话一言，为君者皆无所与，我惟垂拱仰成而已。劳于求贤，逸于任贤，职是道也。"

知人不可不尽，任人不可不专。

"我则末惟成德之彦"，刘逢禄："末，终也。成德之彦，即九德之吉士也。"用人不疑，疑人不用。

"呜呼！予旦（周公名。君前臣名）已受（以前）人之徽言（美言），咸（遍）告孺子王（成王）矣！继自今文子文孙（守成之主），

其勿误（自误）**于庶狱庶慎，惟正**（长）**是乂**（治）**之。**

此告以任贤之法。

孙星衍《尚书今古文注疏》："狱者，万民之命，故周公以立政告王。独于庶狱、庶慎之事，反复致戒。"

曾运乾："言文武任贤之法，不仅今所当遵，即后世守成之主，亦当奉为定式也。"

"自古（夏也）**商人亦越**（于）**我周文王立政，立事、牧夫、准人。则克宅之**（度之，人与位相称），**克由绎**（寻其端而治之）**之，兹乃俾乂**（治也）。

曾运乾："由绎，双声联词，犹言筹著审慎，所谓国君进贤如不得已也。言商、周先王官人，皆先量度其功，次又审慎于心，灼知其贤，兹乃使治。"

先考察其人，是否表里如一，才使身居其位。用此方法，以治理国家。

"国则罔有立政，用憸（xiān，奸佞）**人，不训**（顺）**于**（汉石经无"于"字）**德，是罔显**（光也）**在厥世。**

"罔有立政"，无有立正，则言虽建官，犹未建也；"是罔显在厥世"，言国无其后矣。

"不顺德"，"德"，心也，原心定罪，不能用顺于九德之人，"是 罔显在厥世"，就无法光显于世。

"继自今立政，其勿以（用）憸人，其惟吉士，用劢（mài，勉）相（辅相）我国家。

从今往后要任贤黜佞，"举直错诸枉"，用贤士来勉力辅佐我 国家。

反复叮咛，告以官人之法。

"今文子文孙，孺子王矣。其勿误于庶狱，惟有司之牧夫。

蔡沈："盖刑者，天下之重事，挈其重而独举之，使成王尤知刑 狱之可畏，必专有司牧夫之任，而不可以己误之也。"

"其克诘（责）尔戎兵（保你国防），以陟（登）禹之迹（循禹之 迹），方（普）行天下，至于海表（四海之外），罔有不服。以觐（见） 文王之耿（明）光，以扬武王之大烈（伟大功业）。

"国之大事，在祀与戎。"（《左传·成功十三年》）

刘逢禄："周公以周家忠厚开基，虑后王积弱，为蛮夷所逼，故 大建亲贤以守卫中国。特著诘兵之训于勿误庶狱之后，示戒深矣！ 然觐光、扬烈，所谓耀德不观兵也。"

为政以德，不在以力服人。

"呜呼！继自今后王立政，其惟克用常人（吉士）。**"**

曾运乾："复言之者，庶狱、庶慎，固须吉士。诘兵诛寇，尤赖常人也。"

周公若曰："太史、司寇苏公，式敬尔由狱，以长我王国（延国命）。

刘逢禄："太史掌六典，有废置官人之制，故告之。"

周公告成王慎刑、戒杀，因此不但关系民命，甚至将致动摇国本。

苏公为司寇，能矜慎用狱，定刑详审，决狱持平，以永延国祚。周公命太史用其条例，着为中典，陈告成王，无造狱至暴，垂为定制。

苏忿生，有苏氏之后，与妲己同族。西周开国功臣之一，与周公、召公齐名。忿生辅佐武王克殷，周武王封其于温国（今日河南温县一带），又任命为周天子的司寇。温国君主称温子，因国君为苏氏，又称苏子。苏忿生决狱牢案，明察秋毫，后世尊为"狱神"。

"兹（今兹）**式**（法）**有慎**（益加详慎），**以列**（等比）**用中罚。"**

刘逢禄："敬慎之训，勿误之戒，非保邦永祚之大本欤！"

曾运乾："言今兹效法苏公，又当益加详慎。何者？《周官》用刑之道，曰刑新国，用轻典；刑平国，用中典；刑乱国，用重典……今则承平已久，当用中典。不当仍以严厉为治。"

昔人二十五岁中进士，并不算早。中国人必重视中国东西，才能做事。你们小时在家能看的书有多少？如此，怎能成才？所以造成不堪闻问。

以前家庭都有书房，留得经书给儿孙读。"子孙虽愚，经书不可不读"，宁可卖田宅，绝不卖书。你们智慧不低，可是功夫浅，什么都不懂。要有系统看书，不可以自我陶醉，先学坐功，坐得住才能读书。

《曾文正公全集》必看，此人为伊尹后一人，处世完整，在满汉疑惧中，犹能左右逢源，成就不世之业。头脑清楚，桐城文大师。三角眼，极厉害。中人的智慧，求阙，每天求己之阙，以勤补拙。命妇能到宫廷为上客，唯曾文正公夫人。曾年轻时号"呆子"，成功后人以为"内敛"。

人得知己，励学，求己之阙。你们最大的毛病就在知足，左近无人刺激，就自我陶醉。我小时候，天天被罚跪，时常被问住。你们应发愤。懒是你们最大的毛病。发愤五年能有成。

应一边做事，一边读书，不要做书呆子，可以半工半读。不怕做错，错了是交学费，学得了经验，从失败中学习。没有一个有成就的人是不读书的，人不受正规教育不行。

要认清自己，不可以自满，多看看别人是怎么成就的。读书要慢，才能深入，慢工出细活。

当政应立政从俗。

"华夏"，"华"，形容词，似花也，多美！夏，中国，是礼义之邦，以中为体，以礼义为用。《春秋》为"礼义之大宗"，入手处：载之空言，不如见之于行事之深切著明也。做一分总比说一千好。

中国东西太多，不可以乱读，必要有入手处。中国书极难读，不是一看就能懂，必要慢慢读、深深读。

有成就的政治家，皆对中国学问下过功夫。社会就是需要而有用，政治最现实，万般不与政事同。

读书的目的，在用成方子。儒家之学告诉我们大纲大法，大本必立住。而做事是技术，必要有专学，要具备时代知识。学外国语，作为吸收外国知识的工具。你们必要充实自己，行远必自迩，登高必自卑，要打好根基。

除日本、俄罗斯之外，印度也必要注意。日本对中国投资第一，也就是在中国得好处第一。一个民族能自战败中起来，并不是简单的，说复兴就复兴了。

你们应要好好学日语，有百利无一害。交友之道，无不先考虑本身问题，要敦亲睦邻。了解要点了，道义与否，就视对方是否道义。

如有好奇心，在这五花八门的时代，也应好好学习外国语，就当小说看也热闹。外国语必学得精，不精没有用。一天闲着也是闲着，为何不发愤些？人要下三年功夫，没有不成的。

练习听力，反应快。外国语有变迁，语言常会简化，尤其平常百姓的会话。语文不能断，要常听，耳熟了，进一步就能了解，习惯很重要，必要时常接触。

《春秋繁露》《公羊传》内，许多讲乱制，在提醒我们：治起于衰乱之中。要前后、左右看一问题，绝不可以盲从。是是非非，真是真非，必得是智者。

《春秋繁露·天道施》："名者，所以别物也。亲者重，疏者轻。尊者文，卑者质。近者详，远者略。"真懂得亲疏、轻重、远近了，则什么都成功。

《关雎》是真情流露的大文章，"文辞不隐情，明情不遗文。人心从之而不逆，古今通贯而不乱，名之义也"（《春秋繁露·天道施》）。

"男女，犹道也"，极为尊贵。以前人视己尊贵，故绝不乱来，"天爵自尊吾自贵"。年轻必体力充沛才能用世，要好好养身子。

《春秋》"辨是非，明善恶"，目的在拨乱反正，求天下太平。孔子"志在《春秋》"，即要拨乱反正。拨者，除也；乱，即乱制，亦即世及制。世及，父死传子曰世，兄死传弟曰及，亦即"家天下"之制，孔子以为是乱制，因人人皆想夺天下，人人皆想为君，乃乱得不得了！正，指尧舜时代的揖让之制，也是王者之制。

王制，不是谁想治天下之民，而是百姓喜谁，就叫他做领袖，亦即今民主政治。方法：载之空言，不如见之于行事之深切著明也。

读书应懂得精华、要点之所在。建立一制度难，但破坏则容易。中国为礼义之邦，而今礼法安在？

董子论性，近于性恶，不赞成性善。性与情，必分清。不自迷，才能尽性，将智慧升华至最高境界。智慧贵乎疑，青年人智慧要蓬勃。

人生有限，智慧无穷！思想不受束缚，可以自由自在。中国几千年文化、传统束缚太久，必要跳出去，为国家民族有理智、智慧地想。想有超人事业，必要有超人的智慧。过去的已经过去，重要的是要处理未来。腐儒没有生命力！

《春秋繁露》特别冷静，在启发人的智慧。过理智的生活。人没有希望，就是等死。"盖有待也"，含有无尽的盼望与力量。自己决定自己的人生，才有力量。

做事必要有耐力，按部就班，一步一脚印。有万全的准备了，才能有备无患。

朋友不一定能任大事。可以供之吃喝，以之任大事，则坏了大事。

不可以纵欲、贪财、枉法而致亡。人殉节容易，但是守节难！多少人胜不过食与色，终致身败名裂！

道相同，不能相先；一相先，则两败俱伤。如能权衡，就能任事。有术，得有本钱。

读正式经书时，不能用西方观念讲中国东西。不能一开始就似是而非。中国人读中国东西，先了解自己的文化，再客观研究西方。

一个人要是近色，绝对逆理。尽说歪词，是最不正常的人。知识一丰富，事情见多，很难糊涂。严格训练自己，三缄其口，能达不说话，就成功一半。君子不失言也不失人，见好的应好好培植他。

尚　书

酒后不多言，喝酒必与知交，不可见谁就与之喝。喝完酒，会做事，才叫会喝酒。应酬、喝喜酒，非一件事，要知分寸。要严守分际，君子不处嫌疑之间。做事有分寸，不因利而损己之人格。能将《论语》读活，做人就成功了！

孝为德之本，有孝就有基础，心理顺利。乱世要立得住，但乱世不可为。

守口如瓶，说话得看对象。重视自己，人与你说话，得尊重自己，不可乱传出去。

大丈夫不可一日无权、无钱，否则从吾所好。读书如到吃饭境界，一天没有读就饥渴。我在台湾一个人，就天天读书。

在自己的欲上，必要把持住，不能捡便宜。人皆有欲，但不可因区区小钱即损害自己的人格。

历代都有转变，极为痛苦，看什么都不顺眼、不舒服，此乃两个不同的时造成的。但慢慢地，到下一代就舒服了。

看问题，有意见，几个人在一起，好好地研究，不可以有成见。知识分子是时代的中流砥柱，应允文允武。身体好很重要，每天要做的事应持之以恒。人会病在闲。血气周，身体才会好。读书、运动，必达到上瘾的境界。

学生不读书，是他祖上无德。祖宗缺德，儿孙不争气。此为因果关系。滥杀无辜，报在子孙。做坏事，被发现了，报在己身；没被发现，报在儿孙。千古定律，逃不掉的。

社会就打乱仗，打完，就应好好做事。太太骂先生，因为处久了。好坏事，皆接二连三来，因有前后因果，因果难逃。

练习自己客观论事、批评。谈问题，绝不可有火爆味，应平心静气，从道理上谈、批评。以国家、民族的立场，说公允的话。凡过去的就有得失，大家检讨，检讨必有批评。如结论都成功，那又何必研究？应是大家愈检讨，愈有智慧，知要怎么解决。论政，不可以讳疾忌医，应就事论事。社会可以慢慢地改进，使之渐渐上轨道。

政纲、政策皆有时，不可以当作古玩。一切行事，皆有顺时之变。"君子不党"，群而不党，国家是每个人的。

教子时，凡事往后想几步，教学什么，选择正途很重要。楼梯往下修。人生如戏，唱完了，就一鞠躬下台。天下最难的是教子，因为感情、关系特殊。一个人真能教子，就成了！因太亲了，就没法教。真能达父子之情的，很少。

父母必使儿女不游意于法礼之外，要以礼约之，使其明白什么是礼。随时随地使其懂得人的尊严，在外他就不会作践自己。不用说教式的，而要随时启示之，使小孩养成好习惯。男孩的家教是"高风亮节"，女孩则是"冰清玉洁"。环境很重要，要造成一个"高风亮节"的环境，使小孩沐浴、浸淫其中。小孩就如同小狗，他本身并不懂，必造成一个环境，让他在环境中成长。

不主动欺负别人，但别人欺负我们时，要争回来，绝不纵容之。志气、经验。人没饿死，但不可为不正当。

开国人物都有几分超人气势。政治，一个"才"字不足，就搞不好。曾文正是搞得较好的一个，万般不与政事同。

树立一个规范要小心，你的行为表现到什么程度，就能得到什么程度。今天没有感情包袱，更好办事。做事易，任人难，成事在人。许多事，都被人败坏了！出门如见大宾，治事如临大敌。"言行，君子之枢机；枢机之发，荣辱之主也"，要谨言慎行。

要实际看一问题，才了解自己的高低。人生特别不容易，就是使尽全副精神在舞台上，都还不知成不成。宰相需用真正的读书人，要有真知才行。读书不求快，在求真知。以"日知其所无，月无忘其所能"的精神，进德修业。

"善教者，使人继其志"，是继圣人之志，即孔子之志，那孔子之志是什么？孔子"志在《春秋》"，必明白《春秋》，才知孔子之志。

孔子曰"吾道一以贯之"，孔学都有系统，要善读。《论语》"守死善道"，《中庸》"至死不变、强矫哉"！《四书》都读过，明白了，将之串在一起，一生可以受用不尽。经书熟了，脑常在之，把长处吸收过来，要讲明白。

人的欲壑难填，而人到无求品自高。人能自食其力最美！靠任何人，多丢脸。虽苦，认识自己所处的环境，正是对自己最好的磨炼。

应正视的一个课题，如儿童读物，象教。认识古人怎么认识自然界。思想愈多，智慧愈进步。

以前有家法，是祖宗留下的，有大过必上祖庙，犯淫道要受极刑。屡犯过者，绝不原谅。刑法，非开玩笑，不可马虎行事，意气用事。一开始立法，问题就多，百姓不接受，造成你死我活，怎会好！今天应面对实际研究一问题，最后才能"好恶与民同"。

天德好生，好生乃尊生，一部《易经》讲尊生，对生命尊之、重之。仁者爱人，无不爱。中国思想就是仁，"君子体仁足以长人"

（《易经·乾卦》），"仁以为己任"（《论语·泰伯》），任仁，"求仁得仁，又何怨"（《论语·述而》）。

七、秦　誓

《秦誓》为《今文尚书》最后一篇。

曾运乾："孔子深有取焉，故殿诸帝典王谟之后。"

秦穆公伐郑，晋襄公帅师败诸崤，还归，作《秦誓》。

此为序。

曾运乾："此誓，穆公深悔听杞子之言，不从蹇叔之谏，遂致败衂。"

《春秋公羊传·僖公三十三年》："秦伯将袭郑，百里子与蹇叔子谏曰：'千里而袭人，未有不亡者也。'秦伯怒曰：'若尔之年者，宰上之木拱矣，尔曷知！'师出，百里子与蹇叔子送其子而戒之曰：'尔即死，必于殽之嵚岩，是文王之所辟（避）风雨者也，吾将尸（在壮曰尸）尔焉。'子揖师而行。百里子与蹇叔子从其子而哭之。秦伯怒曰：'尔曷为哭吾师？'对曰：'臣非敢哭君师，哭臣之子也。'弦高者，郑商也，遇之殽，矫以郑伯之命而犒师焉，或曰往矣，或曰反矣。然而晋人与姜戎要之殽而击之，匹马只轮无反（返）者。"

公曰："嗟！我士，听无哗！予誓告汝群言之首。

《左传·僖公三十三年》："秦伯素服郊次，乡师而哭曰：'孤违蹇叔以辱二三子，孤之罪也。不替孟明，孤之过也。大夫何罪？且吾不以一眚掩大德。'"

《史记》所谓"哭之三日，乃誓于军也。"《秦誓》之作，盖在此时。

誓于军中，向师众坦诚己过。

"群言之首"，犹言开宗明义第一章。

"古人有言曰：'民讫（终）自若是多盘（bān，反也），责人斯无难，惟受责俾（从）如流，有惟艰哉！'

引古谚，表己之痛悔。

曾运乾："言民行常自相矛盾，责人无难，惟受责则艰，所谓多般也。"

"怠慢忘身，祸灾乃作。"（《荀子·劝学》）对别人怠慢了，就忘了自己值几分钱，比人高了多少。

"我心之忧，日月逾（越）迈（行），若弗云（旋）来。

曾运乾：“言我心之所忧，日月运行，如弗旋来，悔过如不及也……盖自明改过迟晚，深自咎责之辞。”

受伤了，才知伤痛！人不能无过，可贵在“过而能改”，故曰“善莫大焉”。“先迷失道”，人少有不迷的，迷而失性；“后顺得常”，知所迷，顺性复性，“复其见天地之心”，而“得常”，回常道，率性，复性。

"惟古之谋人，则曰未就予忌（慕，教也）；惟今之谋人姑将（姑且，尚）以为亲。虽则云然，尚猷（犹）询兹黄发（寿也），则罔所愆（过）。"

“惟古之谋人”，缅想古人；“未就予忌”，未成予之所谋也。

曾运乾：“言古之谋臣，既不可作，且与今之谋臣为亲。虽以为亲，然军国大计，尚犹咨询老寿之人，则罔（无）所愆（过失）也。”

老成谋国，姜是老的辣，经验丰富，所见所闻亦值得参考。前人虽无成，但见多识广，失败的经验亦足以后人为鉴。

"番番（pó，老人发白貌）良（善）士，旅（膂）力既愆（亏损），我尚有之（幸之）。"

江声《尚书集注音疏》：“我尚有之，我庶几有此人而用之，贵其知识周也。"

老的体力不行,但"知识周",经多识广,老成稳重,能"是是非非"。

"仡仡（勇壮）勇夫,射御不违（失）,我尚不欲（尚非我所欲）。

江声《尚书集注音疏》:"我尚不欲,我庶几不欲用之,恶其轻脱寡谋以取败也。"

"由也好勇过我",年轻好勇年轻好勇,"暴虎冯河,死而无悔者,吾不与也。必也临事而惧,好谋而成者也"（《论语·述而》）,但"好谋"才能成。

"惟截截（戋戋,浅薄貌）善谝（pián）言（巧言）,俾君子易辞（怠,轻惰）,我皇（况也。况我）多有之（况我多有之。言不宜有也）。

江声:"我皇多有之,便巧之言,使君子易于怠惰,忽于祸败,我况乎多有其人乎!"

"便巧之言",夸夸而谈,言过其实。"群居终日,言不及义,好行小慧,难矣哉!"（《论语·卫灵公》）

"昧昧（暗）我思之,如有一介（耿介—心端悫者）臣,断断（诚—）猗（兮）无他伎（能）,

历经事变，久经深思之后，始悟"君子、小人"之分。成德之谓君子，尚未成德的为小人。

"其心休休（宽容）焉，其如有容。人之有技（能），若己有之；人之彦（美）圣，其心好之，不啻（不但）若自（从）其口出。是能容之，以保我子孙黎民（众民），亦职（尚）有利哉！

此乃失败后的悔悟之言。

一个人有器度、有容人之量，乃成业之基。有多大的容量，成就多大的事业。

能养量，培器识，不嫉妒，培养人才，能保子孙后世，亦尚有利于国家天下。

"人之有技，冒（同"媢"，妒）疾（忌）以恶之；人之彦圣，而违（乖隔）之俾（使）不达（通），是不能容，以不能保我子孙黎民，亦曰殆（危）哉！

一个人见人之能，妒忌恶之；见人之美，违之使不通。国不得人以治，民不得人以化，国无法纪，民无所守，焉能不乱、不亡？

人之所以失败，就是忮与求。忮，嫉妒，怕别人超到前面去；求，不应得的皆要得。不忮不求，才能"素其位而行"，脚踏实地。

"邦之杌隍（wù niè，危险），曰（聿）由一人；邦之荣怀（繁荣），亦尚（主）一人之庆（善）。"

曾运乾："言邦之危，聿由人君所用非人。邦之安，亦由人君所任以自责，兼戒后世也。"

一国之安危、昌盛，皆系于人君所用非人或所任得人。

《易经·系辞下》："子曰：'德薄而位尊，知小而谋大，力小而任重，鲜不及矣。'《易》曰：'鼎折足，覆公𫗧，其形渥，凶。'"委之非人。

刘逢禄："孔子序《周书》四十篇，东周之书，惟《文侯之命》《秦誓》二篇而已，合而读之，一为屑弱之音，一为发愤之气，兴亡之象，昭昭也。"《春秋》书'晋人及姜戎败秦于殽'，公羊子曰：'谓之秦，夷狄之也'，'诈战书日，尽也'。谷梁子亦曰：'徒乱人子女之教，无男女之别，秦之为狄，自殽之战始也'。秦穆不用蹇叔、百里子之谋，千里袭郑。郑丧师，遂尽。晋襄背殡用师，亦贬而称人。序《书》何取焉？取其悔过之意，深美闳约，贻厥孙谋，将以霸继王也。"《诗》《书》皆由正而之变。《诗》四言，始文、武之盛，而终于《商》《颂》，志先世之亡，以为戒。《书》三科（虞夏、商、周），述二帝、三王之业，而终于《文侯之命》《秦誓》，志秦以狄道代周，以霸统继帝王，变之极也。《春秋》拨乱反正，始元终麟，由极变而之正也。其为致太平之正经，垂万世之法戒一也。"

《秦誓》告诉黩武者必败，乱制必不长存，给后人为戒。

中国思想以尧舜为正，仲尼"祖述尧舜"，故要拨乱反（返）正，"尧天舜日"，天下为公，大公无私。

读书要有纲领，不要盲目读。有了中心思想以后，将许多必要的书皆看过。自基本认识，自所有书去找，近代东西当参考。必自本源着手，源深才能流长、根深叶才能茂。

许多书，写时是个"况"，未必是事实，如《春秋》，"以鲁当新王"，是况，鲁非真是新王，"其义则丘窃取之"，在借事明义。

社会上，表面上看都是人，一经细看，分出好几类人。环境一有变，什么都出来了。大局一变，就分出很多人，"疾风知劲草，板荡识忠贞"。

近代以来，读书人搞政治，最成功的莫过于曾文正，他对任何东西皆肯下功夫。如真有伊尹的成就，那曾文正公是伊尹后第一人，故"誉之者曰圣相，毁之者曰元凶"。张居正有事功，但死后被鞭尸，不能自保。善始善终，才算成功！

真有良知者，必"是是非非"，即必坚持：对就是对，不对就是不对。能至此，必须有怎样的魄力！没有"是是非非"的胆量，但有个性，不说话，还可以造就。

有正知正见很重要，社会才有公道。倚老卖老，必"是是非非"，为社会之公道。这环境最需要"是是非非"的人。不在乎谁喜欢与否，不在乎人说什么，但求无愧于心，本着良知做事。

政术，全在一己运用之妙，完全恰到好处。对社会事印证完，置之一笑！多明白，对一切事看得淡，进而也看得清楚。必有修为，才能有所创作。

学人论政，甚察而不及于事，"有言者不必有德"，批评完就算了，只是快嘴，完全于事无补，此读书人的通病。"及于事"，真不满意，敢表现，不行就表示。

昔日大儒，自政坛退下再立说，"有德者必有言"，才能与事实相吻合。有丰富的经验，必不同于在屋里的读书人所谈。没有接触过高的，又怎么知道用高的方法。没到境界就无法了解那事，人的见识特别重要。

只要肯努力修，思想境界会有变，孔在《论语》中即有三变，廖平（1852—1932）可能悟道，乃改其名为"六译"。人哪有一成不变的？以不变应万变，太可怕！"不可为典要，唯变所适"（《易经·系辞下》），什么也不可作为"典要"，要唯变所适。变，也不可以盲变、乱变，必要变得恰到好处，能适时、应时，为时之所需，才能解决问题。

"生生之谓易"，"唯变所适"，《易经》即"变经"，《易》为智海，一切之源头。《春秋》属于智慧之书，讲智、愚、昏、庸之事，"见之于行事，深切且着明也"。《大易》与《春秋》，一为体一为用，相为表里。

《尚书》讲为法、为戒，历史即为法为戒，为天下之仪表。要善用智慧。读古书，是在用前人的智慧启发我们的智慧，不是做古人的化妆师。

《尚书》有今古文之分，最为纠纷难理。余以此不暇详……皮锡瑞谓《尚书》之确凭据，首推伏生《大传》，次则司马《史记》《白虎通德论》，皆多载今《尚书》说。治《尚书》者，不可不以此三书为依据。其说固是，而犹未窥根底也。余以为《尚书》一经之骨髓，当求之《论语》，《孟子》亦须参证。

古者《书》三千三百四十篇。孔子删定，断从《帝典》始。盖以二帝三王，治起于衰乱之中，辟草昧而进文明，其行事足为后世法（二帝，尧、舜；三王，夏禹、商汤、周文王、武王也）。或谓二帝、三王固可法，而《尚书》所载者，多有三王后嗣之行事。岂尽可法？曰："录其不可法者，所以示炯戒也。"《经》自以二帝、三王之道为宗主，而其后嗣之失，亦并存之，可以考

---

① 摘自熊十力《读经示要》。

世运盛衰之故。则二帝、三王之道，为至正而不可易者自见。故《论语》盛称尧、舜、禹、汤、文、武、周公之德。《孟子》亦然。而《中庸》云："仲尼祖述尧舜，宪章文武。"则《书经》专纪二帝、三王之行事，以明道统、治统之传授，其极重要可知。后之人，欲寻儒家血脉，不得不注意于斯经。然儒学渊源，固当求之《书》。而散失殆尽，伪造迭出，难可追寻者，亦莫苦于《书》。

《史记·儒林列传》："及至秦焚书。《书》散亡益多，至作伪者"，则汉成帝时，张霸已空造百两篇。不止东晋梅赜献《古文尚书·孔安国传》为伪也。《后汉书·杜林传》："林于西州，得《漆书古文尚书》一卷，常宝爱之。虽遭难困，握持不离身。传之卫宏、徐巡，于是遂行。马郑本以之作传注。"世或以《漆书》为杜林伪作。

近人以伏生所传今文二十九篇为不伪。余谓伏生所传，是否为孔子手定之篇，犹复难知。《秦誓》必秦时博士增入。《春秋》斥秦为夷狄，何至以《秦誓》继典谟乎？今唯据《论》《孟》，以求二帝、三王相传心法，而后儒者所承道统、治统之脉，灼然可明。伏生所传诸篇，虽不必尽为孔子删定之遗文，而《尚书》一经之根底，要可于《论》《孟》抉发之也。

所谓二帝、三王相传心法者何？曰："执中而已矣。"《论语·尧曰篇》："'咨！尔舜，天之历数在尔躬，允执其中。四海困穷，天禄永终。'舜亦以命禹。"案历数，是岁月日星辰运行之法。《曾子·天圜篇》："圣人慎守日月之数，以察星辰之行，以序四时之顺逆，谓之历。"《中论·历数篇》："昔者圣王之造历数也，察纪律之行，观运机之动，原星辰之迭中，窥晷景之长短。于是营仪以准之，立表以测之。下漏以考之，布算以追之。然后元首齐乎上，中朔正乎下。寒暑顺序，四时不忒。夫历数者，先王以宪杀生之期，而诏作事之节也，使万国不失其业者也。"《春秋繁露·郊祭》引此文，释之云："言察身以知天也。"《正义》曰："董以在训察，躬训身也。"

执中者，执，持义；中，谓心也。心备万理，其通感流行，皆自然有则而不过，故谓之中。如星辰之行，皆有纪律而不过，故准诸天之历数，以察于身，则见夫吾身之动作，实内自有主，其发用皆有则而不可乱者，此即所谓心是也。

古者说心为天君。天君者，言其为吾身之主也。然则何不直言心，而变文言中耶？曰：言中者，则直指其发，皆有则而不可乱之本心以言之也。世俗亦以乱识为心。言中，则有以简别之也。（乱识一词，借用佛氏唯识论中语。乱者，迷乱。迷乱之识，即古道家云人心，或私欲是也。盖吾人如不自存持吾之本心，使其主宰乎身，则此身交乎物，将为物所引，而障碍心之灵明，遂成迷乱之动。如见色思淫，见利思得，临乱思免之类，是时即乱识，或人心用事，而本心无权也。）

中之取义，本以其有则而不过。此心动用万端，皆自然有则，毫无过差（如事亲便知孝，交友便知信，处事便知敬，格物便能析其理则）。如星辰之行，自有纪律，无一毫过差，故说为中（有则而不过，亦即是不乱义）。

程子又以不偏言之，亦得。此心具万善，应万感，无有偏于此，而不运乎彼，或偏于彼，而不运乎此之憾，故即其不偏，而名之中。此与有则而不过之义，可互相发明。执之为言持也。人皆有是本心，即有此中。但如不知所以存持之，则将有心为形役之患（云何心为形役，须细究《新唯识论》卷下《明心章》），以至天地闭，日月蚀，成大迷暗，则不能存持本心之咎也。

尧语舜以执中（中谓心。执者，存持义），千古圣学之宗要，盖在乎是。旧解，中谓中道，而不知中即是心。则所谓中道者，茫然不知所据。如向事物上求中与？舍吾心，而事物之无有，且不可言。以无认识事物者故。事物之有无，已不知。何可于事物上求中歟？如谓中在事物，而执中者心满之则，本不离吾心，则事物变迁无定形，即中无定在。而吾心恶从执之？又何可执之乎？

须知，事物非离吾心而外在，即事物之则，本不离吾心而独存。吾心元是有则而无过差，遍涵而无偏倚。故谓之中。唯其然也，心之了别与处理乎事物，能令一一当理而不悖，合矩而不乱。则以吾心即中而已矣。此等道理，至广大，极幽微，非深心反己体认，则且疑余以臆说诬圣言也。余复何辞？

"四海困穷，天禄永终"者，中心无私，其视天下犹一人也。故能念四海之困穷，穷于德，思所以教。穷于养，思所以养。此念即中也（念四海困穷之念，正是本心流通不容已处，故云即中也）。"天禄永终"者，言享天禄，能终竟之也（天禄，《正义》云："言天子禄食自天予之，故云天禄"）。执中，即量四海，为群生所托命，故终天禄。

"舜亦以命禹"者，言舜亦以执中之道授禹。"舜亦以命禹"句下，紧接云，曰："予小子履（履，汤名。称小子者，时汤将伐桀，而告天，自谦之辞也），敢用玄牡，敢昭告于皇皇后帝（皇，大也；后，君也。此尊天帝为君也。古代有天帝之观念，与耶教似相近。然玩其大旨，则天帝毕竟非离自心而独在，终与宗教家不必同），有罪不敢赦（顺天奉法，有罪者不敢擅赦），帝臣不蔽，简在帝心（古者以天子为天帝之臣，此言夏王桀，居帝臣之位，其罪过不可隐蔽，以其简在天心故）。朕躬有罪，罪在朕躬。"（汤云：若万方有罪，实皆我身之罪也）案此节之首，"曰"字上当有脱简。此节承"舜亦命禹"而起。盖明汤亦绍明执中之道，其曰"万方有罪，罪在朕躬"，颇同释迦"我不入地狱，谁入地狱"之怀。基督为众生担荷罪恶，亦符此意。此正显汤能执中，故德量之宏若此。证以《孟子·离娄下》云"汤执中"，此文或在此节之首。后虽脱落，而孟子犹能志之。则汤绍执中之传，确不容疑。

文王演《易》，史家有明文。武王周公，并承家学，断无可疑。《易》建太极为本（太极为万有之本体），郑玄云"极，中也"，则文周远承二帝及禹汤相传之中道（中即是道，曰中道），辗转以至于孔子。脉络分明。在孔子前者，周室刘康公有曰："吾闻之，民受天地之中以生，所谓命也。"（案刘子言天地之中者，即《易》所谓太极也。朱子言万物统一太极。一物各具一太极，云云。实则，一物各具之极，即是万物统体之极，本非判而二之也。详玩《新唯识论》，大海水与众沤喻，此理不难解。）是以，有动作、礼义、威仪之则，以定命也。案人受天地之中，即太极以生。从所受言，则谓之命。然人既生矣，则形气乘权，易为物引，而动违其则，如目接淫色而情移，耳接奸声而心荡之类。老氏呵以聋盲，佛氏伤夫惑染，此皆丧其命者也。故人生欲全其本命，必须有定之功。动作、礼义、威仪之则,皆本乎所受天地之中,而自然不容已之节文也。故能保持此动作、礼义、威仪之则者,即有以凝定其本命,而不受形气之累,不为物欲所引,故曰以定命也。刘子之言,极高明,道中庸,致广大,尽精微。上承周文,下启孔子。学者不可以其言之简,而或忽之也。刘子语,见《左传》成十三年。文、武、周三圣,承尧舜禹汤相传之中道。至春秋之世,而刘子犹精辟若此。孔子作《易》,又盛宏其义,广大悉备(《系辞传》言《易》之为书,广大悉备,天道、人事、物理,无所不包含,无所不贯通也)。至子思后学,括《大易》之要最,而为《中庸》一书(庸者,常义。中者,万化之源也,常道也。万物由之而成,故言常也。其在于人,则本心是已。心之德,恒清净明觉,不受污染,故言常也),文约义丰,与佛家龙树《中论》可云异曲同工。宋世,新儒学肇兴,犹宗斯典。大哉中道!永为中华哲学思想界之柱石。盖二帝之贻谋远矣。

夫子删定《尚书》,断自尧舜,迄三王之事。《论语》称二帝、三王之德者,颇有多处。而《尧曰篇》明执中之传,即群圣心法相授之征(晚世后生以疑古为名高。有疑《尧曰篇》或由逸书窜入者,此乃无端妄议。郑玄曾云《尧曰篇·知命》一章,《鲁论》所无,盖从《齐·古》校补商本。古简脱漏盖有之,然《齐·古》可征也。且《鲁论》所缺者仅《知命章》耳。"诗、书、执、礼"皆夫子所雅言,《尧曰篇》皆夫子述及《尚书》之语,何得疑为窜入?)儒家道统、治统,相承不绝,其开基实自二帝。观《尧曰篇》所称,而《书》始唐虞之意,昭然可见。

伪《孔古文尚书》"人心惟危"四句,为宋儒所宗。宋儒已疑其伪，而卒不肯直斥之。清人始明断其伪，遂谓宋学所宗者已失其据。不知，伪书依"执中"一词，而采道书之言，以相发挥（《荀子·解蔽篇》引道书曰："人心之危，道心之微"，此伪书所本也。然义实相通。中，即道心。执中，即道心常存。不能执中，即私意私欲起，而谓之人心矣）。辞有增入，而义无诬妄也。伪书其可轻乎？佛家大乘经，本非佛说。而以不背释迦教义故，皆得视为佛说。凡伪书名言法语，以为出自古圣贤，无不可也。

《尚书》既残缺。二帝、三王之行事，虽时见于诸子书，然罕得其要。法家更捏造诬诋之辞，最卑鄙。常谓吾民族过复杂，高明者极其高明，劣下者极其劣下，而劣下者毕竟居大多数。故一般人知解与道德，每觉缺憾过多。自昔以来，每逢衰世，则士人思想之浮浅混乱，无可形容。适以表见其下劣而已。如《韩非·忠孝篇》云："瞽瞍为舜父，而舜放之，象为舜弟，而杀之。放父杀弟，不可谓仁。妻帝二女而取天下，不可谓义。仁义无有，不可谓明。《诗》云：'普天之下，莫非王土。率土之滨，莫非王臣。'信若《诗》之言也，是舜出则臣其君，入则臣其父，妾其母，妻其主女也。"此段文字，纯以邪妄无知之心，诬诋先圣。舜受尧禅，岂得云臣其君？君子为天子，何可谓臣其父，妾其母？后世如汉高即位，而其父太公犹存。唐高祖禅位太宗，此等事，后世犹有行之者。将谓汉高、唐太皆臣其父、妾其母乎？主女不可妻，则自古帝王之女，皆不可下嫁人臣，必终其身为怨女，有是理乎？据此种种大无道之诬辞，则放父杀象之说，必不可信。当以《孟子》书所述舜事为定据。

昔孔子言夏殷之礼，而伤文献不足征。又以史阙文为贵。又曰："知之为知之，不知为不知，是知也。"可见孔子治学态度，最为谨严。七十子后学，皆守孔子家法。诸子述古事者，必折中于儒，而后不惑于邪谈也。孔子当春秋时，曰："吾犹及史之阙文也。今亡矣夫。"此当是晚年之叹。可见当时言史事者，已不守阙文，而有伪造之习。

至战国时，则造伪之风极盛，而其言之鄙薄邪妄，至不可形容。如《韩非·忠孝篇》之辞，特一端耳。又如魏晋佛教徒之诋毁儒道，皆于《六经》及老庄学，全无所窥。其辞殊不足一晒。清人诋宋明儒亦然。今后生薄其固有，而习为种种浮妄混乱之谈，以诳青年，诱流俗，使民智日趋卑下，尤有族类危亡之惧也。余尝言，战国时期，学术思想虽号为极盛，但至末期，秦与六国之竞争日烈，则其时社会之下劣分子，乘机狂逞，孟子所谓诐淫邪遁之辞盈天下，民智日塞，民德日偷。吕政遂得以昏狂，而临宇内，奴亿兆。文化衰绝，迄今不振。论古至战国末期，吾有感焉。

若夫曹丕云："舜禹之事，吾知之矣。"则以狗盗之心，而欲上诬先圣，罪通于天，无可逭也。伏生传《书》既不全。学者求尧舜之道，与三王之义，必以《论》《孟》为据。宋刘氏之《圣传论》，虽参禅义，而于古圣心事，颇有体会。吾常欲取《论》《孟》述二帝、三王诸文，汇集成编，并为注释，附以《圣传论》，而加之评正，合为一册，名曰《书经要略》，庶几《尚书》一经之微旨，犹可钻研（孔子删定《书》，与未删定之《书》自有别，经而非史。盖推明二帝、三王相传心要，以为后世法也。其未删之《书》，则史而非经。古所称三千二百四十篇，当与孔子之书并行。

汉初或有存者，张霸造伪，必有所取材。伏生所传，是售不杂未删之书，亦复难知）。

老当衰乱，所欲造述者多，而中怀伤感，无可与语，则亦付之无言而已矣。

礼

记

前言

　　中国历史太悠久，民族性与西方不同。《易经》是智能的结晶，从有文字就研究到今，有悠久的文化，经长久的时间。伏羲仰观俯察，远取近取，于是画八卦，"以通神明之德，以类万物之情"（《易经·系辞下》）。一切事、物都有活动之理，天理、物理、人理、数理。理天下，通神明之德，类万物之情。

　　《易经》有圣人之道、处事之理。有智慧之源，才能理天下，所以孔子说"五十以学《易》，可以无大过矣"（《论语·述而》），《易经》为悔吝之书。

　　开始，是自然而然的；一久，则成为一定的规格，乃产生文化。尧则天，治历明时，"敬授民时"，使中国百姓懂得"时"的观念，"黎民于变时雍"，知道怎么用时，与时相合。

　　子思传其祖："祖述尧舜，宪章文武；上律天时，下袭水土。"（《中庸》）此十六字，道尽孔子之"德"与"智"。"祖述尧舜"，有本有源；"宪章文武"，也不忽略时代之事实。孔子并无长篇大论，常东一句、西一句，就把人劝醒了。"上律天时"，法自然，孔子也是学来的，上以天时为律，可以取之不尽，用之不竭。朝令夕改，就不是律。律是用经验印证的，如海水有阶段变化周期，早称之为潮，晚称之为汐。"汐止"，潮水涨到那儿即止。古地名，有意思，纪念先民开拓之功，有其历史意义。"下袭水土"，袭，取也，明地理。

《易经》为"五经"之源。民国以来，对《易经》与《春秋》很荒废。做学问，自己只要肯努力，就有入手处，高深学问就在自己深入。自己要彻底明白了，才能清楚地交给下一代。自己如无到一境界，也不能将中国学问讲给别人。熊十力于中国学问，代表一个时代，将来绝不亚于程朱。

中国人智慧有混合性，不似西方的独霸性。每一学术都有一群人，有其融合性。先分出学术系统，再做研究才不乱。应自有记载此家的学问，都将之聚在一起。旧说以《公羊传》系孔子说给子夏，子夏传给公羊高……不必如此说，应将研究公羊学者，皆聚在一起，客观地研究。

孔子说"吾道一以贯之"，删《诗》《书》，定《礼》《乐》。《诗经》"风"采自民间，是"性"与"情"的表现；《书》，最早一部政书。礼，是处理一切事物的规则。人一高兴，必鼓缶而歌，此即乐，"乐自中出"，出自内心之纯真。

政治乃管理众人的事，必有政治伦理，即礼。人之礼，即人伦。人伦上，表现出"君子之道，造端乎夫妇"，后面跟着礼。懂得有男女、名分了，就有礼法、制度，此即智能之层次，培智必有层次。

"五经""六经"，乃自然之形成与表现。严格说，中国就是"六经"，《乐经》没了，但乐的哲学仍有。乐之兴衰，历代皆有。

"五经"（《诗》《书》《礼》《易》《春秋》）为大本，其他经为"五经"之传。"五经"中的礼，是《仪礼》。"三礼"（《周礼》《仪礼》和《礼记》）。《周礼》原称《周官》。《周官》言制度，讲"联"与"均"，其行政组织比今天还要严密。《仪礼》言礼法，周公制礼。《周官》与《仪礼》平。

《春秋》为孔子之志，孔子作《春秋》，以鲁当新王。讲王道，必有王制，《礼记》、子书均提及"王制"，但都与"乱制"混了，许多篇章即如此，不易读亦在此。孔子倡王道，讲"王制"，是新王之制，公天下之制，有别于旧王之乱制，家天下之制。王制与乱制，是相对立。《礼记》中有《王制》篇，但亦有问题，原文已没有多少。

《春秋》三传：《公羊传》《谷梁传》《左传》。《左传》为"不传《春秋》"，《公羊》与《谷梁传》为"传《春秋》"。

"五经"之外，都是记。《礼记》为七十子及其后学记礼之说，成于汉儒，共四十九篇，是《仪礼》的记。《礼记》有大、小戴礼记，解释《仪礼》，即记礼，记载怎么行礼、行道之事。

郑玄通今古文，混合今古家法，成为学术罪人，其《礼记注》最有名。孔颖达作《五经正义》（下简称《正义》），礼经改用《礼记》取代《仪礼》，从此《礼记》跃升为"五经"之一。

"四书"：《论语》《孟子》《大学》《中庸》。《大学》与《中庸》均出自《礼记》，掺有汉儒的东西，以"小康"思想居多。"康"，安也，"小康"，即小安世。《礼运》，以礼运天下，自"小康"转入"大同"。

《礼记》成书于汉代，是汉儒所编写的，已经质变，其论礼与《论语》有别，如"君父"，君在父上。"礼以时为上"，孔子新礼的观念，是"君使臣以礼，臣事君以忠"（《论语·八佾》），君臣关系是相对的。尧、舜是选贤举能，《礼运》"选贤与能"，"与"，举也，用之义。"选"与"举"，为两件事，选贤举能，"贤者在位，能者在职"。今用"选举"一词，讲不通。

《礼记》有《王制》篇，但光有其名，已无其实。《荀子》亦有《王制》篇，证明儒家确讲"王制"，但内容多已遭后人篡改，"诸侯恶其害己也，而皆去其籍"（《孟子·万章下》）。古书难读，尤其《易》与《春秋》，不能自修在此。

《周官》与《尚书》是一贯的，是书家哲学。昔大学人都从政。《尚书》是中国最早的一部政书，《资治通鉴》也是政书，与《尚书》是一个系统。《周官》谈政治制度，有"均"与"联"的观念，从中央到村里，政治组织严密。《周官》是一部行政制度的书，可以了解古人如何制礼作乐。熊十力以《周官》为孔子所立，是达"新王"层次的阶段，从"据乱世"到"升平世"的阶段。

《孝经·开宗明义》曰："先王有至德要道，以顺天下"，是中国的国民教材，自此开始认识"孝"字。《尔雅》，是中国最古老的词典。

以前耕读传家，汉时"耕且读，三年通一艺"，通一经者称"博士"，通六经者称"通人"。

明清会试，天下精英都来赴考，以前，在书院专读几年书，再进京赴考。边读书边做事，人生经验丰富，可以印证书本知识。

王船山的体悟深，不讲空学。朱子在金门讲过学。大儒因为忙才讲实学，冬烘先生则净讲空话。没有坐着读书的，自实际工作体验道理，是活学问。教主无一不是从政的，不是专门坐着读书的。什么时候都可以读书，读书没有毕业的时候。

"故礼义也者，人之大端也"（《礼记·礼运》），"唯圣人为知礼之不可以已也"（《礼记·礼运》），"夫礼，体情而防乱者也"（《春秋繁露·天道施》），"拨乱反正"，拨乱以回正，复正。正，止于一，改一为元，即止于元，"元者，善之长"，即"止于至善"。"大学之道，在明明德，在亲民，在止于至善"（《大学》），学大，学天，"唯天为大"，终极目的在"止于至善"，此儒家高于其他宗教之处，乃最高的手段。

"礼云礼云，玉帛云乎哉？"（《论语·阳货》）一般人一提到礼，以为就是拜拜。玉帛，即拜拜，礼的形式而已。祭礼，必用玉、烧帛。所祭不同，用玉有别，哪个朝代的玉均可用。玉帛之祭，不过是礼的一部分。

礼者，理也，履也。理，指体；履，指用，行也。行道，即是礼，一切行为必合理，"和顺于道德而理于义"（《易经·说卦传》），义理之学自此来。人生在世，必要有德行，以德为贵，要有好的行为，对别人有好处。儒，人之需也，看《礼记·儒行》，可知儒的行为，人必得做人的事。

"行远必自迩，登高必自卑"，行远、登高是自"迩、卑"开始的，天下事没有一步登天的，学不可以躐等，要循序渐进。不要天天就想高人一等，平淡天真真学问，无心插柳柳成荫。做事要稳、狠、准，处世具"智、仁、勇"三达德。

人有定力，即有恒，能恒己德，不见异思迁，做事绝对有成。欲速则不达，不必想一步登天，必要积沙以成塔，"积小以高大"（《易经·升卦》），应慢而不出错，脚踏实地，按部就班。没有简单的事，故"决定不疑，戒急用忍"，"忍"字，一把刀插在心上。人要我做、不要我做，都不说话。

清末，因对时代东西了解得太少，因而处于处处挨打的局面。中国以前视科技为雕虫小技，不加以重视，但一旦重视了，本钱可是不少，有多少前人经千锤百炼的智慧，能使后来者居上。

"终日所思，不如须臾所学"（《荀子·劝学》），"我非生而知之者，好古敏以求之者也"（《论语·述而》），孔子自称"好学"（《论语·公冶长》）。不学则无术、无能，做事就像幼儿园。中国东西不易得，必要往深处追求。人只要有智慧，不论学什么，都能做学问。

中国学问皆实用之学，因有真正的经验后再立说，立德而后立言，"有德者必有言"，是体验之学。你们要从做中学、做中悟，下体悟功夫，能知能行，知行合一。讲学，在开导老百姓，必说老百姓能懂的，才有作用。

一、礼　运

"礼"，形式：礼之数，演变；内容：礼之义，旋转，时也，"礼以时为上"。

"运"，《玉篇》云："转也，动也。"变易、运转，日月运行，行之不息，流转不已，变动不居，片刻不停留，刹刹生新。

"礼运"，"礼者，天理之节文也"，随时运行。礼之待圣人而后运行，"苟非其人，道不虚行"（《易经·系辞下》）。以礼运天下，由小康渐至大同，人性皆同，本人性出治道。大同，不以武力，性同、元同，元统，一统。

中国非以法治天下，是以礼运天下。"礼运"，以礼运天下，才能"天下为公"。

世界何以能大同？因元同，所以要奉元，大始，正本。大同，但小处有异，"性相近，习相远"，人性同，衣食不必同，各有特色。

进入大同世的第一步？温故、亲故、继往、认祖、奉元。知新，超世纪的知新，以开启未来。

昔者仲尼与于蜡宾，事毕，出游于观之上，喟然而叹。

"蜡祭"，《礼记·郊特牲》曰："蜡也者，索也。岁十二月，合聚万物而索飨之也。"

"观"，昔寺庙、宫殿前之大门楼子，亦叫阙。

礼　记

仲尼之叹，盖叹鲁也。

一、此似旁注夹入正文。二、以鲁当新王。

言偃在侧，曰："君子何叹？"
孔子曰："大道之行也，与三代之英，丘未之逮（及，赶上）也，而有志焉。

"与三代之英"，有问题，可能汉儒所加。"三代之英"，是下面"小康"之代表，不是孔子之志。

孔子曰："大道之行也，丘未之逮也，而有志焉。"未能赶上尧舜"公天下"的时代；"而有志焉"，志在"大道之行也"。

孔子作《春秋》，《春秋》为"拨乱反正"之书，要拨"家天下"之乱制，以返回尧舜"公天下"之制。"至禹而德衰"，开启"家天下"，乱制。

"有志焉"，有志于大道。孔子弟子中，惟颜回深得此意，《论语·述而》："子谓颜渊曰：'用之则行，舍之则藏，唯我与尔有是夫。'"用，则行道，"大道之行也，天下为公"；不用，则"隐居以求其志"（《论语·季氏》），藏道于民，讲学民间。故颜回死，孔子泣曰："天丧予！天丧予！"（《论语·先进》）大道不行矣！

"志于道"，"志"，心之所主。"道"，"率性之谓道"。道还能外求？非能从外面买得，本身即有，是与生俱来的。有志，绝不违背良知做事，心之所主在于"良知"。

"大道之行也，天下为公。

人为什么活？志在行道，"大道之行也，天下为公"，"祖述尧舜"之"公天下"，孔子"老者安之，朋友信之，少者怀之"（《论语·公冶长》）。

天下为公，公天下，一切力量、东西皆天下人的。"万物皆备于我"（《孟子·尽心上》），人人都有使用权，没有所有权，不能独占，侵害别人之所有。

"天下非一人之天下也，天下之天下也"（《吕氏春秋·贵公》），尸子称孔子"贵公"。"天下为公"，天下，无际、界，远近大小若一；公，去私，公天下。

天下本是公，但是被一群土匪霸占了，故孔子叹"天下之无道也久矣"（《论语·八佾》）。

"选贤与（举，用也）**能，讲信修睦，**

怎么达天下为公？选贤用能，"贤者在位，能者在职"，在位者必有德，"政者，正也"；在职以能，专家。此仍有首，"首出庶物，万国咸宁"（《易经·乾卦》）。

"讲信修睦"，"信"，言可复也；"睦"，信也，亲也，《尚书·尧典》"九族既睦"。

"故人不独亲其亲，不独子其子，

人世之不齐！今天，有钱人家如王永庆，其母享受最高的奉养，出门有车，饮食营养；而贫穷人家父母，则出门无车，无所赡养。有钱人家小孩上高级幼儿园，没钱人家小孩得不到教养。

谁的父亲谁养，则有人的父亲永远养不到标准。谁的小孩谁教，则有人的小孩永远教不到标准。

"不独亲其亲，不独子其子"，国家助其孝养、代为教养，使之享受同一待遇、受教。孟子"老吾老以及人之老，幼吾幼以及人之幼"（《孟子·梁惠王上》）的境界犹不足，孔子"不独亲其亲，不独子其子"的境界高，圣人看得何等远，想得何等深！

"据乱、升平、太平"三世，时不同，所以做法也不同。杨子"拔一毛而利天下，不为也"，此为太平世。因为其学说超群拔俗，才不容于众，书被毁了，被骂"无父无君，是禽兽也"（《孟子·滕文公下》），其实是"不独亲其亲，不独子其子"的境界。思想是有层次的。

"使老有所终，壮有所用，幼有所长，矜（guān，同"鳏"）**寡孤独废疾者皆有所养。**

"老有所终，壮有所用，幼有所长，矜寡孤独废疾者皆有所养"，"矜寡孤独废疾"，"矜"，同"鳏"，老而无妻；"寡"，老而无夫；"孤"，少而无父；"独"，老而无子；"废疾"，残病者：皆社会弱势族群。水之德"盈科而后进"，填满一切坑洞，而后继续前进。"仁者爱人"，"仁者无不爱"，一视同仁，"民胞物与"的胸怀，故要济弱扶倾，使弱势者亦得以安生。

"老者安之，朋友信之，少者怀之"，此为最早的"安老怀少"思想。子生，而社会代筹教养；父老，而社会助其供事，安老怀少皆由公家。圣人贵"通天下志，除天下之患"，在去私、尚公，泯际界。

熊十力以"不独亲其亲，不独子其子"者，所以改善家庭关系也。

熊十力《乾坤衍·辨伪》说："新道德之养成，莫大乎扩充事亲之孝德，以敬天下之老；扩充爱子之慈，以抚育天下之幼。敬老、慈幼二德双修，人道终始备矣。"

"男有分，女有归。

女子出嫁曰归。男有一半，女的一半归来，合而为一，一半加上一半，故曰"夫妇一体"。"乾施坤受，阴阳合德，刚柔有体，而生生不息"。"君子之道，造端乎夫妇。"（《中庸》）

男女有别，别内外，事之别，分工合作。男主外，称外子；女主内，称内人。各有所主，不起冲突。如一把抓，乃常吵架。阴阳颠倒，则天下不太平。

夫妇一体，拿出自己谦的一半，叫对方也变成谦，而成为同体，"无不利，㧑谦"（《易经·谦卦》）。必要亲身投入，引导对方，自觉觉人，觉行圆满，佛也。

天下圆满事太少，月也不长圆。引导对方，成为同体，则人人皆有士君子之行。

"货恶其弃于地也，不必藏于己；力恶其不出于身也，不必为己。

深玩"不必"二字！《易经·小畜卦》"不独富也"，富与天下同，"富贵在天"（《论语·颜渊》），富及天下。

"有无当相通"（《春秋公羊传注疏》何休注），互通有无，货畅其流。有好处，大家得，当然朋友多。少一分私心，多一分成就。

"货恶其弃于地也，不必藏于己"，地尽其利，兴利，不必尽藏于己。"生而不有，为而不恃"，"天无私覆，地无私载"（《礼记·孔子闲居》），天地之德完全是牺牲的，没有依恃心理。

"力恶其不出于身也，不必为己"，社会上"巧者有余，而拙者不足"（《管子·形势》），巧者为拙者奴，一切的脑力、身手之力，虽为己之所有，不必尽为己用，能者为弱者服务，"亲亲而仁民，仁民而爱物"（《孟子·尽心上》）。

"以从王事，弗敢成也"（《易经·坤卦》），"人能弘道，非道弘人"（《论语·卫灵公》），人活着就是要行道，本着良知、天性做事。人活着，就儒家而言，是为别人活，非为自己活而已，"仁以为己任，不亦重乎？死而后已"（《论语·泰伯》）。

"万物皆备于我"，人人皆有使用权，公天下，天下一家。但必先"人人皆有士君子之行"，而后能去私，不必尽为己。然今天见利不忘义的，能有几人？

宰我曰"以予观于夫子，贤于尧舜远矣"（《孟子·公孙丑上》），因为尧舜犹有首，推贤举能，"首出庶物，万国咸宁"，王道至境。孔子则达"见群龙无首"，大道的境界，人人皆可以为尧舜，因为人皆"天民"，自尊自贵。子贡曰："由百世之后，等百世之王，莫之能违也。自生民以来，未有夫子也"（《孟子·公孙丑上》）。

《易经》终于"未济"，《春秋》绝笔于"获麟"，"穷则变，变则通，通则久"，豫解无穷，生生不息。

"是故谋闭而不兴，盗窃乱贼而不作，故外户而不闭。是谓大同。

此大同的理想。

"谋闭而不兴"，没有兵谋、诡诈之事。

"盗窃乱贼而不作"，"盗"，《说文》云"私利物也"，《春秋谷梁传·定公八年》曰"非其所取而取之谓之盗"；"窃"，盗自中出；"乱"，紊也，"好勇疾贫，乱也。人而不仁，疾之已甚，乱也"（《论语·泰伯》）；"贼"，伤害；"作"，发起。

"外户不闭"，夜不闭户。"是谓大同"，哪有纷争、残暴、杀戮? 日子过得多安舒!

"大同"，一指大处求同，小处不必同，大同小异。二指人人皆有士君子之行，人人皆可以为尧舜，"天下一家，中国一人"。大同，在大处同，不在小处必同，人性同，面包不必同，同而异。

大同思想，中国文化的产物。《礼记·郊特牲》："天下无生而贵者也。"人皆同一尊贵，同为"天民"。《易经·乾卦》"见群龙无首，吉"，人人皆有士君子之行，人人皆可以为尧舜，不争权夺利，无私，尚公，当然吉。

孔子作《春秋》，《春秋》以鲁当新王，"齐一变，至于鲁；鲁一变，至于道"（《论语·雍也》），由霸而王，由王而至"大道之行也，天下为公"。志在"大道之行也"，不是"三代之英"。"大同"与"小康"，是相对的，"三代之英"，小康之选。

《春秋公羊传·哀公十四年》曰："君子曷为为《春秋》? 拨乱世，反诸正，莫近诸《春秋》。则未知其为是与? 其诸君子乐道尧舜之道与？末不亦乐乎尧舜之知君子也？制《春秋》之义以俟后圣，以君子之为，亦有乐乎此也。"孔子"祖述尧舜"，以尧、舜为况，"大同"的代表。

孔子删《书》，首尧、舜，美其让贤而不私子也。"至禹而德衰"，创此乱制，不能骤去，故先讨大夫之世于乱世，以世卿非礼也；退诸侯于升平世，不要诸侯了，退之；贬天子于太平世，太平世，"见群龙无首"，没有首了。《春秋》三世"据乱世、升平世、太平世"，以渐而进，渐进大同。

孔子"志在《春秋》"，《春秋》为拨乱反正之书，是对社会的责任。《春秋》"以鲁当新王"，立新王之法，有王制，"故《春秋》者，礼义之大宗也"（《太史公自序》），一切决之以礼义，拨乱以返回正，归正。"正"，止于一；"改一为元"，止于元。元胞，同元共生，共生共荣，大居正，大一统。

孔子作《春秋》"变一为元"，董仲舒称"奉先之应也"（《春秋繁露·王道》）。"惟圣人能属万物于一，而系之元也"（《春秋繁露·重政》），属一系元，示大始，欲正本。

《礼运·大同篇》为孔子真正思想所在。因为看到老是"小康"，老百姓只是小安，循环报应无已，孔子感到必要到"大同"才行。

但从小康到大同，并非一蹴可及，所以《春秋》有三世，慢慢地过渡，自据乱世"小康"开始，拨乱制，以进于"大同"，王制，公天下之制。

《春秋》拨乱之三部曲：贬天子、退诸侯、讨大夫，据乱世；"首出庶物，万国咸宁"，即进入升平世；尧舜选贤举能，为"大同"，同而异。进至太平世，"夷狄进至于爵，天下远近大小若一"

（《春秋公羊传·襄公十八年》），就成为"华夏"，人人皆有士君子之行，人人皆可以为尧舜。

《春秋》首书"元年，春，王正月"，不言即位，乃"君之始年"，即群之始年，每人皆是王者，人人皆为文王，"见群龙无首"。《易经》"见群龙无首"，为终极目的。

仲尼尚公，孔子是大道学派。"大道之行也，天下为公"，为"群之始年"，成公天下之意。公天下，一切的力量、东西皆天下人的，"天下乃天下人之天下"。

"见群龙无首"，"大道之行也，天下为公"，天下一家，即天下文化，可约言之，以六个字表达出：行礼运之至德。

下面讲小康。

熊十力《论六经》："孔子所当之世，犹未离据乱，亦不便遽舍六君子之礼教（可参考《礼运》谈'小康'一节。小康之世，正是封建思想，其礼教即以上下尊卑之名分为主旨），故删定《尚书》，以存六君子之绩，使来者得有所考鉴。"

"今大道既隐，天下为家，各亲其（己）亲，各子其子，货力为己，大人世及以为礼。

"大道既隐"，天下为公之道之不行。

"各亲其亲，各子其子"，各亲己亲，各子己子，"老吾老，幼吾幼"；"货力为己"，货、力皆为自己，经济力量有所不同。

"天下为家"，家天下；"世及以为礼"，世及制，父子相继，兄终弟及。三十年为一世，世代相承以为制度。家天下之制，乱制，永无安宁。

"城郭沟池以为固，礼义以为纪；以正君臣，以笃父子，以睦兄弟，以和夫妇。

熊十力《原儒·附录》："小康礼教，以尊君大义为其重心。此类书法，是其深意所存也。""自汉以迄于清世，治史者皆注重于君臣个人，而于民群变化万端，乃冥然不观其会通，不究其理则。孔子六经之真相不明，而史学亦成为锢人无慧之具。"

设"城郭沟池"，为了防卫，历代建城池、修筑长城。

以礼、义作为纲纪，乱制下的礼法制度，在"正君臣、笃父子、睦兄弟、和夫妇"。

"以设制度，以立田里，以贤勇知，以功为己。

熊十力《论六经》："'以功为己'一语，揭穿人类罪恶……以功为己，则阴阳交竞，同以兵自毁，是佛氏所谓'众生颠倒'也。"

"故谋用是作，而兵由此起。禹、汤、文、武、成王、周公，由此其选也。

"谋"，谋略、权谋等；"兵"，战争。历代战乱不已，太平日子不多。

"至禹而德衰"，禹开"家天下"之局，夏、商、周三代，"禹汤文武成王周公"，为"小康"代表，称其为"六君子"，可谓公道之语。"由此其选也"，是小康之最。孔子只以"六君子"为小康之最，并无说其为圣或贤。

自此可见，"六君子"实与"尧舜"有别。《中庸》以舜为"大孝"，为国家民族尽孝；以武王为"达孝"，家天下为祖宗尽孝，武王继文王"翦商之志"。

文王在孔子看来是"小康之最"，评《武乐》："尽美矣，未尽善矣。"赞美文王，因为他没有真当皇帝，没做缺德事，乃以文王作为"小康"的代表人物。

尧舜，则为"大同"的代表。《春秋》"拨乱反正，乐道尧舜之道"。

"此六君子者，未有不谨于礼者也。以著其义，以考（成）**其信，著有过，刑**（法）**仁讲让，示民有常**（常道）**。**

"礼"，示豊。豊，行礼之器。本义：举行仪礼，祭神。礼器，古时祭祀用的各种器物，如鼎、簋、觚、钟等。《说文》云"礼，履也"，行也，立于礼，礼法，礼节。"礼也者，理也"（《礼记·仲尼燕居》），天理之节文。

"谨于礼"，讲让，让为礼之实。小康以"礼义"控制天下人，为其一家尽忠。"六君子"，小康之最，"谨于礼，以着其义"。

"如有不由此者，在势者去（黜）**，众以为殃。是谓小康。"**

"小康"，小安也。历代皆有小安的局面。"其人存，则其政举；

其人亡，则其政息"（《中庸》），一治一乱，在治乱循环中。

言偃复问曰："如此乎礼之急也？"

《正义》："夫子所云三王得礼则兴，失礼则亡，故云'礼之急'也。"

孔子曰："夫礼，先王以承天之道，以治人之情，故失之者死，得之者生。

承天之道以立礼，"礼，天理之节文也"。

以礼治人之情，"约之以礼"，则情之发即礼，礼之发亦情，情即性，性即情。"博学于文，约之以礼，亦可以弗畔矣夫"（《论语·颜渊》）。

"立于礼"，"不学礼，无以立"。人都喜看不正经的事，"非礼勿视"，谈何容易！

"非礼勿视"，视之法，法即礼，礼法。内治反礼以正身，以义正己。开始用脑时，一动念就有思想，但必约束之，使之尽量合乎法则。

"《诗》（《国风·相鼠》）**曰：'相**（看）**鼠有体，人而无礼。人而无礼，胡不遄**（chuán，速）**死？'**

《韩诗外传·卷三》："为上无礼，则不免乎患；为下无礼，则不免乎刑。上下无礼，胡不遄死！"

"是故夫礼必本于天，殽（xiào，效）于地，列（等）于鬼神，达于丧、祭、射、御、冠、昏、朝、聘。故圣人以礼示之，故天下国家可得而正也。"

"礼必本于天"，礼者，天理之节文。《论语·八佾》："林放问礼之本。子曰：'大哉问！礼，与其奢也，宁俭。丧，与其易也，宁戚。'""人而不仁，如礼何？人而不仁，如乐何？"据乱世，一切拨之以礼，即"约之以礼"。

大陆世家，均有家学。官世，世代公卿，门第，三代状元者多；学亦世，世代经学，刘师培家传《左传》，有家学渊源，传家子世代相承，学识、地位皆相传，称"世家子"。

昔人以"人先造死，后造生"教子，说人一生所用皆有定数，如早用完就早走，教小孩要惜福！

今天已无门第。但家必要树立一制度，树立家风，自己以身作则，持己功夫必要够，"型于寡妻，至于兄弟"（《诗经·大雅·思齐》），并不影响感情，家中每人相敬如宾，如"晏平仲善与人交，久而敬之"《论语·公冶长》，交久，还能互敬。

从自己开始树立，"身教重于言教"，孩子多读书，气质必然不同。不必天天告诉他怎么做。

言偃复问曰："夫子之极言礼也，可得而闻与？"

《正义》："言偃既见孔子极言礼，故问其礼之终始，可得闻不（否）？"

礼　记
271

孔子曰："我欲观夏道，是故之（往）杞（夏朝之后），而不足征（验证）也，吾得《夏时》焉。我欲观殷道，是故之宋（商朝之后），而不足征也，吾得《坤乾》焉。《坤乾》之义，《夏时》之等，吾以是观之。

"周监于二代"，"夏礼，吾能言之，杞不足征也；殷礼，吾能言之，宋不足征也。文献不足故也。足，则吾能征之矣"（《论语·八佾》）；"殷因于夏礼，所损益，可知也；周因于殷礼，所损益，可知也。其或继周者，虽百世，可知也"（《论语·为政》）。

"夏时"，夏历，尧之历，与自然环境之运很相合，孔子"行夏之时"（《论语·卫灵公》）。

"坤乾"，殷易，以坤为首，《归藏易》；"乾坤"，《易经》，以乾为首。

"夫礼之初，始诸饮食。

"人之异于禽兽者，几希"，不懂礼时，饮食相争，连母子亦争；不争，乃懂得礼了。中国人特重自然之演进，礼法亦如此。

礼，开始于饮食，因最为切己，能用智慧调节七情六欲。人的欲望无穷，必以礼约束，"约之以礼"，"立于礼"，按礼行事，从小受严格的训练，不做不合理的事。"人有礼则安，无礼则危"（《礼记·曲礼》），"好色而无礼则流，饮食而无礼则争，流争则乱"（《春秋繁露·天道施》），皆不中礼。

《礼记·坊记》："敬则用祭器。故君子不以菲废礼，不以美没礼。故食礼：主人亲馈，则客祭；主人不亲馈，则客不祭。故君子苟无礼，虽美不食焉。"时代愈演进，愈知道礼。

"其燔（fán，烧）黍捭（bǎi，两手横击）豚，污尊（酒器）而抔（póu，手捧）饮，蒉（kuài，抟土）桴（fú，鼓槌）而土鼓，犹若可以致其敬于鬼神。

人死曰"鬼"，《尔雅》云"鬼，归也"；有遗爱在人曰"神"。祭家鬼，享鬼神。

"及其死也，升屋而号（抟土），告曰：'皋某复。'然后饭腥而苴（青麻的子实）孰，故天望而地藏也。体魄则降，知气在上，故死者北首，生者南乡（向），皆从其初。

《正义》："谓今世饭腥苴孰，与死者北首生者南乡之等，非是今时始为此事，皆取法于上古中古而来，故云'皆从其初。'"

"北首南向"，今天仍是，可见缘于古时。

中国大小衙门，均面南，"雍也可使南面"（《论语·雍也》），南面为君。

"昔者先王未有宫室，冬则居营窟，夏则居橧（zēng）巢（用柴薪架屋）。未有火化，食草木之实，鸟兽之肉，饮其血，茹其毛；未有麻丝，衣其羽皮。

古时茹毛饮血，以兽皮为衣。

"后圣有作（起），然后修火之利，范金（铸器），合土，以为台榭（xiè，筑于高台或水面上）、宫室、牖（yǒu，窗）户；以炮（裹烧）以燔（加于火上），以亨（烹）以炙（烤），以为醴（lǐ，甜酒）酪；治其麻丝，以为布帛。以养生送死，以事鬼神上帝，皆从其朔（初）。

"故玄酒（水）在室，醴、盏（zhǎn）在户，粢（zī，小米）醍（tí，酥酪）在堂，澄（清）酒在下。陈其牺牲，备其鼎、俎，列其琴、瑟、管、磬、钟、鼓，修其祝、嘏（gǔ，主人飨神之辞），以降（迎）上神与其先祖，以正君臣，以笃父子，以睦兄弟，以齐上下，夫妇有所。是谓承天之祜。

庙，祭后殿，祭其父母，再祭正殿。

公主出嫁，给胭脂地。旧社会有一定的制度，只要不出毛病，按年资升官，有一定之升迁，故曰"行政"。

能用人智慧，其智必超人一等。如调节七情六欲，很重要！天下事非用武力能解决的，无论国事、家事皆如此，以柔能克刚，亦即以礼克刚。

"作其祝号，玄酒以祭，荐其血毛，腥其俎，孰其殽（骨体）。与其越（huó，结）席，疏布（粗布）以幂（覆），衣其浣帛（祭服用帛）；醴、盏以献（献祭），荐其燔、炙。君与夫人交献，以嘉（善）魂魄。是谓合莫。

"合莫"，祭祀时，祭者通过进献祭物，与所祭鬼神相感通。

"然后退而合亨（合左右体而亨），体其犬豕牛羊，实其簠（fǔ）簋、笾、豆、铏（xíng）羹，祝以孝告，嘏以慈告。是谓大祥（善）。

此礼之大成也。"

祭祀，有一定礼仪、程序。中国古时，祭政合一。

孔子曰："於（wū）呼哀哉！吾观周道，幽、厉伤之，吾舍鲁何适矣？鲁之郊、禘，非礼也。周公其衰矣！

《正义》："言子孙不能承奉兴行周公之道，故致使郊牛有害，卜郊不从。"

"杞之郊也，禹也；宋之郊也，契也。是天子之事守也。故天子祭天地，诸侯祭社稷。

存三统。

"祝、嘏莫敢易其常古（旧法），是谓大假（福）。祝、嘏辞说，藏于宗、祝、巫、史，非礼也。是谓幽（幽暗不明）国。盏、斝（jiǎ）及尸君，非礼也。是谓僭（僭礼）君。

《正义》："天子有六代之乐，王者之后，得用郊天，故知唯天子王者之后得用之，其余诸侯用时王之器而已。此盏、斝谓祭祀尸未入之时，祝酌奠于铏南者也。故《郊特牲》云'举斝角'是也。若寻常献尸，则用王爵耳。"

"冕、弁、兵、革藏于私家，非礼也。是谓胁君。大夫具官，祭器不假，声乐皆具，非礼也。是谓乱国。

"大夫具官"，空居官位，尸位素餐，不得其用。

"故仕于公曰'臣'，仕于家曰'仆'。三年之丧，与新有昏者，期不使。以衰裳（期不使）入朝，与家仆杂居（与新有昏者）齐齿，非礼也。是谓君与臣同国。故天子有田以处其子孙，诸侯有国以处其子孙，大夫有采以处其子孙。是谓制度。

此乱制，家天下之制。

熊十力《论六经》："《礼运》'小康'一节中，'以设制度，以立田里'，而后文有云'故天子有田，以处其子孙；诸侯有国，以处其子孙；大夫有采，以处其子孙，是谓制度'，据此，可见古代，天子以其邦畿千里之田为己有，子孙养于斯，诸侯于其国内之田，大夫于其采地之田，皆然。而天下最大多数农民，则皆天子、诸侯、大夫之奴隶耳。天子、诸侯而贤也，则能念农奴之疾苦，而宽其赋役，民可乐生；居上者不贤，则横行剥削，而民无死所，《苕华》之诗，有'不如无生'之叹！岂独王畿之民为然乎？王朝采诗之制，当始自周公，此意甚善，然后王行之，或成具文。至平王晚年，则此事已废。"

"故天子适诸侯，必舍（止）其祖庙，而不以礼籍入，是谓天子坏法乱纪。诸侯非问疾吊丧，而入诸臣之家，是谓君臣为谑（戏谑）。是故礼者，君之大柄也。所以别嫌明微，傧（敬）鬼神，考制度，别仁义，所以治政安君也。故政不正则君位危，君位危则大臣倍（背），小臣窃。刑肃而俗敝，则法无常，法无常而礼无列，礼无列，则士不事也。刑肃而俗敝，则民弗归也。

是谓疵国。

"士者，事也"，士不事，不能尽责从事。

"故政者，君之所以藏身也。是故夫政必本于天，殽以降命。命降于社之谓殽地，降于祖庙之谓仁义，降于山川之谓兴作，降于五祀之谓制度。此圣人所以藏身之固也。故圣人参于天地，并于鬼神，以治政也。处其所存，礼之序也；玩其所乐，民之治也。故天生时而地生财，人，其父生而师教之。四者君以正用之，故君者立于无过之地也。

"故君者所明也，非明人者也；君者所养也，非养人者也；君者所事也，非事人者也。故君明人则有过，养人则不足，事人则失位。故百姓则君以自治也，养君以自安也，事君以自显也。故礼达而分定，故人皆爱其死而患其生。故用人之知（智），去其诈；用人之勇，去其怒；用人之仁，去其贪。故国有患，君死社稷谓之大义，大夫死宗庙谓之变。

上面所言，皆乱制。

"故圣人耐（能）以天下为一家，以中国为一人者，非意之也，必知其情，辟（开）于其义，明于其利，达于其患，然后能为之。

《韩诗外传·卷二》："圣人以己度人者也。以心度心，以情度情，以类度类，古今一也。类不悖，虽久同理。故缘性情而不迷也。"

礼　记
277

"天下为一家，中国为一人"，天下这个大家庭，中国是其中的一员。

中国人真有伟大的抱负，华夏，世界、宇宙，视"天下为一家，中国为一人"，一人即一员，为家族中之一成员。达"安仁"的境界，"安仁者，天下一人"，没有分别心。

"非意之也，必知其情"，这不是臆想的，必通德类情。"通天下之志"，"正其义不谋其利"，才能"除天下之患"，而达"天下一家，中国一人"，大同。

真有此思想，每天多精神！压根儿就没有产生"大盗式圣人"的环境。

但是，受旧思想的传染太深了，要马上去掉可是不易，连孔门的子路、子贡亦如此，常用旧思想质疑老师。

《论语·宪问》："子路曰：'桓公杀公子纠，召忽死之，管仲不死。'曰：'未仁乎？'""子贡曰：'管仲非仁者与？桓公杀公子纠，不能死，又相之。'"

下面治七情、修十义，归结"君仁臣忠"，可能是汉儒所加，与上文有出入。

"何谓人情？喜、怒、哀、惧、爱、恶、欲，七者弗学而能。何谓人义？父慈、子孝、兄良、弟弟、夫义、妇听、长惠、幼顺、君仁、臣忠，十者谓之人义。讲信修睦，谓之人利；争夺相杀，谓之人患。故圣人之所以治人七情，修十义，讲信修睦，尚辞让，去争夺，舍礼何以治之？

小康世讲"礼让"，以礼治国。

去争，《论语·八佾》："君子无所争。必也射乎！揖让而升，下而饮。其争也君子。"是君子之争。

"饮食男女，人之大欲存焉；死亡贫苦，人之大恶存焉。故欲恶者，心之大端也。人藏其心，不可测度也。美恶皆在其心，不见其色也，欲一以穷之，舍礼何以哉？

"饮食男女"，无饮食、无男女，则不能衍生，有别于七情六欲，故曰"人之大欲存焉"。

得多少文化了，才想到"天理之节文"是礼？追自源（元）一食。"食、色，性也"，"人之大欲存焉"，不必人教。色，要讲，不是不可以讲，是与生俱来的事。婴儿"未知牝牡之合而朘（zuī，男孩生殖器）作（翘起）"（《老子·第五十五章》），这些观念，多引人入胜！

自食、色奠定一切的文化、思想，是有生能力的都懂得食、色。从根儿上想，用古圣先贤的智慧启发我们，古人思想之丰富！

"故人者，其天地之德，阴阳之交，鬼神之会，五行之秀气也。故天秉阳，垂日星；地秉阴，窍（孔）于山川。播五行于四时，和而后月生也。是以三五而盈，三五而阙。五行之动，迭相竭也。五行、四时、十二月，还相为本也。五声、六律、十二管，还相为宫也。五味、六和、十二食，还相为质也。五色、六章、十二衣，还相为质也。故人者，天地之心也，五行之端也，食味、别声、被色而生者也。

"故圣人作则，必以天地为本，以阴阳为端，以四时为柄，以日星为纪，月以为量，鬼神以为徒，五行以为质，礼义以为器，人情以为田，四灵以为畜。

"礼义以为器"，礼义可以树立大本；法可以救急，而不可以为本。"圣人作则"，法因时而施。

"人情以为田"，人之情一也，必以人的尊严为，以耕耘之，"以人治人，改而止"，故能成功。"田"，有立身之义。"民胞物与"，故有情，能行仁也。以人情为田，百世耕之。

"以人治人，改而止"，用人之道、人之德、人之行来治人，乃能与人打成一片。"以人治人"，最后"仁者无敌"。

"以天地为本，故物可举也；以阴阳为端，故情可睹也；以四时为柄，故事可劝也；以日星为纪，故事可列（次序）也。月以为量，故功有艺（才）也；鬼神以为徒，故事有守也；五行以为质，故事可复也。

以"金、木、水、火、土"为本，万物为五行。

"礼义以为器，故事行有考（成）也；人情以为田，故人以为奥（主）也；四灵以为畜，故饮食有由（用）也。何谓四灵？麟、凤、龟、龙，谓之四灵。故龙以为畜，故鱼鲔不淰（shěn，惊走）；凤以为畜，故鸟不獝（xù，惊飞）；麟以为畜，故兽不狘（xuè，惊跑）；龟以为畜，故人情不失。故先王秉蓍龟，列祭祀，瘗（yì，埋）缯（zēng，帛），宣祝嘏（gǔ，福）辞说，设制度。故国有礼，官有御，事有职，礼有序。

"故先王患礼之不达于下也，故祭帝于郊，所以定天位也；祀社于国，所以列地利也；祖庙，所以本仁也；山川，所以傧（bīn，敬）鬼神也；五祀，所以本事也。故宗祝在庙，三公在朝，三老在学，王前巫而后史，卜筮瞽（gǔ，乐师）侑（yòu，四辅）皆在左右。王中心无为也，以守至正。故礼行于郊而百神受职焉，礼行于社（社神）而百货（金玉之属）可极焉，礼行于祖庙而孝慈服焉，礼行于五祀而正法则焉。故自郊、社、祖庙、山川、五祀，义之修而礼之藏也。

"是故夫礼，必本于大一（太极），分而为天地，转而为阴阳，变而为四时，列而为鬼神。

礼尚往来，绝对是平等的，朋友以礼相与，士以信相考。轻诺寡信，最后无人相信。

"其降曰'命'，其官于天也。夫礼必本于天，动而之地，列而之事，变而从时，协于分艺。其居人也曰'养'，其行之以货、力、辞让、饮食、冠、昏、丧、祭、射、御、朝、聘。

"协于分艺"，分工合作，各有专才，才能成事。

"联"，成其形而成其为用。"人事协于分际"，实际皆有关系，协在于分际中发挥作用。"礼之用，和为贵"，礼皆有分际，当之为贵。

"故礼义也者，人之大端也。所以讲信修睦，而固人之肌肤之会，筋骸（筋骨）之束也；所以养生送死事鬼神之大端也；

所以达天道，顺人情之大窦（孔穴）也。

"故唯圣人为知礼之不可以已（止）也。故坏国、丧家、亡人，必先去其礼。故礼之于人也，犹酒之有蘖（niè，酒曲）也，君子以厚，小人以薄。

"故圣王修义之柄（把柄），礼之序，以治人情。故人情者，圣王之田（人情以为田）也，修礼以耕之，陈义以种之，讲学以耨（nòu，耕作）之，本仁以聚之，播乐以安之。

"故礼也者，义之实也。协诸（之于）义而协，则礼虽先王未之有，可以义起也。

礼，永远是个准则，其方式要"以时为上"，"礼，时为大"（《礼记·礼器》），要随时而转，不是要恢复旧的。

《易经》赞"随时之义大矣哉！"时之用大矣哉！时大矣哉！时用大矣哉！时，刹刹生新，"当其可之谓时"（《礼记·学记》），"圣人不能生时，时至而不失之"，"时乘六龙以御天"（《易经·乾卦》）。

《论语》"学而时习之"，学能时习之。时习，必知时、识时，才能用时。有"时习"的工夫，才能"裁成辅相"，"智周万物，道济（助）天下"。

"礼云礼云，玉帛云乎哉"（《论语·阳货》），重要的是礼之义，"义者，宜也"，宜于时、宜于事，"协诸义而协"，"协和万邦"。

礼，"可以义起也"，变而从时，随时制宜。"麻冕，礼也。今也纯，俭，吾从众。拜下，礼也。今拜乎上，泰也。虽违众，吾从下。"（《论语·子罕》）

《论语·八佾》:"子曰:'夏礼,吾能言之,杞不足征也;殷礼,吾能言之,宋不足征也。文献不足故也。足,则吾能征之矣。'"

损益之道,损益不是执一。"持满之道,抑而损之","聪明睿智者,守之以愚;博闻强记者,守之以浅。夫是之谓抑而损之"(《韩诗外传·卷三》)。

"礼,时为大",不合时者损之,合时者益之,适时、合时,"礼也者,义(宜)之实也",所以"可以义起也"。

"义者,艺之分,仁之节也。协于艺,讲于仁,得之者强。仁者,义之本也,顺之体也,得之者尊。

"故治国不以礼,犹无耜(sì,翻土工具)而耕也;为礼不本于义,犹耕而弗种也;为义而不讲之以学,犹种而弗耨(除草)也;讲之以学而不合之以仁,犹耨而弗获也;合之以仁而不安之以乐,犹获而弗食也;安之以乐而不达于顺,犹食而弗肥也。

"四体既正,肤革(皮肤)充盈,人之肥(肥美,盛也)也。父子笃,兄弟睦,夫妇和,家之肥也。大臣法,小臣廉,官职相序,君臣相正,国之肥也。

"天子以德为车,以乐为御。

"车",载重致远;"御",赶车,双手必平,不能乱斜,按目标而行。

孔子"吾执御矣"(《论语·子罕》),"时乘六龙以御天",最高的境界,御天下,"成于乐"。

"诸侯以礼相与(善),大夫以法相序,士以信相考(查核),

礼　记

283

百姓以睦相守，天下之肥也。是谓大顺。大顺者，所以养生、送死、事鬼神之常也。故事大积焉而不苑（胶着），并行而不缪（违背），细行而不失，深而通（无阻），茂而有间（间隙），连而不相及也，动而不相害也，此顺之至也。故明于顺，然后能守危也。

"茂而有间"，树叶无论怎么茂，叶间仍有空间。天下事亦同，细看皆有间。

理繁自间，只要有间，就有下手处。游刃有余，优游自在。

不学做事，就不知怎么处理事情。缝、间、距离，下手处。

"故礼之不同也，不丰（多）也，不杀（shài，减）也，所以持情而合危也。故圣王所以顺，山者不使居川，不使渚（zhǔ，小洲）者居中原，而弗敝（败坏）也。用水、火、金、木、饮食必时。

"饮食必时"，"不时，不食"。

"合男女、颁爵位必当年、德，用民必顺。故无水旱昆虫之灾，民无凶饥妖孽之疾。

"故天不爱其道，地不爱其宝（宝藏），人不爱其情。故天降膏露（甘露），地出醴泉（甘泉），山出器、车，河出马图（河图洛书），凤凰、麒麟，皆在郊薮（sǒu，通"薮"，草泽地），

"龟、龙在宫沼（zhǎo，池），其余鸟兽之卵胎，皆可俯而窥也。则是无故，先王能修礼以达义，体信以达顺故。此顺之实也。"

二、学　记

郑玄："名《学记》者，以其记人教学之义。"

程子："《礼记》除《中庸》《大学》，唯《学记》《乐记》最近道。"

朱子："此篇言古者学校教人传道授受之次序，与其得失兴废之所由。"

发虑宪（法），**求善良，足以谀**（xiǎo，小也）**闻**（wèn，声闻），**不足以动众。**

"虑"，《说文》云："谋思也。"思有所图，虑深通敏。

"宪"，悬法示人。观于法象，使人晓然知不善之害。接于目，怵于心，凛乎不可犯也。

"发虑宪"，"宪"作动词，约束思想，使合乎法则，思不出己位。

人开始用脑时，一动念就有思想，但必约束之，使之尽量合乎法则。

"非礼勿视"，为视之法，法即礼，礼法，因为情性不稳，才有礼。"立于礼"，"不学礼，无以立"（《论语·季氏》），人都喜看不正经的事，批评，证明你看了，"非礼勿视"谈何容易！

借外力做事，绝对失败。造就自己，必要懂"发虑宪"。人的欲望无穷，必用礼法约束，"约之以礼"。早晚读书，必头脑清楚。人嘴三层皮，说什么不必管，一切在自己。烟、酒皆于人无益，年轻不要自找麻烦，不要天天埋在欲中，嗜欲深者天机浅。

"求善良"，性善之良，出诸本心而无伪。"在家靠父母，出门靠朋友"，必亲近善良之士，要求善良，本性良者，性善之士，本质醇厚。

读书愈多，愈会作伪，成伪君子！小老百姓的环境单纯，没机会做坏事。不能完全用手段、伪貌，但能久假而不归，焉知其非仁也？

"足以谀闻"，小有声誉；"不足以动众"，不能感动众人。因为人的智能都差不多，忠厚者多想几天也会明白。

成功者必有所立，好要小聪明者不会有成。自做事伊始，必要好好立身。立身行道，大小事皆如此。

要立信用，包含太多。太太与你最近，太太不相信，家中能太平？如太太都不信你，社会上更没有人信你了！父子之间都得立信，不立信都不敬你，大小事一也。

立身行道，做事必有别人，一人不能成事。朋友没法批评你，但心里自明白。

一步走错，必几年才能转回，经过多少时间。求不失败，不失败就是成功，不必求成功。

家教重要，曾国藩家，到曾约农这代，最不行的还是大学校长。

就（当动词，躬下之）**贤体**（当动词，亲也）**远，足以动众，未足以化民。君子如欲化民成俗，其必由学乎！**

"就贤"，亲近贤德之人；"体远"，"体"本义：身体；引申：体裁、体验、体会。"体群臣，来远人"，近悦远来。

你能体人，人就体你，天下事永远是一比一，只有子女对父母是负数，今正颠倒颠。

暴殄天物，东西不怕吃就怕扔，养成浪费习惯，造孽。一切应以不浪费为原则，买东西恰到好处，不可太过。做人必要守分寸，失了分寸很危险！

立身必要养德，儿孙不必管，全靠德行感。

"化民成俗，其必由学"，"食三老五更于大学"，"乡里有齿，而老穷不遗，强不犯弱，众不暴寡，此由大学来者也"（《礼记·祭义》）。

"化民成俗"，百姓受化，成风俗习惯，但非"日月至焉而已矣"，此必由"学"而来。

学，包含知、行，即觉与效。知行合一即学。学不可以躐等，必按层次，一步步来，登高必自卑，行远必自迩。

玉不琢，不成器；人不学，不知道。

孙希旦："玉之质美矣，然不琢则不成器；人而不学，虽有美质，不可恃也。教学，以大学之道教人，而使学之也。"

"玉不琢，不成器"，璞玉，未经雕琢的玉石。璞玉要使之成器，必经切磋琢磨等几道工序。无价才是宝，黄金有价，玉则无价。

"人不学，不知道"，"道"，方法，不学无术，学就有术。懂术，行出即道。

是故古之王者建国君（动词，领导）**民，教学为先。**

"是故"，因为这样……所以……

"君民"，君者，群也，群之首也；领导民众，修己治人，化民成俗。

"教学为先"，以教学为第一要义。富之，教之，富而后教，富而好礼。

昔尊师，老师对皇帝不称臣。皇帝见老师必作揖，老师可还礼也可不还，其尊如此。"礼失求诸野"，老师非宫人，是学为人处世之道。

《兑命》（《尚书·说命下》）**曰："念终始典**（经）**于学。"其此之谓乎！**

殷高宗梦傅说，求而得之，作《说命》三篇。

"念终始典于学"，"念"，存诸心而不失，念兹在兹；"终始"，终而复始，生生不息。

"典于学"：一、典，经也。使人莫不由乎学。二、典，常也，永久。始终念于学而不舍，以学为长远之道。

虽有嘉肴（鱼肉），**弗**（不）**食，不知其旨**（甘美）**也；虽有至道，弗学，不知其善也。**

"弗学，不知其善"，人而不学，虽具有美质，但不可恃，必学了，才能明理，"文质彬彬，然后君子"（《论语·雍也》）。

"苟不至德，至道不凝焉"（《中庸》），能完全行"至道"者，必是"至德"者。行一分道，人对你有一分认识。

是故学然后知不足（知己之不足），**教然后知困**（知有所不达）。**知不足，然后能自反也；知困，然后能自强也。**

吕大临《礼记解》："人皆病学者自以为是，但恐其未尝学耳。使其果用力于学，则必将自进之不足，而保敢自是哉！"

"学然后知不足"，"学"，乃知行合一。师资于人，才知自己有所不足。"知不足，然后能自反也"，自反，"行有不得，反求诸己"（《孟子·离娄上》）。

"教然后知困"，无以应人之求，"知困"，"困，德之辨也"，"困穷而通"，"困以寡怨"。

"知困，然后能自强"，"天行健，君子以自强不息"（《易经·乾卦》），"困而不学，民斯为下矣"（《论语·季氏》）。

故曰：教学相长也。《兑命》（《尚书·说命下》）**曰："学**（jiào）**学半。"其此之谓乎！**

"学，学半"："学"，一、觉悟，二、教。修身立己，一半；教人致用，一半。"学不厌，教不倦"，成己成人，学之全功。"温故而知新，可以为师矣"（《论语·为政》）。

古之教者，家（里巷）**有塾，党**（乡党）**有庠，术**（郊遂）**有序，国有学。**

《白虎通·辟雍》："古之教民者里皆有师，里中之老有道德者，为里右师，其次为左师。教里中之子弟以道艺、孝悌、行义也。"

家族有书塾，乡党有公学，国家有太学。昔十五岁入太学。致仕后，归教于乡里。

昔"国子监"，讲帝王之学，即治国之道。"辟雍"，天子每年至少讲学一次，戴玉铎，穿常服。

昔一家族有一学校，设在家祠里，小门小户的小孩可到此上课，中午在此吃饭。冬天两餐，夜里读至十二时，中间有餐点心。

比年（每岁）**入学，中年**（间一年）**考校：一年视离经辨志，三年视敬业乐群，五年视博习亲师，七年视论学取友，谓之"小成"。九年知类通达，强立而不反，谓之"大成"。**

为学有一定历程，学思结合，循序渐进。学不躐等，由小成而大成。

"离经辨志"，"离经"，学习句读，可以读书；"辨志"，士尚志，"十有五而志于学"（《论语·为政》）。

"敬业乐群"，专心致志，敬学能群。

"博习亲师"，"多闻，择其善者而从之"（《论语·述而》），"学而时习之"（《论语·学而》），亲师得其教益。

"论学取友"，"以文会友，以友辅仁"（《论语·颜渊》），"朋友切切偲偲"（《论语·子路》），讲学论道。

取友，"知人"为最要义，"知人则哲"（《尚书·皋陶谟》）。自微小处看一人，"君子者乎？色庄者乎？"（《论语·先进》）于日常行事、小事上看一人，故知人最难！搞政治即耍人，谁能把人耍好，谁就成功。

"知类通达"，有识了，遇事知属于哪一类，而能以类类之，知哪一类，一类类聚在一起，物以类聚。万物有情，"类万物之情"（《易经·系辞下》）。如此，就能通、达，通行无阻，"下学上达"。

"强立而不反"，一个人修到某地步了，常有退步时，此时是一大考验，必要立得住，立住自己所修之德业，不违反老师之所教。

人之"志"随"智"转，孔子思想就有三变。志不能一成不变，必有变迁才算进步。

夫然后足以化民易俗，近者说（悦）服而远者怀之（远人来之），此大学之道也。《记》曰："蛾（蚁）子时术之。"其此之谓乎！

化民易俗，近悦远来，"中心悦而诚服也，如七十子之服孔子"（《孟子·公孙丑上》）。

大学，学大，"至大无外"（《庄子·天下》），近悦远来。由积学而成道，"率性之谓道"（《中庸》），"大学之道，在明明德，在亲民，在止于至善"（《大学》）。

"蛾子时术之"，蚁子终日学维生之术，与老蚁时时刻刻学习。

大学始教，皮弁祭菜，示敬道也。

"皮弁祭菜"，"皮弁"，朝服；"祭菜"，"释（设置）菜仪"，行一献礼，礼先圣先师。"示敬道"，示尊师重道，希圣希贤。

《宵（小）雅》肄（习）三，官其始也。

"《宵雅》肄三"，习《小雅》之三，即《鹿鸣》《四牡》《皇皇者华》，升歌之乐，皆宴乐相劳之乐，此为莅官事上之道。

"官其始"，以居官受任之美，诱谕其初志，为国事做事，尽自己的责任。

入学鼓（当动词，击鼓）箧（qiè），孙（同"逊"，敬也）其业也。

"入学鼓箧"，听到鼓声（今学校用钟声），拿出书包，开始上课学习；"孙其业"，敬自己的学业，有心学习才有进益。

夏（jiǎ，榎）、楚二物，收（收敛）其威（威仪）也。

"夏楚二物"，"夏"，榎；"楚"，荆棘：鞭扑、戒尺。

"收其威"，以收学生放荡之心，使之养成有威仪。从小就要养威仪，人必自尊而后人尊之。

昔行完拜师礼，父亲交给老师夏楚，请老师代为管教。严师出高徒。

讲得慢，能吸收，有作用。讲实学，知道就能行，用上。

未卜禘不视学，游其志也。

"禘"，五年之大祭。

"未卜禘不视学"，不到五年，不考其学业，宽其学习的期限，缓缓而进。

"游其志"，优游学子之心志，使之优游有余，不至于感到局促不安。

时观而弗语，存其心也。

"时观而弗语"，初学者，时观而不语，不多话，问东问西。
"存其心"，将所学存之于心。存心，欲其自得之，皆自得也。

幼者听而弗问，学不躐（liè）等也。

"幼者听而弗问"，年有长幼，学有深浅，但听师说，从容涵养之而已。

"学不躐等"，学不越次，循序渐进，按部就班。

此七者，教之大伦（伦序）也。《记》曰："凡学，官先事，士先志。"其此之谓乎！

"官先事"，官者，管也，先做事，从做中学，才懂得其中的道理。先学做那件事，才能管理那件事。

做官，必"先之，劳之"（《论语·子路》），事情做成得犒劳之，不可以吝赏，"小人怀惠"（《论语·里仁》），使百姓内心有无尽的快意。

礼　记

"士先志"，士尚志，以志为尚，"志于道"（《论语·述而》）。

今天像样的人特别少，故有成就者少。道学先生要人做贞洁烈女，自己却有姨太太，造孽！"名教"之败类！先败坏女子的节烈。大男人主义，败名节的多是男人。

人就是人，有人样，说话、做事都有分寸，守分。男子最难守的二关，即"财"与"色"。

想有大成就，必先有守，有守才能有为。"足乎己无待于外之谓德"（韩愈《原道》），皆自得也。尽己之性，将自己的本能毫无保留地发挥出来。

大学之教也，时教必有正业，退息必有居学。

"时"，时过然后学，则勤苦而难成。识时、用时，以时行之，多会支配"时"，故能"应乎天而时行"（《易经·大有卦》）。自此好好深思，看中国教育思想之所在。

"必有正业"，读有用书，不能不务正业。

"退息"，退而燕息，必有燕居之学，"退而省其私，亦足以发"（《论语·为政》），发其所学，与生活结合，知行合一，变成自己的生命之学。

"居"，环境，"居移气，养移体，大哉居乎"，居包含"吃"与"住"。"居相似也"（《孟子·尽心上》），环境影响一个人的气质，家庭环境很重要。

出门要慎交，不要让人看你没气质，"与善人居，如入芝兰之室，久而不闻其香，即与之化矣；与不善人居，如入鲍鱼之肆，久而不闻其臭"（《孔子家语·六本》）。

不学操缦，不能安弦（琴瑟）；不学博依（声之依永），不能安《诗》；不学杂服（事），不能安礼；不兴（兴趣，喜也）其艺，不能乐学。

操缦、博依、杂服、艺，退息之居学。

"不学操缦，不能安弦"，"缦"，奏乐前的引子。"操缦"，郑玄释"杂弄也"，即调音。能调音，使音平、齐、整，才能奏乐。

"不学博依，不能安诗"，"博依"，杂曲可歌咏，郑玄释"广譬喻也"。作诗，必知声音之节奏，与天理、人事之情状，才能善于譬喻。

"赐也，始可与言《诗》已矣！告诸往而知来者"（《论语·学而》），道往明来；"子曰：'绘事后素。'曰：'礼后乎？'子曰：'起予者商也！始可与言《诗》已矣。'"（《论语·八佾》）闻一以知二。

"不学杂服，不能安礼"，"服"，事也；"杂服"，郑玄释"冕服皮弁之属"，孔子曰："吾少也贱，故多能鄙事。君子多乎哉？不多也。"（《论语·子罕》）此君子是与"贱"相对，有地位人家，焉有"多能鄙事"的经验？"礼"，理也，履也；"安礼"，礼者，理也，安于事理之道。事情的经验很重要，做事是在学习经验，多经多验。

"不兴其艺，不能乐学"，"兴"，喜也；"艺"，六艺：礼、乐、射、艺、书、数，皆实用之学，是做事的技术与手段。闲暇无事曰"游"，"游于艺"（《论语·述而》），游心于六艺，才能乐学。游学，"以文会友"。

孔子"不试，故艺"，不为世所用，所以将艺学到境界；"子所雅言,《诗》、《书》、执(艺)礼,皆雅言也"(《论语·述而》),用此教导弟子;"求也艺"(《论语·雍也》),孔子的艺为冉求得去,所以冉求是政治科,不难于从政。

故君子之于学也,藏(受业)**焉,修**(修养)**焉,息**(退息)**焉,游**(休闲)**焉。**

"藏焉",内修的功夫,纳而不出,存之于心,思之思之。一个人的学问没到一定程度,不能讲出去。

"修焉",修养、修身,去己之过。己心不宁,为小过,"过则勿惮改";侵害别人,为大过,大过有害于人。

"息焉",退息知止,玩时也不能过分,有所限制。玩,必有所守之道,知其所止,守本分。

"游焉",游心于六艺,触类旁通,有助于学习。

昔以唱诗词歌赋作为游乐,既可以增加知识,又可以休闲娱乐。就是喝酒,也不可一个人喝闷酒,大家聚在一起,行酒令,诵诗词、行令、押韵、传花……清唱,纯唱诗词,其乐也融融。

夫(启语词)**然**(如此)**,故安其**(己)**学而亲其师,乐其友而信其道。是以虽离师辅而不反也。**

"安其学而亲其师",安己之所学,亲师道而不违背。

"乐其友而信其道",与朋友乐以相交,但信己之道。人有自信,才能有成就,否则,彷徨不知所措,最易为流俗所诱。

"是以虽离师辅而不反",日后,虽是离开老师、朋友了,也不会回到未学前的那个普通样子,因为已经变化气质了。

读书没能变化气质，没有用，学什么要像什么，外交官得有外交官的威仪与素养。

《兑命》曰："敬孙务时敏，厥修乃来。"其此之谓乎！

"敬"，敬事；"孙"，逊，谦逊，"生而不有，为而不恃"（《道德经·第十章》），德而不居，"无伐善，无施劳"（《论语·公冶长》）。

"务"，专心致志，"士尚志"，人贵乎有志，心有所主。每天拼命努力，以达成其志；无志，则终日彷徨无主。

人的智慧、欲与年龄，同一并进，要注意！男人要坏，四十开外。孔子"四十而不惑"，不惑于欲，无欲乃刚，刚健精进。

"时"，识时，先时、治时，有机会才不失时。"敏"，虑深通敏，知是非，对事情的反应特别快。

"厥修乃来"，日新不已，进修之益，自己造就自己。

今之教者，呻（吟讽之声）其佔（chān，视）毕（简），多其讯（问）言，及于数进。

"呻其佔毕"，光是讲书本，或是讲义，照本宣科，皆非自己的体悟。

"多其讯言"，常问初学者一些难以明白的问题，造成学习者的困扰。

"及于数进"，专讲些术数之类，喜谈玄说妙，不敢谈真理。愈没学问的人愈喜讲术数，使人不了悟。

而不顾其安（熟习），使人不由其诚（由诚使人），教人不尽

其材。

"而不顾其安"，也不管学生是否能安于自己所学。

"使人不由其诚"，教人完全不自"诚"入手，既没有真诚，也不尽力教学。

"教人不尽其材"，更不能因材施教，人之材有别，应按其材而教之，方能使学者得益。教人而不能尽其材，则事倍而功半，是整个人材的浪费。

其施之也悖，其求之也佛（同"拂"，不顺其道）。

"其施之也悖，其求之也佛（拂）"，施教时即背道而施，而所追求的也乖戾，不合乎人情。

夫然，故隐（不称扬）**其学而疾其师，苦其难而不知其益**（易）**也。虽终其业，其去之必速。**

学生虽是学了，但既不称扬自己所学，也不喜老师，因为苦其难，而不知所易。所以，学业虽完成了，但是一无所得，也是事实。

教之不刑（同"型"，成也）**，其此之由乎！**

"教之不刑"，"刑于寡妻"，"刑"作"型"，法，成也。由于上面种种原因，教学没有成效可言！

大学之法：禁于未发之谓豫，当其可之谓时，不陵节而施之谓孙（xùn，同"逊"，顺）**，相观而善之谓摩。此四者，教之所**

由兴也。

"大学"，学大，讲大人之学，明治世之道。一个人的成就，端视其对人类的贡献如何。"大学之道，在明明德，在亲民，在止于至善"，止于元，止于性命，率性，人类大同。

"禁于未发之谓豫"，"思患而豫防之"（《易经·既济卦》）。小时的教育重要，蒙时就要教正，"蒙以养正"，则少成若天性，习惯成自然。"蒙以养正，圣功也"（《易经·蒙卦》），多大的成就！

"重门击柝，以待暴客，盖取诸豫"（《易经·系辞下》），一切事情，在未发之前即将之禁住，要防患于未然，才是上策。然一旦事情发生了，就不是三两天能够解决的，应先养精蓄锐，再求解决问题。

"当其可之谓时"，公文批"可"，"当其可"，恰到好处，就是时，"当务之为急"（《孟子·尽心上》）。

做事有一定对象，到哪儿做事，一定要看对象，也得看环境，知时，才能去做。时，太重要了！用，仍必看时而用，"君子而时中"（《中庸》）。吃是为了营养，但是吃多了，仍会出毛病。

"不陵节而施之谓孙（逊）"，应按顺序而施教，知道事应怎么做，有层次，知先后缓急，《大学》所谓"知所先后，则近道矣"！

能尽己之性，就能尽人之性、尽物之性。"中人以上，可以语上也；中人以下，不可以语上也"（《论语·雍也》）。

"相观而善之谓摩"，"观摩"，仔细琢磨、揣摩，从中学习，研究别人之所长，使自己达到最好的境界。

礼　记

"豫、时、逊、摩"四者，"教之所由兴"，此为教育的原则。

发然后禁，则扞（坚不可入）格（坚强）而不胜。

"发然后禁"，事情发生后，再加以禁止，"则扞格而不胜"，成形了，已是坚不可破，很难以改变了！

时过然后学，则勤苦而难成。

"时过然后学"，小时不学，过了学习期，"则勤苦而难成"，就是再怎么勤苦，亦难以有成。朱熹《偶成》："少年易老学难成，一寸光阴不可轻。未觉池塘春草梦，阶前梧叶已秋声。"

为学是渐进的，有一定的层次、进度，不是一步就可以登天。"其进锐者，其退速"（《孟子·尽心上》）。学外国语，必在二十五岁以前，就打好基础。学一种语言，必要花十年、八年的工夫，才能达一境界。

杂施而不孙，则坏乱而不修。

"杂施而不孙"，老师不循序渐进地教学，施教杂乱越节，"则坏乱而不修"，所以学生即使学了，一样也没能修成。

独学而无友，则孤陋而寡闻。

"独学而无友"，必要有同道之友，相互切磋琢磨，才会日有进益，不会孤陋少知。

"孤陋而寡闻"，又怎能有功？自己不能，必要知能、待能、任能、顾能。

人家比你能，就嫉妒？有不明白地方，要时常在一起检讨。要用前人的智慧，启发自己的智慧，因山以为高，使自己的智慧不断增长。

燕朋逆其师，燕辟废其学。

"燕朋逆其师"，交不正当朋友，损者三友："友便辟，友善柔，友便佞"（《论语·季氏》）。游晏之朋，定违背师训。

"燕辟废其学"，不良的习惯，如密友，私下专谈些私亵之事，而将所学废了。好小人之说，导人于淫佚，"群居终日，言不及义"（《论语·卫灵公》）。

此六者，教之所由废也。

有此六者，渐习于僻邪而不自知，能不废学？

要警醒自己：学了，是否有所进步？还是裹足不前，甚至倒退回去？

君子既知教之所由兴，又知教之所由废，然后可以为人师也。

知"教之所由兴"，又知"教之所由废"，然后可以"为人师"。

为人师，谈何容易？经师易得，人师难求！"作之师"，师"配天"，德为贵。

故君子之教喻（晓喻）也，道（导）而弗牵（牵逼），强而弗抑（压抑），开而弗达（尽其说）。道而弗牵则和，强而弗抑则易（自

由发展），**开而弗达则思**（思而得之）。**和、易以思**（自得之益），**可谓善喻矣。**

"道而弗牵"，教书是引导学生，使其乐于学习，而不是牵着他的鼻子走。

"强而弗抑"，"望之俨然，即之也温，听其言也厉"（《论语·子张》），"厉"同"励"，要勉励学生，不可以压制他。

"开而弗达"，是要开导学生，而不是和盘托出，人有自得之益。

"和、易以思"，使学生思而得之，养成独立思考的能力，可说是善于晓喻。

学者有四失，教者必知之。人之学也，或失则多，或失则寡，或失则易，或失则止。此四者，心之莫同也。

学的四失：贪多不求甚解、少得就满足、见异思迁、画地自限。

知其心，然后能救其失也。

"知其心"，"心"，指心理状态，了解学生的心理，才能"长善而救其失"。

学校不是法院，应将学生教好，不可以动辄开除学生。应教导学生改正，不能因一时错误，就判处学生。但是学生也不能因年轻，而故意犯错。

教也者，长善而救其失者也。

"继之者，善也"（《易经·系辞上》），"元者，善之长也"，善的老大，"继之者，善也"，跟着的是善。"成之者，性也"，在人曰性，使我们成的是性。善、性，皆与生俱有的。"成性存存"，"率性之谓道"，成性了，还要存而又存，才是"道义之门"。

"长善"，应使其本有的善渐长，所以教育是启发，不是灌输、填鸭。"人之生也直"（《论语·雍也》），"直在其中矣"（《论语·子路》）。

"救其失"，"救"，是纠正；"失"，放失，失其本心、迷失。要纠正他的失误，"以人治人，改而止"（《中庸》）。教育，是在纠正学生之失，不是法院、军队，动辄记过、体罚学生。

"举善而教不能，则劝"（《论语·为政》），劝勉向善，"遏恶扬善"（《易经·大有卦》）。"举直错诸枉，能使枉者直"（《论语·颜渊》），教育枉者，那得有多大的德行，才"能使枉者直"。

要自根上来，"以善服人者，未有能服人者也；以善养人，然后能服天下"（《孟子·离娄下》）。

善歌者，使人继其声；善教者，使人继其志（圣人之志）。

"善歌者，使人继其声"，四大名旦、名生，均各有传人继其声。人一听，即知唱哪门哪派。

"善教者，使人继其志"，是继圣人之志，不是继教书匠之志，就为赚钱养老婆，焉有志可言？

孔子是善教者，其志在《春秋》，《春秋》拨乱反正，回"大道之行也，天下为公"。善教者，使人继孔子之志。"士尚志"，但非泛泛之志，而是以圣人之志为志，志在人类大同。

其言也约而达，微而臧（善），罕譬而喻（晓），可谓继志矣。

"约"，至约不烦。《春秋》，"约其文辞而指博"（《史记·孔子世家》），其辞"约而达"，乃微言大义之所尚。

欲成就大事之四约：害人之心不可有、防人之心不可无、每天戒备自己、了解时事。

"微"，隐而不显。体微、察微、识微；"臧"，善也。"罕譬而喻"，简单明白，不言而喻。

"继志"，"志在《春秋》"，《春秋》"见之于行事，深切且著明"，是在于行，不在于讲，"行天下之大道"。"《春秋》之义行，则天下乱臣贼子惧焉。"（《史记·孔子世家》）

君子知至学之难易，而知其美恶，然后能博喻。能博喻然后能为师，能为师然后能为长，能为长然后能为君。

"博喻"，广博比喻，而不拘一途。

"为师者"，在长学生之善，而救其失。善，与生俱有的。只要肯学，都有希望，孔子"有教无类"。

"君者，群也"，群之首。为长善救失之人，然后能为君，为群之首。"作之君，作之师，惟曰其助上帝"（《孟子·梁惠王下》），配上帝。君、师是有责任的，配天。读书人家，供"天、地、君、亲、师"。

故师也者，所以学为君也。是故择师不可不慎也。《记》曰："三王、四代唯其师。"此之谓乎！

"师"，领导群众者，"师，众也"，"能以众正，可以王矣"（《易经·师卦》），所以"学为君也"，"君"，群之首，是学当领导。

"唯其师"，故择师必慎。

唯师为尊，称己师"师尊"。"尊师"，别人称你的老师。

凡学之道，严师为难。师严然后道尊，道尊然后民知敬学（敬慎其学）。

"严师为难"，严师难求，能严己身之师，即人师，人师难求。家严，称自己父亲，是家之所敬，不是父亲严厉。

"师严，而后道尊"，为师的能严己身，为人所敬，道才能尊。道，"率性之谓道"，人人皆可率性。"修道之谓教"（《中庸》），教育是人性之教，"克己复礼为仁"（《论语·颜渊》），行仁、为人，皆由己，不由人。

"道尊，然后民知敬学"，师道尊，人才能敬其所学。

是故君之所不臣于其臣者二：当其为尸，则弗臣也；当其为师，则弗臣也。

"尸"，昔祭礼中，代表死者受祭的活人，"主人再拜，尸答拜"（《仪礼·特牲馈食礼》）。

老师称"西席"，师面东，弟子面西。学堂，供圣人牌位。作揖，表示向师敬礼。

大学之礼，虽诏于天子，无北面，所以尊师也。

《韩诗外传·卷三》："故太学之礼，虽诏于天子，无北面，尊师尚道也。故不言而信，不怒而威，师之谓也。"

"礼闻来学，不闻往教"（《礼记·曲礼上》），"匪我求童蒙，童蒙求我，志应也"（《易经·蒙卦》），故曰"求学"，此为教书的规矩。不可求于人，得人来求我，送上门不行。

做学问，"智慧"加上"功力"，故学贵乎慢。老同学说："读了七年书，才懂一个'缓'字。"缓缓而行，行以致远。

读书、做事都要勤，一勤天下无难事。

善学者，师逸（闲逸）**而功倍，又从**（随）**而庸**（功）**之。**

"师逸而功倍，又从而庸之"，老师用逸但功倍，学生从而有所得，歌颂老师之善教。

不善学者，师勤而功半，又从而怨之。

学生若是不自发，专靠老师督促也没用。我对学生说："不好好读书，是祖上无德。"

善问者，如攻（治）**坚木，先其易者**（有其层次）**，后其节目**（渐入难者）**，及其久也，相说**（脱）**以解**（xiè，打开）**；不善问者反此。**

"攻坚木，先其易者"，治学，应自最易者开始，然后渐入节目。读书有一定的层次，做事先自容易的着手，易于有成，也有了信心。

学问绝不可以躐等，读书应按次序读。做学问，应自容易的开始，按深浅次序分类之，依次前进。

不会问学，乱读书，贪多务得，没有层次、秩序，"学而不思则罔，思而不学则殆"（《论语·为政》）。

善待问者，如撞钟，叩（击）**之以小者则小鸣，叩之以大者则大鸣。**

有如撞钟，"叩之以小者则小鸣，叩之以大者则大鸣"，顺乎自然回答问题。

待其从容（从容中道），**然后尽其声**（无所隐）；**不善答问者反此。此皆进学之道也。**

孙希旦："盖非从容，则无沉潜详审之意，而不足以为领受之地故也。"

"待其从容"，有了余韵，从容中道；"然后尽其声"，无所隐藏。

记问之学，不足以为人师。必也其听语乎！力不能问，然后语之；语之而不知，虽舍之可也。

孙希旦："盖其心有愤悱，而力不能问，然后语以发之。语之而不知，则当舍之，以俟其后也。"

"记问之学"，光记住不行，还要能行，形成体系。记诵之学，没有系统可言，用不上，自己都不明白，能够教人明白？

"力不能问，然后语之"，孔子"不愤不启，不悱不发"（《论语·述而》），口欲言，而力不能问，因而开导之。看学生的表情、反应，启发他。

"语之而不知，虽舍之可也"，"举一隅不以三隅反，则不复也"（《论语·述而》），《孟子》所谓"欲其自得之"，《中庸》"皆自得也"。

孔子是启发式教学，要学生举一反三，弟子至少要闻一知二。

良〔善〕冶之子，必学为裘〔狐裘〕；良弓之子，必学为箕〔畚箕〕；始驾马者反之，车在马前。君子察于此三者，可以有志于学〔为学〕矣。

"良冶之子，必学为裘"，良匠冶炼成器，必先学缝合皮衣。

皮的东西不可以晒，要吹风；一晒，易裂。

"良弓之子，必学为箕"，畚箕竹制易成，为做弓之学习入门。

"始驾者反之，车在马前"，小马刚学驾车时，大马在前拉车，将小马置于车后，见习，久之，则会到前头驾车。

有志于学，从最基本开始学，打好基础。小孩在学会走路之前，要先学会爬、坐、站。写字，先练习拿笔，学基本笔法，练"永字八法"，再临摹法书。

为师者当以身作则，身教重于言教。父母亦然，其"言行"往往为小孩学习、模仿的对象，要注意自己日常的一言一行。

后来居上，"后生可畏，焉知来者之不如今也"（《论语·子罕》）？孔子"制《春秋》之义以俟后圣"（《春秋公羊传·哀公十四年》），后圣接着前圣，一棒接着一棒，望着标杆前进。

我要你们"青出于蓝，更胜于蓝"，不要亦步亦趋，要接着讲，不是照着讲。时代不断往前进，要"学而时习之"，"君子而时中"，"豫解无穷"，无穷无尽，生生不息。

古之学者，比物丑类。

"丑"，丑、俦，汇为一类。

"比物丑类"，俦而类之，"五（伍）其比，偶其类"（《春秋繁露·玉杯》），将许多不同的东西，比较出来，一类一类分清楚，比较其异同。以类相比，则学易成。

读书要串在一起，孔子"吾道一以贯之"，用思想串，不是串文字。

鼓无当于五声，五声弗得不和；水无当于五色，五色弗得不章；学无当于五官，五官弗得不治。

"五声"，宫、商、角（jué）、徵（zhǐ）、羽。后来又加上变宫、变徵。

"五色"，白、青、黑、赤、黄。

"五官"，司徒、司马、司土、司空、司寇，行政上"五官"，政府各部门职掌。

"五官不得不治"，当官是管理众人的事，如无学问，就不能治天下。知为官之职责，懂责任之所在，才能做好事情。

昔读书人家订婚，女方给男方精美的《尚书》，寓意"六部尚书"。

师无当于五服，五服弗得不亲。

孙希旦："夫五服之亲，骨肉也。然非有师以讲明其理，则或有不其当亲者，或有知其当亲而所以亲之非其道者。人伦赖师而后明，此师之所以无当于五服，而实在三者之一者也。"

"五服"，斩衰、齐衰、大功、小功和缌麻。"师无当于五服"，老师不在五伦之内，但是没有老师之教，五伦之亲不明，"五服不得不亲"。

老师本无孝服，是服"心丧"三年。《史记·孔子世家》："孔子葬鲁城北泗上，弟子皆服三年。三年心丧毕，相诀而去。"

后来有一定的孝服，亦在伦内，"犹父犹子"（《论语·先进》："回也视予犹父也，予不得视犹子也"，因颜回有亲爸爸在）。所以，师生不可以乱伦。

君子曰："大（天）德不官（治），大道不器（能容），大信不约，大时不齐。察于此四者，可以有志于学矣。"

"大德"，天德，"生而不有，为而不恃"，能生生不息。天德尚公，"天无私覆"。

"官"，《说文》云"吏事君也"，本义：官员，官吏。通"管"，管理，管事；又为"事"，各得其事。"设官分职"，官者，职也，使也，公也。

"大德不官"，大德，天德，不偏治一职之事。

"大道不器"，器，定形、定量、定用，"君子不器"（《论语·为政》），无所不容。

"大信不约"，没有盟约，以"诚"相感。《春秋》"胥命于蒲"，近正，不盟，结言而退。

"大时不齐"，天时不齐，或时以生，或时以杀，春生秋杀。

"有志于本"，士尚志，先立乎其大，故先学大，"大学之道，在明明德，在亲民，在止于至善"。学大，法天，上与天齐，齐天者大，至大无外，无穷无尽。

三王之祭川也，皆先河而后海，或源也，或委也。此之谓务本。

孙希旦："君子之为学，亦必先本而后末也。"

"源"，泉之所出，河源；"委"，尾，即海，水之所尾聚处。由源至流，先本而后末。黄河九曲，终归大海。

"原（源）泉混混（滚滚），不舍昼夜，盈科（坑）而后进"，"夫水者，缘理而行，不遗小间，似有智者；动而下之，似有礼者；蹈深不疑，似有勇者；障防而清，似知命者；历险致远，卒成不毁，似有德者"（《韩诗外传·卷三》）。

"放乎四海，有本者如是"（《孟子·离娄下》），有本有源，循序而进，能平天下之不平，平天下而天下平。

"务本"，"君子务本，本立而道生。孝弟也者，其为仁之本与"

（《论语·学而》），务本，立本，本立了道就生。

"立于礼"（《论语·泰伯》），"不学礼，无以立"（《论语·季氏》），立身行道。"博学于文"了，还得"约之以礼"（《论语·颜渊》），按礼行事，有个规范，受严格训练，不做不合理的事。

你们这一代生活太懒散了，完全不能组织自己、约束自己。

孔子能约束他的弟子以礼，因孔子能"退而省其私"（《论语·为政》），即自己私下善于观察，才能用礼来约束弟子。故弟子不只"博之以文"，还能"约之以礼"。

"博文"而不知"约礼"，是没用的。必"博文"加上"约礼"，才能成功。

我不喜应酬，费时。知识、学问是慢慢长的，哪可一日稍歇？人要为目标而活，有所为而活，每天都不浪费自己，一生不虚度岁月。

你们要及时努力，好好跟上，别临老了，仍一事无成，后悔莫及！

三、乐记之一

郑玄："名《乐记》者，以其记乐之义。盖十一篇合为一篇。"

孙希旦："乐以义理为本，以器数为用。古者，乐为六艺之一。""此篇专言义理，而不及器数。""苟能本其和乐庄敬者以治一身，而推其同和、同节者以治一世。"

孔子"自卫反鲁，然后乐正，《雅》《颂》各得其所"(《论语·子罕》)，证明孔子的音乐修养不得了！"与齐太师语乐，闻韶音，学之，三月不知肉味。"(《史记·孔子世家》)

《史记·孔子世家》："孔子学鼓琴师襄子，十日不进。师襄子曰：'可以益矣。'孔子曰：'丘已习其曲矣，未得其数也。'有间，曰：'已习其数，可以益矣。'孔子曰：'丘未得其志也。'有间，曰：'已习其志，可以益矣。'孔子曰：'丘未得其为人也。'有间，(曰)有所穆然深思焉，有所怡然高望而远志焉。曰：'丘得其为人，黯然而黑，几然而长，眼如望羊，如王四国，非文王其谁能为此也！'师襄子辟席再拜，曰：'师盖云文王操也。'"

"五经"缺《乐经》，《乐经》没了，但乐的哲学仍有。乐之兴衰，历代皆有。今乐，犹古乐。

以《礼记·乐记》做基础，找《廿五史》中有关谈乐处，将历代谈乐的都串在一起。《史记·乐书》谈乐的道理，更为完备。《汉书·乐志》等于乐经。

自《乐记》看中国人如何调和人之闲。闲事一多，就生是非了。看《乐记》和《论语》有关论乐处。

"立于礼，成于乐"，礼乐继世长。音乐改变，人心之改变、人心之所趋。

适逢盛会，必得拨乱反正。依经解经，实事求是。好好讲学，做正经事。要有志，士尚志，强求没有办法。

礼　记

（一）乐论

凡音之起，由人心生也。

论乐本，乐起于人心。

"起"，发生。在天曰命，在人曰性，在身曰心，人心，即人性，亦即天命。"音之起，由人心生"，音由人心生、性生、天命生。

《说文》云："生于心，有节于外，谓之音。"即今之歌。京剧，歌细听，抑扬顿挫，到了化境。

人心之动，物使之然也。

"人心之动，物使之然"，此人心，欲心也；物使之然也，即理学家所谓"外诱之私"。

物使人心动，见好东西，虽不敢说想要，却仍忍不住驻足，多看几眼。物使人心迷，"人心惟危，道心惟微"（《尚书·大禹谟》）。

"物使之然也"，即役于物，为物所役。因不能知所节制，而沉湎于物欲中，乃"不知节也"（《易经·未济卦》）。要重视自己的生存能力，既无分外之财，就必得节俭。

不破坏你的即帮你，绝对没有人帮你。他不能，也得说你更不能。要以能求生存，社会就是需要而有用，必要求之在己，"人一己百，人十己千；虽愚必明，虽柔必强"，净求之于外，折磨特别多。本着良知做事，求人不如求己。

"先迷失道，后顺得常"（《易经·坤卦》），不怕迷，顺性就得常。

感于物而动，故形于声。

"感于物而动"，因物而心动，禁不住发出赞叹，"形于声"。

《正义》："人心既感外物而动，口以宣心，其心形见于声。心若感死丧之物而兴动，于口则形见于悲戚之声；心若感福庆而兴动，于口则形见于欢乐之声也。"

声相应，故生变（变化），**变成方**（格局），**谓之音。**

"声相应"，"同声相应，同气相求"（《易经·乾卦》）。"同心之言，其臭如兰"（《易经·系辞上》），"故生变"，"变化云为"（《易经·系辞下》）。

人的思想、行为、境界尽在言语中，表现于言谈行为中，"一言以为知，一言以为不知"（《论语·子张》），要慎己之言行。

"变成方"，有了规矩格局；"谓之音"，成五音：宫、商、角、徵、羽。

比音而乐之，及干戚、羽旄，谓之乐（yuè）。

同声虽相应，不得为乐，必有异声相应，乃得为乐。"比音而乐之"，"比音"，五音交换位置；"及干戚羽旄，谓之乐"，声容毕具，载歌载舞。中国戏剧，歌、乐、舞合而为一。

中国尚自然、法自然，"人法地，地法天，天法道，道法自然"（《老子·第二十五章》），文化即自自然出。

中国学问必有师承，有一定的规矩。铁杵磨成针，下功夫没不成才的。功夫到，短处就是长处。勤能补拙，天天求己之所阙。早起时间好好利用，一定比人强，"天行健，君子以自强不息"（《易经·乾卦》）。

学问必要下真功夫，做事不能感情用事，用人用其长不用其短。学术这个东西，多活十年，就觉前十年幼稚！

熊十力生在清末今文学盛行之际，成长时有环境，接触而吸收之，无人不知其为今文大师。

"颂其诗，读其书，不知其人可乎？是以论其世也。"（《孟子·万章下》）知人论世，太重要！

乐者，音之所由生也，其本在人心之感于物也。

"音之所由生"，音由人心生，心音，知音，即知心。"其本在人心之感于物"，"观其所感，而天地万物之情可见矣"（《易经·咸卦》）。

所以，要慎己之所感，不要净多愁善感，甚至感情用事。

是故其哀心感者，其声噍（jiāo，焦急，急促）以杀（shài，低沉）。

谈六感。

"噍以杀"，即急促而低沉。

人很悲哀时，声音急而低沉，有悲愤之情。

其乐（lè，欢喜）心感者，其声啴（chǎn，宽裕）以缓。

"啴"，宽裕，宽绰；"缓"，缓不同于慢，如海水缓得如同镜子。

欢欣所感，声音宽缓自在，欢乐在心，恬淡舒缓。

必养德，心宽才能缓。乐以养德，人格的完成，故"成于乐"。

其喜心感者，其声发（昂扬）**以散**（扩散）。

"发"，发扬；"散"，扩散。

遇有喜事，内心喜悦而欢畅，声音必昂扬，而气势蓬勃。

其怒心感者，其声粗以厉（猛烈）。

"粗"，粗野；"厉"，猛烈。

忽遇恶事，恚怒在心，怒气冲天，则粗声粗气，高急而凌物。

其敬心感者，其声直以廉（清楚）。

"直"，"人之生也直"，真；"廉"，清楚，清脆。

若见其尊高，心有所敬畏，严敬在心，直而无隐，声有廉隅，
不邪曲。

其爱心感者，其声和以柔。

若心起爱情，爱心所感，声音和顺柔美，洋溢着温暖幸福。
如父母之爱儿女，温和慈祥。无论如何，虎毒不食子。

六者，非性也，感于物而后动。

六者之动，非性也，乃情也。"喜怒哀乐之未发，谓之中"，
即性；"感于物而后动"，是情。人心之动，情欲之动，很可怕！

"发而皆中节"，为情之中节，情亦性，性亦情。"文质彬彬，

然后君子"，乃人事之中节。

"慎所以感之者"，即慎于未发之前。人心之感，而发为声者，由于政，故"闻其乐而知其政"。

是故先王慎所以感之者。

许多事必然会发生，但可用智慧应付。如人心必会感物而动，而先王用智慧来慎之。

人的欲，自己知，故慎所以感之者。谁都造就不了你，只有你自己造就自己，谁也爱莫能助。何以要慎所以感之者，因为要造就自己。

故礼以道(导)其志，乐以和其声，政以一其行，刑以防其奸。

《论语·泰伯》曰："兴于诗，立于礼，成于乐。"

"礼以道其志"，礼者，履也，理也，立于礼，"道己志"，示己之所履。必用礼来引导己志。

"乐以和其声"，声是本，"比音而乐之"，声下是音、乐等。声乐，是由体到用，言声本，即言到末了。

"和其声"，"发而皆中节，谓之和"，"礼乐纯其美"(《春秋繁露·玉杯》)，和己声，以养己心。

"政以一其行"，"政者，正也。子帅以正，孰敢不正"(《论语·颜渊》)，所以一其行。"道之以政，齐之以刑，民免而无耻。道之以德，齐之以礼，有耻且格"(《论语·为政》)。

"刑以防其奸"，对付奸必用刑方可，奸民必用刑来对付。

作奸犯科必用刑来对付，但对付人民不可用刑。坏人哪有受感化的？必用刑或子弹才可以对付，杀恶人即作善。

礼、乐、刑、政，其极（归）**一也，所以同民心而出治道也。**

"礼、乐、刑、政，其极一也"，礼、乐、刑、政，其归一也。归于一，一于人之性。

"同民心"，同心，志为心之所主，故为同志，"人同此心，心同此理"。

"出治道"，治平之道自此出。

搞政治，"同民心而出治道"，必须同民心，然后有治道，"民之所好好之，民之所恶恶之，此之谓民之父母"（《大学》），即同人心而出治道，治道必须来同人心。

各地的民族性及习性不同，故必"同人心而出治道"。必须懂各地的习性，中国这么大，哪是一个法就可以治的？必得知每一地方之民族习性，再出治道，否则，百姓不会拥护你。

凡音者，生人心者也。情动于中，故形于声，声成文，谓之音。

《正义》："情动于中，而有音声之异。必言音者，乐以音为本，变动由于音也，所以特言音也。"

"喜怒哀乐之未发，谓之中"，中即性。"情动于中"，情自性出，"形于声，声成文"，而有高低长短、抑扬顿挫，成文为音。

有章法了，大块文章，"不成章不达"（《孟子·尽心上》）。

是故治世之音安以乐，其政和；乱世之音怨以怒，其政乖；亡国之音哀以思，其民困。

此言音之义。

郑玄："八音和否，随政也。"

"治世之音安以乐，其政和"，"治世"为名词，太平世，治世之音安和而乐，政通人和。另一断法："治世之音安，以乐其政和"。

《正义》："治世之音，民既安静以乐而感其心，故乐音亦安以乐，由其政和美故也。君政和美，使人心安乐；人心安乐，故乐声亦安以乐也。"

"乱世之音怨以怒，其政乖"，乱世之音乖戾、悖理、反常。另一断法："乱世之音怨，以怒其政乖"。

《正义》："乱世之时，其民怨怒，故乐声亦怨怒流亡，由其政乖僻故也。"

"亡国之音哀以思"，听亡国之音，哀婉而且思郁，其民穷困、疲乏。另一断法："亡国之音哀，以思其民困"。

《正义》："亡国不云政者，言国将灭亡，无复有政，故云其民困也。"

声音之道，与政通矣。

"声音之道，与政通"，"乐其可知也"（《论语·八佾》），听其音知其德。闻其声知其政。

《诗经·兔爰》："我生之初，尚无为；我生之后，逢此百罹。"朱熹："读《诗》者，于一物失所，而知王政之恶。一女见弃，而知人民之困。"

你们听听今天的音乐，其极一也，所以同人心而出治道，故其道与政通矣。

宫为君，商为臣，角为民，徵为事，羽为物。五者不乱，则无怗（zhān）懘（chì）之音（音调不和谐）矣。

谈乐与政的关系。

《史记·乐书》："太史公曰：'弦大者为宫，而居中央，君也。商张右傍，其余大小相次，不失其次序，则君臣之位正矣。故闻宫音，使人温舒而广大；闻商音，使人方正而好义；闻角音，使人恻隐而爱人；闻征音，使人乐善而好施；闻羽音，使人整齐而好礼。'"

若君、臣、民、事、物五者，各得其所，不相紊乱，则五声之响无不和谐，此所谓"八音克谐，无相夺伦"（《尚书·舜典》）。

《周礼·大司乐》："凡建国，禁其淫声、过声、凶声、慢声。"

声与政通，若五音之敝败，则政乱各有所由。

宫乱则荒（散），**其君骄**。

若宫音之乱，则其声放散，是知其国君骄纵，政事荒废。

商乱则陂（倾），**其官坏**（官常败坏）。

商音之乱，则其声欹（qī）斜而不正，是知官常败坏，国有倾覆之虞。

角乱则忧（忧愁），**其民怨**（怨声生）。

角音之乱，则其声忧愁，是知由政虐，民怨声载道，焉能不忧愁？

徵乱则哀，其事勤（劳而无功）。

徵音之乱，则其声哀苦，是知由劳役不休，虽勤劳从事，但劳而无功，不能足其用，当然就哀了。

羽乱则危，其财匮（匮乏）。

羽音之乱，则其声倾危，是知由赋税重，财用匮乏，国能不危？

五者皆乱，迭（互）相陵（越），谓之慢。如此则国之灭亡无日矣。

"迭相陵"，音和音，互相欺凌。心无所主，行无所迹，曰"慢"。五者皆乱，至于迭相凌侮，而为慢者，乃亡国之音也。

行有所迹，乃行有所本。一切不按章法，必定亡国败家。多读一点书，就不会行无所迹而乱搞，才不会亡国败家。

郑、卫之音，乱世之音也，比（近）于慢矣。

张子："郑，卫地滨大河，沙地土薄，故其人气轻浮；其地平下，故其质气弱；其地肥饶，不费耕耨，故其人情怠惰。其人性情如此，其声音亦然，故闻其乐使人解慢。"

音相生相应，即为"和"，不以相生相应，则为"乱"。

"乱世之音也，比于慢矣"，心无所主、行无所迹，如此，则亡无日矣。

桑间濮上之音，亡国之音也，其政散（政教荒散），其民流（流离），诬（罔）上行私而不可止（禁止）也。

昔殷纣使师延作靡靡之乐，武王代纣，师延东走，自投濮水之中。故闻此声，必于濮水之上而闻之。后师涓过焉，夜闻而写之，为晋平公献上。

"桑间"，在濮阳南，春秋时期属于卫国。水之北曰阳，故曰"濮上"。

"其政散"，政教荒散，民不信其政；"其民流"，民自流离，移民别国，流落他乡。

"诬上"，看看今天谁还尊敬老的、长的？"行私"，看看今天年轻人，还在学校就想赚钱。今天即"诬上行私"，痛定思痛才有用。

听现在的靡靡之音，再看看汉朝，能不令人胆战心惊？

凡音者，生于人心者也；乐者，通伦理（律）者也。

谈乐与伦理。

"乐者，通伦理者"，通其伦序，而知理之之道也。知其伦、知其序，然后理之，才能乐之。通乐者，则知天下之伦序。

每天遇事，必知伦，知哪一类，知序，然后理之。不识伦，则不知其序；不知其序，则不知理之之道。

是故知声而不知音者，禽兽是也，知音而不知乐者，众庶是也，唯君子为能知乐。

不细想道理就去干，必出问题。

乐，是"比音而成文"。能"知乐"，才能"成于乐"。

是故，审声以知音，审音以知乐，审乐以知政，而治道备矣。

"审声以知音，审音以知乐，审乐以知政"，审者，察也，入其国知其乐，知其乐以知其政，"而治道备矣"，内圣外王之治道备矣。

是故不知声者不可与言音，不知音者不可与言乐。知乐，则几（近）于礼矣。礼、乐皆得，谓之有德。德者，得也。

孙希旦："乐通伦理，谓其通于君、臣、民、事、物五者之理也。礼、乐之为用虽异，而理则相通，故知乐则几于礼矣。礼、乐皆得，则惟实体其理于身者能之。"

礼者，理也；德者，得也。得行之宜于道也，如此，则是知行合一。

《正义》："乐得则阴阳和，乐失则群物乱，是乐能经通伦理也。阴阳万物，各有伦类分理者也。"

"礼、乐皆得"，而不是礼、乐皆知，礼、乐有德，才是有得，必得之于道、得之于理。此言内圣外王之道。知此，则知如何调欲、节欲。

德者，有得于心也。"见其礼而知其政，闻其乐而知其德。由百世之后，等百世之王，莫之能违也。"（《孟子·公孙丑上》）

至此，归重于"知乐"，以起下章之义。

是故乐之隆（盛），非极（穷）音也。

乐之盛，并不是要将音穷至极境。

惟导民以礼、乐，使其情欲皆顺于礼之序、乐之和，而一乎正当之发展，则人将返于人道之大正，循自然之则，不流于贪染。

食飨之礼，非致味也。

中国是祭政合一，食飨之礼，不在乎其味。

平民祭，用饭及鱼。乡下拜拜，即用饭及鱼。

《清庙》之瑟，朱弦而疏越（瑟底孔），**壹倡**（发歌）**而三叹**（和），**有遗**（不在）**音者矣。**

孙希旦："乐以升歌为始，合舞为终，故乐未尝不极音，而其隆者，则在于升歌清庙，以发明先王之德，而不在于极音也。"

"《清庙》之瑟"，"清庙"，是祭拜最高祖先之处。

最重要的祭典，所重并不在乎音之美，非极耳目也。

"朱弦"，丝弦用蚕丝做成，上抹朱砂。今天用钢弦。

琴家吴文光说："丝弦之美，在其柔韧而长，润泽而宽，清丽而圆，别有一种戛玉之趣、怀古之思。"（《太古琴弦序》）

"失弦疏越"，"越"，指琴下孔洞。练朱丝为弦，练则声浊；疏越，疏通底孔，使声迟。声浊又迟，是素质之声，非要妙之声。

"壹倡而三叹"，一人唱，三人和；"有遗音"，以其贵在于德，令人念念不忘。

大飨（袷祭）之礼，尚玄酒而俎腥（生）鱼，大羹不和（不调以盐菜），有遗（余）味者矣。

"大飨之礼"，"大飨"，袷祭，是最重要的礼；"尚玄酒而俎腥鱼"，"玄酒"，水；"俎"，祭器；"腥鱼"，生鱼。

"大羹不和"，不调以盐菜，没有配料，纯粹用水；"有遗味者"，余味无穷。

是故先王之制礼乐也，非以极口腹耳目之欲也，将以教民平（节）好恶而反（返）人道之正也。

乐不在音，食不在味。乐在于示德，故不极音，而有余于音；礼在于返古，故不极味，而有余于味。

乐，哪是音乐？是政术，闻其乐知其政。

人性最劣处，在"爱之欲其生，恶之欲其死。既欲其生，又欲其死，是惑也"（《论语·颜渊》），故要用礼乐来平好恶。"平好恶"，顺自然，"乐而不淫，哀而不伤"（《论语·八佾》），故不淫、不过分；正心，而后心正，而"反人道之正"。

"教民平好恶"，好恶能有节，而不徇于耳目、口腹之欲。

"反人道之正"，养正，复正，归正。正，乃与生俱有的，《易经·蒙卦》曰："蒙以养正，圣功也。"

惟导民以礼、乐，使其情欲皆顺于礼之序、乐之和，而一由乎正当之发展，则人将返于人道之大正。

有情欲，故心不得正；要"平好恶"，才能正心。"好民之所好，恶民之所恶"，好恶与民同，才是平好恶。政治上只要是同民之好恶，一切都可以解决。

人性固然是善，可是人情之恶，会掩盖人性之善。仁，二人相偶，只要你、我处得好，就是仁；之所以处不好，只在好恶不能平。

人生而静，天之性也。感于物而动，性之欲也。

孙希旦："此节以人之好恶本于性，而流于情者言之。"

"人生而静"，收敛精神，无令散乱；"天之性也"，在天曰命，在人曰性。

"静"，不与"动"对，盖即动即静，但静为动之君，静主乎动。"知者乐水，仁者乐山。知者动，仁者静。"（《论语·雍也》）

"宁静以致远"，智慧生于静，以静制动。才须学，学须静，收敛精神，"学问之道无他，求其放心而已矣"（《孟子·告子上》）。

"感于物而动"，天人交会，天人不二，"物"，缘也；"动"，用也。"性之欲也"，情也，情欲。自然有则而不乱，"天理"之动。

"食、色，性也"，性欲，人人皆需，可节而不可绝，节欲，"可欲之谓善"（《孟子·尽心下》），当其可之欲。

"罪莫大于多欲，祸莫大于不知足，故知足之足，常足矣！"（《韩诗外传·卷九》）

物至知（同"智"）**知**（应接，明），**然后好恶形**（激动）**焉。**

"物至知知"，前一"知"，乃智慧之知，即"乾知大始"（《易经·系辞上》），万物之生秉于知，"致知在格物，物格而后知至"（《大学》），致知而后知至；后一"知"，乃知也，知觉。"物至知知"，物至智明，物来，智慧开，物理明。

　　"物"，含人、事、物。"知知"和"情知"不同，人平常天天只是"情知"。"知知"，好恶形焉，即能"好民所好，恶民所恶"；"情知"，"好民所恶，恶民所好"。尧是"见好就收"。

　　性知，即性智，是与生俱有之智。一个人要用性智，以性智为己智，不可以用情智。"非我不可"，即属于情智。多少人就因"非我不可"而失败。你们都是呆得可爱，满脑子都是单行道，直线条。

**　　好恶无节于内，知诱于外，不能反躬**（身）**，天理灭矣。**

　　熊十力："好恶本有自然之节，唯其不自觉知，无所涵养，而大本不立，是以天则不明于内，外物又从而诱之，此所以流滥放逸而不自知也。"

　　"好恶无节于内"，好、恶没有中节，甚至连个节都没有。

　　"知诱于外"，这是"情知"，好恶无节，情知诱于外，又不能反躬自省，"天理"自然灭矣。

　　每天净为己私，哪里还会关心国家民族？真有所贡献，就必"实至名归"。好名过人，结果成为"剩人""闲人"。人必要有正知正见，要"物至知知"才可。

"知诱于外"，人的欲永远无穷无尽，物之感人无穷，所以人化物，就变成两条腿的畜生。

"反躬"，反身之学，以穷究宇宙真源为根底，观其会通。"清明在躬"（《礼记·孔子闲居》），"不能反躬，天理灭矣"。不可以"情知"来灭"天理"。礼，天理之节文，礼源于天，故曰"天理"。

人一旦为情知所诱，为物所役，什么都没有了，人化为物矣！今天人，什么都有，就是内心没有力量，心往往随物而转，如此，还想开辟时代？嗜欲深者天机浅。今天，看有几人心中有力量？再不改正，必定亡身败家。

夫物之感（感染）人无穷，而人之好恶无节（法度），则是物至而人化物也。

《原儒·原内圣》："夫'人化物'之患，非是'物之感人无穷'所致，实由于人之徒任智以逐物，而不知返己以平情欲，故有人化物之患耳。"

养正念，"上下与天地同流"（《孟子·尽心上》），"独与天地精神往来"（《庄子·天下》）。

"志意修则骄富贵，道义重则轻王公；内省而外物轻矣。传曰：君子役物，小人役于物。"（《荀子·修身》），人能役物，宰制万物，此人之所以为贵也。心有所主，则自有主宰，如何被诱去？

人化物也者，灭天理而穷人欲（极逞其人欲）者也。于是有悖逆诈伪之心，有淫泆（同"逸"，滥也）作乱之事。

熊十力："言物之感人，无有穷尽，而人之好恶，无有节制，故物一至乎人之前，人便为物所引，不能超拔，即失人性。老子言'五色令人目盲，五音令人耳聋'云云，是人失其灵性，而变成顽然之物，故曰'人化物'。"

教育为大本之所在，一旦教育失败了，一切都失败；大本一失，政经绝对跟着混乱，覆亡立致。

复兴中国文化，要从"气节"入手，而不是从读《论语》入手。

民国这一代历史，为中国人永远之借鉴。"悖逆诈伪"，就是一部民国史。

是故强者胁（逼迫）**弱，众者暴**（欺凌）**寡，知**（智）**者诈**（欺骗）**愚，勇者苦**（为难）**怯**（懦弱），**疾病不养，老幼孤独不得其所**（安置），**此大乱之道也。**

"强胁弱，众暴寡，知诈愚，勇苦怯"，胁、暴、诈、苦，皆动词，义同。

给人骂是勇，给人笑是怯，宁勇不可怯。社会上就是"勇者苦怯"，一个人必要可以给人骂，不可给人笑，必要养此气势。

天下就是人吃人，"示怯可以，心怯不可"，示怯，可以把人吃下去。

人必要养勇，不可怯。见什么都怯不行，到哪儿都要打烂仗，勇者不惧人势，"宁可养子叫人骂，不可养子叫人吓"。

是故先王之制礼乐，人为之节。

郑玄："节，法度也，言作法度，以遏其欲。"

《原儒·原内圣》："陋哉玄之言也！作法度以遏人之欲，则专制之独夫所为耳。而谓圣人制礼乐亦如是乎？欲宜平，而不可遏，夫人之所知也，而谓圣人不知遏欲之害，乃制礼乐以遏之乎？"

"制礼乐，人为之节"，以人为之礼乐，使人情之好恶有所节制。节，不是遏，不是绝，是"发而皆中节"，情发得恰到好处。不要把这当文章念，必要玩味，用心体会。

衰麻哭泣，所以节丧纪也。

"衰麻"，服丧之礼；"哭泣"，所以尽其情，"节丧纪"，要有节制，"毁不灭性，不以死伤生"（《礼记·丧服四制》）。

钟鼓干戚，所以和安乐也。

"钟鼓"，为乐；"干戚"，武舞；八佾，文舞。所以"和安乐"，发而皆中节，"乐而不淫"，乐了也不过分。

昏姻冠笄（jī），所以别男女也。

"昏姻冠笄"，昔男二十加冠，女许嫁而笄；"别男女"，婚后"别内外"，分工合作。

射乡食飨，所以正交接也。

射礼，习武贵勇；乡饮酒礼，尚齿，敬有德；食、飨之礼，使交相欢，"所以正交接"，相接之道。

祭祀后，祭品不能丢，故用来请客，叫"福胙"。

礼节民心，乐和民声，政以行之，刑以防之。礼、乐、刑、政，四达而不悖，则王道备矣。

礼、乐、政、刑四者，由天子到庶人都不违背，所以说"四达而不悖"，则"王道备"。"王道"，天下归往之道。

人要多读书，言行中规中矩，鬼都怕你。最可恨的是立法者不守法，法不能行，形同具文。

（二）乐论

乐者为同，礼者为异。同则相亲，异则相敬。乐胜则流，礼胜则离。合情饰貌者，礼、乐之事也。

"乐者为同，礼者为异"，同中求异，异中求同。"同则相亲，异则相敬"。

"乐胜则流"，乐异中求同，乐以和为主，"《乐》之失，奢"，和而无节，易至流荡。

"礼胜则离"，礼同中求异，礼以敬为主，"《礼》之失，烦"，持之以敬，易于疏离。

礼所以节乐，乐之节制不过者即礼，万物得其理而后和、序，内外交养，相反相成。

"合情饰貌"，是礼乐的入手处，"发乎情，止乎礼"。戏剧之所以能动人，即在于合情饰貌。

以"合情饰貌"作为修饰自己的原则。不"合情饰貌"，则男不男、女不女，如狗男女。合情饰貌，难在于如何中节，即如何恰到好处。

礼义立则贵贱等（动词，同等）**矣；乐文同，则上下和矣。好恶著，则贤不肖别**（有别）**矣。**

《原儒·原内圣》："孔子为之礼乐，以导情意于平正，不至狂迷，则天理可以乘权，情意亦得其主，而人生复其性命之大正矣！"

昔嫡庶之分，乃不同母亲所生。"礼义立，则贵贱等"，等量齐观，同等对待。

《春秋繁露·重政》："《春秋》明得失，差贵贱。""差贵贱"，去除贵贱，哪还有贵贱？儒家思想哪有贵贱存在？

"礼义立，则贵贱等"，礼义就在使"贵贱等"，如此，上下才会合。否则，哪里有剥削，哪里就会有反抗。必要没有贵贱，但不可以没有上下，父子就是上下。

孔子之学，在《易经》及《公羊传》，二者互为表里。《易经》"见群龙无首，吉"；"贬天子、退诸侯、讨大夫，以达王事而已矣"（《史记·太史公自序》），即是要达到"贵贱等"，使上下合。

刑禁暴，爵举（用）**贤，则政均矣。**

"刑禁暴，爵举贤"，刑、爵，有大义在，"刑期于无刑"（《尚书·大禹谟》），爵以用贤，"养贤以及万民"（《易经·颐卦》）。

"政均"，政公平，"不患寡而患不均"，"均无贫"（《论语·季氏》）。贵贱要等，政治要均。

仁以爱之，义以正之，如此则民治行矣。

"仁以爱之，义以正之"，"立天之道，曰阴与阳；立地之道，曰柔与刚；立人之道，曰仁与义"（《易经·说卦传》），"仁之法在爱人，不在爱我；义之法在正我，不在正人"（《春秋繁露·仁义法》），仁爱人、义正己，则"人人皆有士君子之行"（《春秋繁露·俞序》），"如此，则民治行矣"。

重视自己到无求，人到无求品自高。他求你，你才能照己意行，白搭可不行！

你对人家坏，人家心里自然明白。人生知己，二三人而已矣，不必海交，"朋友信之"（《论语·公冶长》），朋友以信相交。知足常乐，能忍自安。

乐由中出，礼自外作。乐由中出，故静；礼自外作，故文。

谈礼乐之效。

"乐由中出"，"喜怒哀乐之未发，谓之中"（《中庸》），性也，人生而静，不散乱。

"乐以和性"，"乐以道（导）和"（《庄子·天下》），引发人性之和，发而皆中节，情即性，性即情。听音乐以养性，日习乐以养性。你们有无每日听音乐？养性，才能变化气质，"成于乐"。

"礼自外作"，"礼以道（导）行"（《庄子·天下》），"不学礼，

礼　记

335

无以立"（《论语·季氏》）。"约之以礼"（《论语·颜渊》），周旋中礼，"动容貌，斯远暴慢矣；正颜色，斯近信矣；出辞气，斯远鄙倍矣"（《论语·泰伯》），"立于礼"，立身行道。

"礼自外作故文"，外面事太复杂了，要理一理，"文"，"合情饰貌"，行为、言行、服饰皆须合情饰貌，"文质彬彬，然后君子"（《论语·雍也》）。

"合情饰貌者，礼乐之事也"，"礼也者，反其所自生；乐也者，乐其所自成"，"立于礼，成于乐"，故"观其礼乐，而治乱可知也"（《礼记·礼器》）。

国家政治也要合情饰貌，做事合情饰貌即体用合一。

大乐必易，大礼必简。

"大乐必易"，"乐"，自一个音始；"大礼必简"，孝也。"易、简"，出自《易经·系辞上》，即乾坤、阴阳、男女之道。

《周易》言"乾、坤"，《殷易》言"坤、乾"，即《归藏》。多读书，才能明白思想之由来与演变。

"易、简"，真情流露，出于至诚，"礼云礼云，玉帛云乎哉？乐云乐云，钟鼓云乎哉？"（《论语·阳货》）"礼者，履也"，"言而履之，礼也；行而乐之，乐也"（《礼记·仲尼燕居》）。

"乾知大始，坤作成物；乾以易知，坤以简能"，坤顺承乾，故要简能。"易则易知，简则易从"，"易简而天下之理得矣"（《易经·系辞上》），天下"易简之理"得，而"成"位乎其中矣！立于礼，成于乐。

乐至则无怨，礼至则不争。揖让而治天下者，礼乐之谓也。

"至"，无所不至。乐无所不至，乐以和性，故"不怨"；礼无所不至，礼以节之，故"不争"。

中国人写文章不用重复字词，也不用"而、且、并"等虚字来连接句子，否则气不畅。

"乐至则无怨"，乐以和性，"成于乐"，"求仁而得仁，又何怨？"（《论语·述而》）

"礼至则不争"，"辨上下，定民志"（《易经·履卦》），上下辨，而民志定，定、静、安、虑、得，皆自得也。

"揖让而治天下者"，让为礼之实，以让化争，故不争，无为而治，"恭己正南面而已矣"（《论语·卫灵公》），敬己行事，素己位而行。

暴民不作，诸侯宾（协）服，兵革不试（用），五刑不用，百姓无患，天子不怒，如此则乐达（达于上下）矣。

"声音之道与政通"，声与政通，闻其声知其政。

"天子不怒"，"一怒而安天下之民"（《孟子·梁惠王下》）。智者不怒，怒事。"主不可以怒而兴师，将不可以愠而致战"（《孙子兵法·火攻》）。

合父子之亲，明长幼之序，以敬四海之内，天子如此，则礼行矣。

"礼行"，礼，天理之节文也，礼在行，"立于礼"。

礼　记

"人而不仁，如礼何？人而不仁，如乐何？"（《论语·八佾》）人而不仁，礼、乐的根本精神没了，又如何行礼、乐？一个人不仁，什么也感化不了他。

大乐与天地同和，大礼与天地同节。

"大乐与天地同和，大礼与天地同节"，礼、乐同源。

"大乐与天地同和"，乐以和性，"发而皆中节谓之和"，"致中和，天地位焉，万物育焉"。

"大礼与天地同节"，礼，"与天地同节"，天理之节文，"天地节而四时成"（《易经·节卦》），四时之序，一点儿都不差。礼，理也，履也，在乎行，行礼。

和，故百物不失；节，故祀天祭地。

"和，故百物不失"，"致中和，天地位焉，万物育焉"，不失其时，万物生生不息。此言易简之道。

"祀天祭地"，中国人祭祀，在崇德报恩，"祭神如神在"（《论语·八佾》），心诚神明至。

中国是"鬼神观"，不是"神鬼观"。自己祖先曰"鬼"，"神"是有遗爱在人间，"体万物而不可遗也"。"与鬼神合其吉凶"（《易经·乾卦》），与鬼神同其好坏。

明则有礼乐，幽则有鬼神，如此，则四海之内合敬同爱矣。

明、幽，是相对的，礼乐者性之和，鬼神者人之本。

"合敬同爱"，"敬"，指对父；"爱"，指对母言：敬父而爱母。

"敬父而母爱同"，父母是不分的，《孝经·天子》言"爱亲者，不敢恶于人；敬亲者，不敢慢于人"。"爱敬尽于事亲，而德教加于百姓"，此为天子之孝也，如此，才叫天之子。

你们必得要背书，否则，道理必定讲不通。若有心于中国文化，必要多下功夫，且要背一些基本书。

中国学问不是自修可得，若没有师承、师说，不再是中国的东西。

礼者，殊事合敬者也；乐者，异文合爱者也。

"殊事"，事要分清楚；"合敬"，敬不因事而异。"殊事合敬"，为理天下之要道。

"异文"，文不同；"合爱"，爱人，而无不爱。"异文合爱"，其情同也。

礼、乐之情同，故明王以相沿也。

中国礼、乐，是相沿而来的。朝代可以更替，但是情不可以改。

故事与时并，名与功偕（俱）。

"事与时并"，要"与时偕行"（《易经·损卦》），"生乎今之世，反古之道，如此者，灾及其身者也"（《中庸》），社会已经进步到前头去了，你还想往回转，必定灾害及身。谁违反了天时，谁必灭亡。

"事与时并"，因时而制礼，"礼，时为大"（《礼记·礼器》），礼以时为上，随时而变，礼不相袭，"治定制礼"。

"名与功偕"，名与功俱，名实相符，"君子疾没世而名不称焉"（《论语·卫灵公》），体用不二。

"功成作乐"，"作乐崇德，殷荐之上帝，以配祖考"（《易经·豫卦》）。

故钟、鼓、管、磬，羽、龠（yuè）、干、戚，乐之器也。

"钟、鼓、管、磬，乐器"；"龠"，一种编组多管乐器。

文舞，持羽吹龠；武舞，执干戚。"乐之器"，乐器和乐具。

屈伸俯仰，缀、兆、舒疾，乐之文也。

"屈伸俯仰"，舞者的动作。

"缀、兆"，舞者进退的位置，跳舞时只在某特定范围；"舒疾"，身体的快慢节奏。

表现出的仪式，"乐之文"。

簠（fǔ）、簋（guǐ）、俎、豆，制度、文章，礼之器也。

"簠、簋、俎、豆"，祭祀之礼器；"制度、文章"，制度可以为法，文章可以华国。成文了，不成章不达。

礼器、制度、文章，"礼之器"。

升降上下，周还（xuán）、裼（xī）袭，礼之文也。

"升降上下，周还"，指动作而言。

"裼"，袒也。上衣下裳，解开上衣，露出上身。行射礼时，为便于射箭而袒；丧礼，为表哀而袒。

"袭"，穿衣，衣着整齐完备。聘礼之正聘，因郑重昭信而袭。

"动容周旋中礼者，盛德之至也"，自动作、衣服的变化呈现出文章，"礼之文"。

故知礼乐之情者能作，识礼乐之文者能述。

"知礼乐之情者能作"，情为性之用，缘人情而制礼，量事制宜，穷本知变，著诚去伪，故曰"能作"。

"识礼乐之文者能述"，文为情之用，"述"，接着讲述，"父作之，子述之"（《中庸》），继志述事，好的接下去，故曰"能述"。

作者之谓圣，述者之谓明。

作者就是圣，乃无中生有，"圣而不可知之之谓神"（《孟子·尽心下》）。

"述者之谓明"，述者就是明，因须选择，所以要明。

明圣者，述作之谓也。

"圣人作而万物睹"（《易经·乾卦·文言传》），孔子"述而不作"（《论语·述而》），删定六经，以述为作。孝子"继志述事"。

"吴起儒服以兵机见魏文侯"（《吴子·图国》），《吴子》为儒家之兵法。讲《吴子》，由兵家到法家，再到道家。

乐者，天地之和也；礼者，天地之序也。和，故百物皆化；序，故群物皆别。

"天地之和"，即太和，天地之太和也，《易经·乾卦》曰："保合太和，乃利贞"。"和，故百物皆化"，《中庸》云："致中和，天地位焉，万物育焉"，阴阳合德，刚柔有体，故百物化生，而生生不息。

"天地之序"，"与四时合其序"，四时有序，序而不乱。"序，故群物皆别"，别内外，定亲疏，明贵贱，此伦理也。

乐由天（性）作，礼以（因）地（行为）制。

"乐由天作"，"天命之谓性"（《中庸》），乐由性作，乐以和性。

"礼以地制"，地者行也，《易经·坤卦》云"行地无疆"，"礼因地行"，礼由行而制，故行不同，礼就不同。

过制则乱，过作则暴。

礼以时为上，过制失序故乱，过作失和故暴。

明于天地，然后能兴礼乐也。

"明于天地"，"天无私覆，地无私载"。礼、乐，乃天地之节文，"然后能兴礼乐"，"兴"，作也，创也，作礼创乐。

"礼乐不兴，则刑罚不中；刑罚不中，则民无所措手足"（《论语·子路》）。制礼作乐，"立于礼，成于乐"。

论伦无患，乐之情也；欣喜欢爱，乐之官（容）也。

"论"，议其道；"伦"，伦序。在礼上、在行事上，都必须"无患"。

"论伦无患"，乐中有伦，"八音克谐，无相夺伦"，"乐之情也"。

"欣喜欢爱"，"乐由中出"，形之于容，乐之容也，是情性自然的流露。

"乐之情，乐之官"，"情"，性也；"官"，主也。"乐之情，乐之官"，完全以性为本，乐以和性，言乐制性之妙。

中正无邪，礼之质也；庄敬恭顺，礼之制也。

"中正无邪"，"思无邪"（《论语·为政》），"礼之质"，礼不可伪为也，是真情的流露。

"庄敬恭顺，礼之制"，"礼云礼云，玉帛云乎哉"，礼不在形式，而是内在精神。

若夫礼乐之施于金石，越（广博）于声音，用于宗庙社稷，事乎山川鬼神，则此所与民同也。

"施于金石"，"金"，钟；"石"，磬；"越于声音"，"越"，广博，声扬。"礼、乐之施于金石"，"金声也者，始条理也；玉振之也者，终条理也"（《孟子·万章下》），金声而玉振，有始有卒。

"宗庙社稷"，"宗庙"，施政之处；"社稷"，指国家。"事乎山川鬼神"，祭山川、祖先、祖师，在崇德报恩。

"所与民同也"，虽为天子亦有亲也，故与民同也。孟子言"天民"，人人都是天之民，人人"贵贱等"，等量齐观，同一尊贵。

为宗教而牺牲，太可惜了！人也太贪心了，人事未了，就想去天堂的事。清朝之礼，父坐子伏。

（三）乐礼

王者功成作乐，治定制礼。

"功成"，指一件事做的有结果。"功成作乐"，"乐者歌功"。没有功，当然就没有乐。天天"我爱你"，有啥用？

"治定"，国家治了，一切上轨道，"治定制礼"，有一定的礼法制度。

有的国家漂泊了数十年，还不知如何立国，即治不定。"治定制礼"，治不定而制礼，不伦不类。

"治定"，是立国之精神与政体都决定了，此叫"治定"。治定特别重要，要治定才能制礼。治不定，国家必天天飘泊，一切不能上轨道，而终至亡国。

其功大者其乐备，其治辩（遍）者其礼具。

"其功大者其乐备"，"大备，盛德也"（《礼记·礼器》），"乐者歌功"，故舜有舜之乐，周有周之乐，功大才"乐备"。

舜之乐叫《韶》，周之乐叫《武》，孔子谓《韶》，"尽美矣，又尽善也"。谓《武》，"尽美矣，未尽善也"，此乃因周之《武乐》，有杀伐之气。

"其治辩者其礼具"，不能治定则必无礼，则无法施教化，国家也必败亡。

干戚之舞，非备乐也。

中国之乐，因功大治定，所以"乐备"，中国因治定而礼乐备。

《韶》乐以文德为备，故尽美又尽善。以文德为备，即"王者无外"（《春秋公羊传·隐公元年》何休注："王者以天下为家，无绝义。"）

孰（熟）亨（烹）而祀，非达（具）礼也。

把食物放进锅中，锅内有火叫"烹"；若把锅内火弄熄，再调理食物叫"炒"。

煎、炒、烹、炸，为四种调理方式，炸油条是炸。

"熟烹而祀，非达礼"，祭，必用生的祭品。煮熟才祭祖，非达礼，那不是祭祖，是祭牙。"达"，是由天子以至庶人都遵行，非通达义。

五帝殊时，不相沿乐；三王异世，不相袭礼。

此言至性之发挥，即"礼以时为上"。每一代有每一代之功，有各自的乐。中国礼乐，并不是一成不变的。

"中国者，礼义之国也"，功大而一天下，故"乐备"。

"三王异世"，事与时并，名与功偕，礼乐不相袭，"不相沿乐，不相袭礼"，有所损益也，"殷因于夏礼，所损益可知也；周因于殷礼，所损益可知也。其或继周者，虽百世可知也"（《论语·为政》），损益"与时偕行"，因而不失其新。

乐极则忧，礼粗则偏矣。

孙希旦："乐失其本，极致饰于声容之盛，则反害于和乐之正，而至于忧矣。礼失其本，而徒务乎仪物之粗，则不根于忠信之实，而失之偏矣。"

"否泰，反其类也"（《易经·杂卦传》），否极了，泰就来，哪有自杀的？泰，接着否，"治起于衰乱之中"，挽否以同人，同人、大有、谦、豫、随。

"敦乐"，则不乐极，乐极才会生悲，故敦乐则不悲。

及夫敦乐而无忧，礼备而不偏者，其唯大圣乎！

"敦乐而无忧，礼备而不偏"，能与天地同其和、同其节，"其唯大圣乎"！

"乐则《韶》舞，放郑声"，"郑声淫"（《论语·卫灵公》），"淫"，过分。"乱雅乐"，叹郑声太美了！故能乱周的雅乐，即可以假乱真，也足见假的境界很高。

"郑声"的境界高，是因为殷文化高。河南，为殷之立国地，故其文风盛。《诗经·缁衣》："缁衣之宜兮，敝予又改为兮。适子之馆兮，还予授子之粲兮。"《诗经·有女同车》："有女同行，颜如舜英。将翱将翔，佩玉将将。彼美孟姜，德音不忘。"《诗经·子衿》："青青子衿，悠悠我心。纵我不往，子宁不嗣音？"

周立国后有雅乐，而殷文化不因周之兴而亡，故孔子叹"郑声能乱雅乐"，可见郑声的境界很高。

孟子是人骂他，他就骂人；人欺负他，他也骂人。孟子说郑声压过雅乐，"恶郑声，恐其乱乐也"（《孟子·尽心下》），言郑声过分，易于鱼目混珠。但那不是鱼目，是"胜者王侯，败者贼寇"。

若真只是鱼目，还能混珠吗？

郑声可以夺雅乐，如"紫可夺朱"一样。只因为殷失败了，才叫"郑声"，事实上它的境界很高，不然怎能"乱雅乐"？

孔子说"恶紫之夺朱也，恶郑声之乱雅乐也"（《论语·阳货》），紫和朱是相对的，郑声与雅乐相对，境界同等。

天高地下，万物散殊，而礼制行矣。

"天高地下"，即"天尊地卑"，并非今日的尊卑，中间没有距离。

人生必有上下，而上下必要有联。政治也如此，必要"联"与"均"，才能谈政治。《周官》就讲"联、均"。从书的结构看，可知非孔子不能作。

《周官》言"联"与"均"的政治技术，有心于政者不能不读。不看注，只看原文，更能看出意境。时常看，能通经致用。

"万物散殊"，"散"，无所不生；"殊"，各有其类。《易经·序卦传》"物畜然后有礼"，物畜即"万物散殊"，必物畜了，才有理可言。"物畜有理"，礼者，理也，"礼"字从"物"中而来。

"万物散殊"，即物畜；"礼制行矣"，礼之制行矣。

流而不息，合同而化，而乐兴焉。

"流而不息"，一切事没有休息的，都是流而不息，"不息则久，久则征"（《中庸》），"君子以自强不息"。

"流而不息"，这是中国人的思想境界。"小德川流，大德敦化"（《中庸》）。

要"流而不息"，更要"合同而化"。"流而不息"，所以会"合"，合了则要"同"。"入中国则中国之"，然后就"化"了，一也，"远近大小若一"。

先"合"，合了，还有各自的颜色，所以要使他"同"。同了，还不够，还要"化"他。

"入中国"，合了；"入中国则中国之"，乃"合、同、化"的结果。

"合、同、化"，三个境界，社会上就是这三个字，这三个字可一统天下，"大一统"。

中国人精神是要"合同而化"。"宽裕温柔，足以有容"（《中庸》），宽能容，容乃大，"君子不器"（《论语·为政》），这是中国人的胸襟。

"道并行而不悖，万物并育而不相害"，"小德川流，大德敦化"，"合同而化"，必要合同才能化。

"舜其大知也与！舜好问而好察迩言"（《中庸》），舜用自己的智慧，加上别人的智慧，来"合同而化"，成其为大智者。舜"善与人同"（《孟子·公孙丑上》），无一不取于人，此即"大德敦化"，大德，可以敦化此川流。

天下事是要用头脑去应付的，为何不好好练反应、练头脑？

现在最大的罪恶，就是大学生不知思考。大家要练智慧，然后合起来用，叫"合同而化"。

顺水推舟很重要，"时至而不失之"才叫圣人。如何迎头赶上？顺水一推，舟就成了。所以时间特别宝贵，哪有空净谈恋爱？

今天是什么时代，有什么需要？要善用古人的智慧，就可以顺水推舟，而有所成就。好好用功，谁都能，否则，谁都不能。

《礼记·礼运》曰："故圣人耐（能）以天下为一家，以中国为一人者，非意之也，必知其情，辟于其义，明于其利，达于其患，然后能为之。"能使天下为一家，中国为一人，"非意之也"，是因"合同而化"。

"成于乐"，因"乐以和性"，是"合同"，即合人性而化。元同，性同，故可合同（性）而化。舜就是能"合同而化"，而成其为大智者。

对人，只要他是人，就可以使他合同而化。必要合同，才能化。所以，我们为何不顺水推舟呢？

用前人的智慧，建立自己的智慧，与独立思考的能力，必要能脱离前人的束缚，超乎前人，而非仅能模仿前人，步前人之故步，那就落伍了！也许，还可能不如前人。

光看书没有用，必得加以玩味才行。必要时常玩味，才能达深入的境界。

每天必要写上几百字，否则光想得高，写出来却不高。由博反约难，你们欠"博"的功夫，"约"的功夫倒是很深。

春作夏长，仁（天地生物之仁）**也；秋敛冬藏，义**（天地成物之义）**也。仁**（阳之施）**近于乐，义**（阴之肃）**近于礼。**

仁者爱人而无不爱，仁爱，乐主和同，故仁近于乐也。
义者宜也，有所节制，礼为天理之节文，故义近于礼也。

乐者敦和（厚其气之同），**率神而从天；礼者别宜**（辨其体之异），居鬼（体之一定而不易）而从地。

"乐者敦和"，厚其气之同，乐合同而化，亦即仁者敦和，因"仁者无不爱"，故仁者敦和；"率神而从天"，"神"即性，生之本也，性同，形异。乐，乃敦其性之和，乐以和性。

"礼者别宜"，辨其体之异，礼以行制；"居鬼而从地"，"鬼"，身之本也，顺于鬼神，合于人心，而从地之德，厚德载物。

故圣人作乐以应天，制礼以配地（法阴以成物）**。礼乐明备，天地官**（天地位）**矣。**

应天配地，天地各得其职，"天地位焉，万物育焉"，"位"，责任感，在位谋政，"思不出其位"，"赞天地之化育"（《中庸》）。

一气之和，无所不通，所谓"礼乐明备，而天地位矣"。

天尊地卑，君臣（乾坤）**定矣。卑高已**（以）**陈，贵贱位矣。动静有常，小大殊矣。方以**（因）**类聚，物以群分，则性命不同矣。在天成象，在地成形，如此，则礼者天地之别也。**

此段与《易经·系辞上》略同："天尊地卑，乾坤定矣。卑高以陈，贵贱位矣。动静有常，刚柔断矣。方以类聚，物以群分，吉凶生矣。在天成象，在地成形，变化见矣。"

《礼记》成于汉儒，以"君臣"等同于"天地"，故曰"君臣定矣"。

"方以类聚，物以群分，则性命不同"："大哉乾元，万物资始；至哉坤元，万物资生"，"各正性命，保合太和，乃利贞也"。

地气上齐（同"跻"，升也），天气下降，阴阳相摩（迫），天地相荡（动），鼓之以雷霆，奋（迅）之以风雨，动之以四时，煖（同"暖"，照耀）之以日月，而百（百物）化兴焉。如此，则乐者天地之和也。

《易经·系辞上》："刚柔相摩，八卦相荡。鼓之以雷霆，润之以风雨，日月运行，一寒一暑，乾道成男，坤道成女。"此天地自然之和。

化不时则不生，男女无辨（别）则乱升（成），天地之情也。

圣人不能生时，时至而不失之，是为"圣人"（《战国策·秦策》云："圣人不能为时，时至而弗失"），要"合同而化"，可是"化不时则不生"。许多事失败，就在于"不时"，故《易经·随卦》曰："随时之义大矣哉！"

"自古皆有死，民无信不立"（《论语·颜渊》），为政最怕积怨在民，为了立信于民，刀山都敢上，这才可以为政。

"小人怀惠"，老百姓就是求必得，不得就骂。一点儿小事都失信于民，那还有何可谈？

及夫礼乐之极乎天而蟠（pán，遍也）乎地，行乎阴阳而通乎鬼神，穷高极远而测深厚。

礼、乐之在人者，乃"所以赞天地之化育"。"礼乐之极乎天而蟠乎地"，礼、乐与天地相感通。

"岁月日时无易，百谷用成"（《尚书·洪范》），是"行乎阴阳"；

用之祭祀，百神俱至，是"通乎鬼神"。

"穷高极远而测深厚"，无坚不入、无艰不入，即"无所不用其极，无入而不自得"。

言天地有自然之礼、乐，圣人法之以制礼作乐，功等同于天地。

孔子作《春秋》，"自有人类以来，未有孔子也"，"见其礼而知其政，闻其乐而知其德，由百世之后，等百世之王，莫之能违也。自生民以来，未有夫子也"（《孟子·公孙丑上》），去私、尚公，"大道之行也，天下为公"（《礼记·礼运》）。

乐着大始，而礼居成物。著不息者天也，著不动者地也，一动一静者，天地之间也。故圣人曰"礼乐"云（语词）。

"乐着大始，而礼居成物"，"乾知大始，坤作成物"（《易经·系辞上》）。"乾知大始"，乃性也；"坤作成物"，乃情也。故言"乐者性也，礼者情也"，"礼者，因人情为文"（《韩诗外传·卷二》）。

"著不息者，天也"，"天行健，君子以自强不息"（《易经·乾卦》），天行健，无息；人法天，自强不息。

"著不动者，地也"，地顺承天，"地势坤，君子以厚德载物"（《易经·坤卦》）。

"一动一静者，天地之间也"，"一阴一阳之谓道，继之者善也，成之者性也"（《易经·系辞上》）。"安仁者，天下一人"，"故圣人曰礼乐云"，是以微道存焉。

你们要讲书，依经解经，但不博就没有办法。

（四）乐施

昔者舜作五弦之琴以歌《南风》，夔（kuí）始制乐以赏诸侯。故天子之为乐也，以赏诸侯之有德者也。

舜弹五弦之琴，以歌《南风》，而天下治。

舜歌《南风》："南风之薰兮，可以解吾民之愠兮。南风之时兮，可以阜吾民之财兮。"南风，长养万物，生生不息。

"夔始制乐以赏诸侯"，赏诸侯以乐，自夔开始。《尚书·舜典》云："夔！命汝典乐，教胄子。"《尚书·皋陶谟》曰："夔曰：'於！予击石拊石，百兽率舞，庶尹允谐。'"

德盛而教尊，五谷时孰，然后赏之以乐。

《正义》："此诸侯治理于民使逸乐，由其君德盛，故赏之以乐。"

故其治民劳者，其舞行缀（连接成行）远；其治民逸者，其舞行缀短。

"缀远"，舞者甚少；"缀短"，舞者人多。

《正义》："若诸侯治理于民，使民劳苦者，由君德薄，赏之以乐，舞人既少，故其舞人相去行缀远，谓由人少舞处宽也。诸侯治理于民使逸乐，由其君德盛，故赏之以乐，舞人多，故去行缀短也，谓由人多舞处狭也。"

故观其舞，知其德；闻其谥，知其行也。

观其舞之远近，则知其德。舞所以表德也。

谥所以迹行。谥号，以一二字，对其人一生作一总评。

《大章》，章之也。《咸池》，备矣。《韶》，继也。《夏》，大也。殷、周之乐，尽矣。

《大章》，尧之乐名，尧为"文祖"，其德章明天下。

中国言"文王"，是指文德之王，非指周文王。文王，何休曰："法其生，不法其死。"（《公羊传·隐公元年》）由此，知文王非周文王，是文德之王。周文王，是死后谥号。

至夏以前，"皆以文德王天下"，故夏以前之王，都叫文王。"至于禹而德衰"（《孟子·万章上》），故言至夏以前。

《咸池》，咸，皆也；池，施也。为人君者须咸施，此黄帝之乐名，言黄帝之德无所不施。

《韶》，舜之乐名，言舜能绍尧之德。《春秋元命苞》云："舜之时，民乐绍尧业。"故云《韶》之言绍也。

"子在齐闻《韶》，三月不知肉味。曰：'不图为乐之至于斯也。'"（《论语·述而》）"子谓《韶》，'尽美矣，又尽善也'"（《论语·八佾》）。

《夏》，禹之乐名，"夏，大也"（《尔雅》），言禹能大尧舜之德。

殷乐，《大濩》，濩（hù），同"护"，护民，《春秋繁露·楚庄王》曰："汤之时，民乐其救之于患害也，故《濩》。"

周乐，《大武》，孔子"谓《武》：'尽美矣，未尽善也'"（《论语·八佾》）。尽，言尽人事。

天地之道，寒暑不时则疾，风雨不节则饥。教者，民之寒暑也，教不时则伤世；事者，民之风雨也，事不节则无功。

天地之道，有其一定的规则。"寒暑不时则疾"，不时，恒常，就出毛病；"风雨不节则饥"，风雨不顺，五谷没收成，民就有饥饿。

教化如同寒暑表，"教不时则伤世"，伤化败俗，故必有乐以教民。民国以来，就是"教不时"，所以就"伤世"了。

事如同风雨，风调雨顺，国泰民安。"事不节则无功"，故必有礼以节事，否则无功可言。

中国东西，除非上智，否则无法应世。左宗棠平定西北功大，但乱用术，最后谥"文襄"。曾国藩封"一等毅勇侯"，谥"文正"。

然则先王之为乐也，以法治也，善则行象德矣。

谈乐教。

"以法治"，闻其乐而知其政。

"善则行象德"，"德教加于百姓"（《孝经·天子》）。

夫豢（养）豕为酒，非以为祸也，而狱讼益繁，则酒之流（逾越分限）生祸也。是故先王因为（作）酒礼。壹献之礼，宾、主

百拜（喻多），终日饮酒而不得醉焉，此先王之所以备酒祸也。

"壹献"，士饮酒之礼；"宾、主"，"设宾主，饮酒之礼也"（《礼记·燕义》）；"百拜"，喻多。

作酒礼，以酒食有节有欢，防无礼酗酒，以至于兴讼，"饮酒濡首，亦不知节也"（《易经·未济卦》）。饮酒有节有度。《尚书·酒诰》："文王诰教小子有正有事：无彝酒"，禁常饮酒，禁沉湎于酒。

故酒食者，所以合欢也。

"酒逢知己千杯少"，喝酒以联络感情。

乐者所以象德也，礼者所以缀（止）淫（过分）也。

"乐象德"，闻其乐知其德；"礼"，天理之节文。"缀淫"，以礼节之，以防过分。

是故先王有大事（死丧），必有礼以哀之；有大福（祭祀、吉庆），必有礼以乐之。哀乐之分，皆以礼终。

"礼以哀之"，哀节之以礼，"哀而不伤"（《论语·八佾》），"毁不灭性，不以死伤生也"（《礼记·丧服四制》）。

"礼以乐之"，乐节之以礼，"乐而不淫"，故不过，因为有节。

"哀乐之分，皆以礼终"，哀、乐皆有礼节，发而皆中节。

乐也者，圣人之所乐也，而可以善民心，其感人深，其移风易俗，故先王著（立）其教（乐教）焉。

立乐教，"善民心，感人深，移风易俗"，化民成俗。

《论语·阳货》："子之武城，闻弦歌之声。夫子莞尔而笑曰：'割鸡焉用牛刀？'子游对曰：'昔者偃也闻诸夫子曰："君子学道则爱人，小人学道则易使也。"'子曰：'二三子！偃之言是也。前言戏之耳。'"

（五）乐言

夫民有血气心知（智）之性，而无哀乐喜怒之常（中），应感起物而动，然后心术（好恶）形焉。

"喜怒哀乐之未发，谓之中"，即性；"发而皆中节，谓之和"，即情，亦即欲。

"应感起物而动"，应感物而起喜怒哀乐，"然后心术形焉"，好恶乃形成。

这多可怕！没有喜怒哀乐之常，只有感物而起之喜怒，完全因物而起感，完全受外感而起好恶。可见治民之难！

是故志微（纤微）、噍杀（jiāo shài）之音作，而民思忧。

没有雅量高致，而急促、焦虑之音作，使人陷于忧思愁苦。

啴（chǎn，喜也）谐（和）、慢（疏）易（平）、繁文、简节之音作，而民康乐。

胸襟宽和、内涵深厚、节奏轻快之音作，使人有安详和乐之气象。

粗厉、猛起（乐始刚猛）、**奋末**（乐终奋迅）、**广贲**（同"愤"，怒气）**之音作，而民刚毅。**

奋然而起、刚猛奋迅之音作，使人精神为之振奋，勇往直前，无所畏惧。

廉直（刚直）、**劲正**（健正）、**庄诚之音作，而民肃敬。**

刚直健正、典雅庄重之音作，使人充满了生命力，起肃然起敬之心。

宽裕、肉好（乐音圆润）、**顺成、和动之音作，而民慈爱。**

乐音圆润悦耳，余音萦绕，恬淡祥和之音作，使人生慈爱之心。

流辟、邪散、狄（远也）**成、涤**（洗）**滥之音作，而民淫乱。**

恣意奔放、轻佻浮薄之音作，使人极乐狂欢，流连忘返，乐极而乱性。

"音，心之形也"，心音，内心的显现，有思忧、康乐、刚毅、肃敬、慈爱、淫乱，不一而足，声音之道与政通。

读书，字的真义懂了，才懂得深义之所在。学问就怕比，不是靠吹牛。必下功夫，要勤于动笔。写，才知己之短，取人之长，作为借鉴。"不成章不达"。

是故，先王本之情性，稽（研究，考）**之度数，制之礼义。**

谈制礼乐。

"本之情性"，则"发而皆中节"，"致中和，天地位焉，万物育焉"，中和之乐。

"稽之度数"，既得人情之节，复考之使合度数。

合生气之和，道五常之行，使之阳而不散（散乱），阴而不密（封闭），刚气不怒，柔气不慑（惧）。四畅交于中（畅神）而发作于外，皆安其位而不相夺（夺伦）也。

天地阴阳、人心刚柔，各得其中而和畅，交于中而现于外，"八音克谐，无相夺伦"。

然后立之学等（依其才而教之），广其节奏（增习乐之节奏），省（察）其文采（节奏合），以绳（度）德厚（准度以道德仁厚）。律小大之称（以法度整齐之），比（以次联合）终始之序（各得其序），以象事行，

"终始"，终而复始，生生不息；"始终"，从始到终，就结束了。

"以象事行"，若宫象君，商象臣，角象民，徵象事，羽象物，是"以象事行"也。

《易经》为象，象"所以示也"，"立象以尽意"（《易经·系辞上》），意在象外，超于象外，得其环中。

使亲疏、贵贱、长幼、男女之理皆形见于乐，故曰"乐观其深矣"。

《正义》:"由乐声调和,故亲疏之理,见于乐声也。"

"乐观其深矣",其中有深意!

土敝（不肥沃）**则草木不长,水烦则鱼鳖不大**（水烦扰则鱼不大）**,气**（时气）**衰则生物不遂**（成）**,世乱则礼慝**（隐）**而乐淫**（过）。

"水烦则鱼鳖不大",对老百姓不可太烦他们,天天搅浑水。

万物得其理而后和,如"见人说鬼话,见鬼说人话",则必定"水烦"。

"世乱则礼慝而乐淫",礼既隐,则乐亦淫,唉声叹气。

是故其声哀而不庄（庄重）**,乐而不安**（安宁）**,慢易以犯节**（无节制）**,流湎**（沉迷于声色）**以忘本**（失其大本）。

乐淫,"哀而不庄,乐而不安",声哀而不庄重,乐而不自安。《关雎》"乐而不淫,哀而不伤"。

"慢易以犯节",怠忽轻慢,不能有所节制。

"流湎以忘本",放纵无度,怎能不忘本?

广（声缓慢）**则容奸**（藏奸）**,狭**（声急促）**则思欲**（情欲）**,感条畅**（涤荡）**之气,而灭平和之德,是以君子贱之**（不重视）**也。**

"广则容奸",今日之事,就是广则容奸。

"感条畅之气,而灭平和之德",亦如今之政局。

任人处世,皆如此章所言。好好悟。

四、乐记之二

（六）乐象

凡奸声感人而逆气应之，逆气成象而淫乐兴焉。

人既感于奸邪之声，则奸邪之气来应。感奸邪之声，又感奸邪之气，二者相合而成象，淫乐遂兴，其乱乃成，不可救止。

正声感人而顺气应之，顺气成象而和乐兴焉。

正声感于人，而顺气来应。闻顺声，感顺气，二者相合而成象，则和乐兴。

倡和有应，回（乖违）邪曲直各归其分。

"倡和有应"，善倡则善和，恶倡则恶和。

"回邪曲直，各归其分"，善有善报，恶有恶报。善恶未报，不是不报，只是时候未到。

治国，必明此。

而万物之理各以类相动也。

万物之情理，各以类自相感。万物有情，圣人"近取诸身，远取诸物"，"以通神明之德，以类万物之情"（《易经·系辞下》），通德类情，万民以治。

"子孙虽愚，经书不可不读"，经书可以治人的愚昧。经书需要慢慢读，读多少悟多少，不要赶功。

你们读书就是不细心，不是书难读，而是要细心地读，深深了悟，能够用上，才可以"取之不尽，用之不竭"。

是故君子反情以和其志，比类以成其行。

"反情和志"，志同了，才能情投意合；"比类成行"，"比类"，比物丑类，相比而后成行。

奸声、乱色不留聪明，淫乐、慝礼不接心术，惰慢、邪辟之气不设于身体，使耳、目、鼻、口、心知、百体皆由顺正，以行其义（宜）。

"使耳、目、鼻、口、心知、百体皆由顺正，以行其宜"，使内外皆得其养，"养正，圣功也"（《易经·蒙卦》）。

"养其小者为小人，养其大者为大人"，"先立乎其大者，则其小者不能夺也"（《孟子·告子上》）。

然后发以声音（升歌），**而文**（文饰）**以琴瑟**（堂上之乐），**动以干戚**（武武），**饰以羽旄**（文舞），**从**（随）**以箫管**（堂下之乐）。**奋**（发扬）**至德之光，动四气之和，以著万物之理。**

《正义》："乐既和平，故能著成万物之道理，谓风雨顺，寒暑时，鬼神降其福。万物得其所也。"

是故清明象天，广大象地，终始象四时（四时循环，终而又始），周还（舞者周旋回复）象风雨。五色成文而不乱，八风（八音）从律而不奸，百度得数而有常。

《正义》："崔氏云：'五色者，五行之音，谓宫、商、角、徵、羽之声，和合成文不乱也。'"

"八风"，即八音：金，编钟、特钟、铙；石，编磬、特磬；丝，古琴、古瑟；竹，箫、笛、管、篪（chí）；匏（páo），竽、笙、葫芦丝；土，埙（xūn）、缶（fǒu）；革，鼓；木，柷（zhù）、敔（yǔ）。

"八风从律而不奸"，八音从律，应节至也，互不相侵犯。

"百度得数而有常"，有数，"极数知来"（《易经·系辞上》），郑玄："言日月昼夜，不失正也。"

小大相成，终始相生。倡和清浊，迭相（互相融合）为经（法）。

"小大相成"，相反相成，相互依存；"终始相生"，终而又始，生生不息。

"倡和清浊，迭相为经"，有倡有和，互相融合，"阴阳合德，刚柔有体"，生生不息。

"乐其可知也"，奏乐有一定的步骤："始作，翕如也；从之，纯如也，皦如也，绎如也，以成。"（《论语·八佾》）有一定的律。政亦如此，乐、政均有律。

故乐行而伦清，耳目聪明，血气和平，移风易俗，天下

皆宁。

"乐行而伦清"，乐教行，伦类清美。

"耳目聪明，血气和平"，就人一身而言。

"移风易俗，天下皆宁"，就社会风气而言。

《论语·阳货》："好仁不好学，其蔽也愚。好知不好学，其蔽也荡。好信不好学，其蔽也贼。好直不好学，其蔽也绞。好勇不好学，其蔽也乱。好刚不好学，其蔽也狂。"可见"好学"的重要。

"十室之邑，必有忠信如丘者焉，不如丘之好学也"（《论语·公冶长》），以孔子之智，犹"好学"，自道"其为人也，发愤忘食，乐以忘忧，不知老之将至云尔"（《论语·述而》）。

孔子成圣，为至圣，成圣必须学，"穷理尽性以至于命"（《易经·说卦》）。"天命之谓性"，尽己之性，尽人之性，尽物之性。

故曰："乐者，乐也。"君子乐得其道，小人乐得其欲。以道制欲，则乐而不乱；以欲忘道，则惑而不乐。

"乐其得道"，"率性之谓道"，顺性，畅神。"朝闻道，夕死可矣"（《论语·里仁》），闻道的重要。

"君子之闻道，入之于耳，藏之于心"（《韩诗外传·卷九》），"子路有闻，未之能行，唯恐又闻"（《论语·公冶长》），行更重要。知而能行，知行合一。

"乐得其欲"，"欲"，无止境。欲可节，而不可绝，"可欲之谓善"（《孟子·尽心下》），当其可之欲，就是善。

"以道制欲"，"率性之谓道"，以性制情欲，使之"发而皆中节"，故"乐而不乱"，不乱性。

"以欲忘道"，"率性之谓道"，因欲而忘性，无所节制，"爱之欲其生，恶之欲其死。既欲其生，又欲其死，是惑也"（《论语·颜渊》），故"惑而不乐"。

是故君子反情以和其志，广乐以成其教。乐行而民乡（向）方，可以观德矣。德者，性之端也；乐者，德之华也。

"反情和志"，"致中和"，性即情，情即性，性情合而为一。

"广乐成教"，"广博易良而不奢"（《礼记·经解》），则民知向方，"可以观德"，化民成俗。

德者，"足乎己而无待于外"，率性，有得。德之华，德升华了，"成于乐"。

金石丝竹，乐之器也。诗，言其志也；歌，咏其声也；舞，动其容也。三者本于心，然后乐器从之。

"诗言志"，志为心之所主，诗言人的心声；"歌咏声"，声必有抑扬顿挫，闻其声知其德；"舞动其容"，手舞足蹈，载歌载舞。

《尚书·舜典》云："诗言志，歌永言。声依永，律和声。八音克谐，无相夺伦，神人以和。"

是故情深而文明，气盛而化神，和顺积中而英华发外，唯乐不可以为伪。

"情深而文明"，思虑深远，言之于外，情由言显，是文明也。

"气盛而神化"，"志，气之帅也；气，体之充也。夫志至焉，气次焉"（《孟子·公孙丑上》），"不知手之舞之，足之蹈之"，妙不可言也。

"和顺积中而英华发外"，乐由中出，"诚于中，形于外"（《大学》），乐以和性，含英咀华，英华发于外，不可以伪为也。

乐者，心之动也；声者，乐之象也；文采（乐之威仪）节奏，声之饰也。君子动其本（务本），乐其象，然后治其饰。是故先鼓（击鼓）以警戒，三步（三举足）以见方（方向）；再始以著往（所往），复乱（终）以饬（整饬）归。

"师挚之始，《关雎》之乱，洋洋乎盈耳哉"（《论语·泰伯》），入耳之盛！

奋疾（谓舞者）而不拔（急疾），极幽（谓歌者）而不隐。独乐其志，不厌其道；备举其道，不私其欲。

"乐其志"，"持其志，无暴其气"（《孟子·公孙丑上》），志与道合，与性合而为一。

是故情见而义立，乐终而德尊。君子以好善，小人以听过。故曰："生民之道，乐为大焉。"

"义立、德尊"，故君子好善乐施，"小人以听过"，不文过饰非，日进于德化。

乐以和性，喜怒哀乐"发而皆中节，之谓和"。"致中和，天地位焉，万物育焉"，"与天地参矣"，与天地齐等，"天人合一"的境界。天地是个大天地，人是个小天地。

乐也者，施（出而不返）也；礼也者，报（礼尚往来）也。乐，乐其所自生，而礼反其所自始。乐章德，礼报情反始也。

"乐章德"，立德，"易简之善配至德"，"易简而天下之理得矣"，天下易简之理得，"而成位乎其中矣"（《易经·系辞上》），成"圣功"（《易经·蒙卦》），立功，功成作乐。

"礼报情反始"，"不忘其所由生也，是以致其敬，发其情"（《礼记·祭义》）。"礼尚往来。往而不来，非礼也；来而不往，亦非礼也"（《礼记·曲礼上》），有来有往，才是礼。

所谓大辂者，天子之车也。龙旗九旒，天子之旌也。青黑缘者，天子之宝龟也。从之以牛羊之群，则所以赠诸侯也。

"诸侯"，天子之斥候。"怀诸侯，则天下畏之"（《中庸》），畏服之，威加海内。

（七）乐情

乐也者，情之不可变者也；礼也者，理之不可易者也。

乐，"情之不可变者"，乐发于性，但也是情之为用，才有乐。

情，有情欲之情，有性欲之情。"性情"，情即性，性即情，性情合一。

礼，"理之不可易者也"，天理之节文，有其不可易之理。

处理任何事情，都少不了理。"礼，时为大"（《礼记·礼器》），礼上不可时中，日常生活可以从众，但是在大礼上不可以从众。

乐统同，礼辨异，礼、乐之说，管（贯）乎人情矣。

"乐统同"，乐，异而同；"礼辨异"，礼，同而异。

宫、商、角、徵、羽，为乐。"乐统同"，不同，而要它同，即是"统同"，即由异统同，不再分出宫、商、角、徵、羽。

礼由同中取异，从同中分出不同，叫"礼"，有伦有序。齐家以礼，不以法。

"礼、乐之说，管乎人情"，即贯乎人情。贯，亦含统御之意，参见《史记·乐书》"乐统同，礼别异，礼乐之说贯乎人情矣"。

穷本知变，乐之情也；著诚去伪，礼之经也。

"穷本知变"，"穷本"，知其所以然；"知变"，"穷则变，变则通，通则久"，不可以一成不变。不穷本，就无法知变，"一致百虑"即知变。

对社会事，必要"穷本知变"。"因时"，因循守旧；"违时"，逆时行事。必要"先时、治时"才可。因时，故步自封，呆子；先时，才能治这个时。

知其所以然，即"穷本"，不论怎么变，我都能知变、应变。穷本，才能先时、治时，当然也能知变、应变。"先天下之忧而忧"即先时。

"著诚去伪"，"诚者，物之终始，不诚无物"（《中庸》）。由至高之性发出之乐，"发于性，成于乐"，乐能使人情返于性。

"礼之经也"，经者，常也。言礼，必要"著诚去伪"，人为曰伪，"人之为道而远人，不可以为道"，"诚者，天之道也；诚之者，人之道也"（《中庸》）。

一般人讲诚，就会知无不言，言无不尽，这是误解"诚"字，是呆子。

人家不愿意让你知道的事，你偏想知道，叫作践自己。一个有担当的人，必要有铜墙铁壁，格调不可低。

利己，叫"伪"，人为；代天行道，叫"诚"，言成。"天无私覆，地无私载"，就是一个"公"字。

儒家所表现的是无私，有私就不是儒家，"大道之行也，天下为公"，著诚，去私，尚公。

礼、乐偵（fù，依象）**天地之情，达神明之德，降**（下）**兴上下之神，而凝**（成）**是精粗之体，领**（治）**父子、君臣之节。**

"偵天地之情"，"偵"，依象，象天地之情。

"达神明之德"，即天人之德。"神，妙万物而为言者也"，神为天之性，因此妙万物而为然，是天之性。"明"，乃人之"明德"，"大明终始"，生生不息。

"降兴上下之神"，"降"，向下；"兴"，向上。

"凝是精粗之体"，"凝"，成也；"精"，微而不可见者，"刚健、中正、纯粹，精也"；"粗"，可见者。

"领父子、君臣之节"，止其所止，才叫"节"。知节，有节。

是故大人举礼乐，则天地将为昭（晓）**焉。**

"举礼乐"，一无所移叫"举"，成立，立定脚跟。礼乐成立。

"天地将为昭焉"，天地将大明，"天无私覆，地无私载"（《礼记·孔子闲居》），"生而不有，为而不恃"（《老子·第十章》），天地间万物生生不息。

天地䜣合，阴阳相得，煦（xù，气）妪（yǔ，体）覆育万物，然后草木茂，区萌（草木萌芽，勾曲而生出）达，羽翼奋，角骼（gé，麋角有枝）生，蛰（zhé，潜伏）虫昭苏，羽者妪伏，毛者孕鬻（同"育"），胎生者不殰（dú，死于胎中），而卵生者不殈（xù，卵未孵而裂开），则乐之道归焉耳。

"天地䜣合"，"䜣"，指地气向上蒸；"阴阳相得"，是阴阳不相逆，"阴阳合德，刚柔有体"，乃生生不息；阴阳若不相得，则无法生生。

"煦妪覆育万物"，"煦"，天以气煦之，以气互助；"妪"，地以形妪之，以体乳之；"覆"，盖也，如鸟覆翼之；"育"，以体育万物。花草类以气相生生，动物类则以体相生生。

"区萌达"，"区萌"即勾芒，"勾芒达"，指萌芽时，都曲成一团。

"羽翼奋，角骼生"，百鸟齐鸣，百兽起舞。

"蛰虫昭苏，羽者妪伏"，虫儿苏醒，鸟类羽禽孵育。

"毛者孕鬻"，兽类怀胎，与天地同育；"胎生者不殰，而卵生者不殈"，胎儿得健全成长，卵亦不致破裂。

乐者，非谓黄钟、大吕、弦歌、干扬也，乐之末节也，故童者舞之。铺筵、席，陈尊、俎，列笾、豆，以升降为礼者，礼之末节也，故有司掌之。

"礼云礼云，玉帛云乎哉？乐云乐云，钟鼓云乎哉？"（《论语·阳货》）

乐师辨乎声诗，故北面而弦；宗、祝辨乎宗庙之礼，故后尸；商祝辨乎丧礼，故后主人。

"尸"，祭时代表死者受祭。神主牌，以木为之。助祭者，立于后面。

是故德成而上，艺成而下；行成而先，事成而后。是故先王有上有下，有先有后，然后可以有制于天下也。

"德成而上"，"君子上达"（《论语·宪问》），天下有德者居之。

"艺成而下"，孔子是"吾不试，故艺"（《论语·子罕》）。"天生德于予"（《论语·述而》）。可见孔子在"艺"与"德"两方面，均有大成。

"天德好生"，上达天德而好生，好生者尊生，尊生者仁也，"仁者无不爱也"。天有好生之德，人不要那么残酷，看四周的人都可恨，不是很苦吗？

"君子上达，小人下达"（《论语·宪问》），下达艺以惠利，因"小人怀惠"，就"分地之利，谨身节用，以养父母"（《孝经·庶人》）。

艺，为惠民的东西。为政，必以"惠民"为主。"吾不试，故艺"，"求也艺，于从政乎何有？"（《论语·雍也》），不难于为政。"艺"究指何而言，须好好研究。

"行成而先"，"先难而后获"（《论语·雍也》），"先之，劳之"（《论语·子路》），率先垂范；"事成而后"，"先事后得"（《论语·颜渊》）。

"德成而上，艺成而下；行成而先，事成而后"，"德"和"行"相对，"艺"和"事"相对。

"有上有下，有先有后，然后可以制于天下"，德艺行事。

此段即《大学》所谓"物有本末，事有终始，知所先后，则近道矣"，此"知"，为"乾知大始"之"知"，"先后"，《尔雅·释亲》云："先生为兄，后生为弟。"知所以先、所以后。知"德与行""艺与事""上下、先后"，则知"道"矣。

此段意在"御天下之洪规，立德之洪范"，为政若无法达此，都只是做白日梦。

一个人如不讳己之好恶，最后必沉溺。"不留千古之业，而存一时之美"的是愚人，就如同有人天天喊万岁，天天建牌楼。人若不能脱俗，必然无法成就大业。

（八）魏文侯

魏文侯问于子夏曰："吾端（玄衣）冕而听古乐，则唯恐卧；听郑、卫之音，则不知倦。敢问：古乐之如彼何也？新乐之如此何也？"

古乐用于祭祀。恭敬而听古乐，"唯恐卧"。

"郑声可以乱雅乐"，心悦之，"不知倦"。

子夏对曰："今夫古乐，进旅（俱）退旅，和正以广。弦、匏、笙、簧，会守（待）拊（fǔ，轻抚）鼓，始奏以文（先击鼓），复乱（乐的终章）**以武**（舞毕，击金铙而退），**治乱以相**（拊，节乐），**讯**（治）**疾以雅**（乐器）。**君子于是语**（乐终合语），**于是道古**（道古之事），**修身及家，平均天下。此古乐之发也。**

"会守拊、鼓"，堂上乐，弦、匏、笙、簧，其器虽多，必会合保守，待击拊鼓，然后作也。

乐奏之始，升歌《清庙》，以明文德；乐终合舞，舞《大武》，以象武功。

"治乱以相"，拊，辅相于乐，故言"相"。登歌击拊，辅相于乐；合舞之时，堂上亦歌诗以合之。

"讯疾以雅"，"雅"，古乐器，状如漆筒，中有椎状。舞者迅疾之时，舂雅以节之。

"于是语，于是道古"，作乐之时，亦说古乐之道理。合语之事，与乐相成。

"今夫新乐，进俯退俯（不齐一），**奸声以滥**（滥窃），**溺而不止；及优、侏儒，獶**（猕猴）**杂子女，不知父子。乐终不可以语，不可以道古。此新乐之发也。**

"新乐"，进退不齐一，行伍杂乱，滥窃不正，沉溺而不止，与古乐"和正以广"者异。

"不知父子"，言乐之混杂，不知有尊卑之礼。

"乐终不可以语，不可以道古"，作乐之终，尽皆邪僻，不可以追道于古。

"今君之所问者乐也，所好者音也。夫乐者，与音相近而

不同。"

郑玄："铿锵之类皆为音，应律乃为乐。"

《正义》："古乐有音声律吕，今乐亦有音声律吕，是乐与音相近也。乐则德正声和，音则心邪声乱，是不同也。"

文侯曰："敢问何如？"

子夏对曰："夫古者，天地顺而四时当，民有德而五谷昌，疾疢（chèn）不作而无妖祥，此之谓大当。然后圣人作为父子、君臣，以为纪纲。纪纲既正，天下大定。天下大定，然后正六律，和五声，弦歌《诗·颂》，此之谓'德音'，德音之谓乐。

六律：黄钟、大吕、太簇、夹钟、姑洗（xiǎn）、仲吕、蕤（ruí）宾、林钟、夷则、南吕、无射（yì）、应钟。奇数，阳律；六吕，偶数，阴律。合为律吕，定音。不言六吕，阳统阴。

"《诗》(《大雅·皇矣》)云：'莫其德音，其德克明。克明克类，克长克君。王此大邦，克顺克俾（比）。俾于文王，其德靡（无）悔。既受帝祉（福），施（延）于孙子。'此之谓也。

郑玄："德正应和曰'莫'，照临四方曰'明'，勤施无私曰'类'，教诲不倦曰'长'，庆赏刑威曰'君'，慈和徧服曰'顺'。"

言文王之德，皆能如此，故受天福，延于后世也。

"今君之所好者，其溺音乎？"

《正义》："今君之所好者，非正音，是淫溺之音乎？不敢指斥，故言'乎'而疑之也。"

文侯曰："敢问溺音何从出也？"

子夏对曰："郑音好滥淫志，宋音燕女溺志，卫音趋数烦志，齐音敖辟乔志。此四者皆淫于色而害于德，是以祭祀弗用也。

《正义》："推此而言，齐诗有哀公荒淫怠慢，襄公淫于妹，亦女色之外，加以傲辟骄志也，故总谓之'溺音'也。"

"《诗》（《周颂·有瞽》）云：'肃雍和鸣，先祖是听。'夫肃肃，敬也；雍雍，和也。夫敬以和，何事不行？

"肃雍和鸣"，庄敬和谐，协调如一。

"为人君者，谨其所好恶而已矣。君好之，则臣为之；上行之，则民从之。《诗》云：'诱民孔易。'此之谓也。

"谨其好恶"，因"君好之，则臣为之；上行之，则民从之"，上好下甚，上行民从。

"诱民孔易"，"诱"，相劝，教也；"孔易"，甚易。德诱甚易。

"孔武有力"，"孔"为大。一个男孩子必要活力十足，不可以整日无精打采的，二十多岁就如此，那老了怎么办？

"然后，圣人作为鼗（小鼓）、鼓（大鼓）、椌（柷）、楬（敔）、埙（土制似鹅卵乐器）、篪（竹制七孔笛），此六者，德音之音也。然后钟、磬、竽、瑟以和之，干、戚、旄（饰有牦牛尾的旗子）、狄（尾长的山雉）以舞之，此所以祭先王之庙也，所以献、酬、酳（yìn）、酢（互相敬酒）也，所以官序贵贱各得其宜也，所以示后世有尊卑长幼之序也。

郑玄："官序贵贱，谓尊卑，乐器列数有差次。"

"钟声铿（kēng），铿以立号（号召），号以立横（兴奋），横以立武。君子听钟声，则思武臣。

《正义》："君子，谓识乐之情者，所以闻声达事，钟既含号令立武，故听之而思武臣也。"

"石声磬，磬以立辨，辨以致死。君子听磬声，则思死封疆之臣。

"石声磬，磬以立辨，辨以致死"，导人而死，使守节者生死以之。

"听磬声，则思死封疆之臣"，守分不移，封疆之义。磬轻清响，其声磬磬然，故听其声而思其事也。

不重气节，国家危难时，必没有死节之人。清室逊位后，王国维和梁巨川（梁漱溟之父），皆殉清而亡。

"丝声哀，哀以立廉，廉以立志。君子听琴瑟之声，则思志义之臣。

"丝声哀，哀以立廉，廉以立志"，"丝"，声音婉妙，故哀怨。"廉"，不越分，故能自立其志。人必须"以廉立志"。"听琴瑟之声，则思志义之臣"。

"竹声滥（敛），滥以立会，会以聚众。君子听竽、笙、箫、管之声，则思畜聚之臣。

"竹声滥"，指竹声收敛。琴、瑟是丝，竽、笙、管、笛、箫都是竹。笙以匏为体，插竹于匏，匏竹兼有，故笙亦在竹。言竹声敛然，有积聚之意

"滥以立会，会以聚众"，"气同则会，声比则应"（《春秋繁露·同类相动》）。

"听竽笙箫管之声，则思畜聚之臣"，可见有抚众之臣何等重要！以前官名"巡抚"，不但要巡，且要抚众。

中国以前没有部长，叫"尚书"，有"六部尚书"。日本设"大藏省""文部省"等，很有中国味。

"鼓鼙（pí，军用小鼓）之声欢，欢（喧哗）以立动，动以进众。君子听鼓鼙之声，则思将帅之臣。

"欢以立动"，"立动"，是在激其心志，"动以进众"，众人奋起。听鼓鼙之声，则思将帅之臣。

《正义》："五者之器，皆据其声。声各不同，立事有异，事随声起，是声能立事也。"

"君子之听音，非听其铿锵（kēng qiāng）而已也，彼亦有所合之也。"

"听音，非听其铿枪而已也，彼亦有所合之"，有所合于事，以致惕，可观德也，故"成于乐"。

哀，莫过于不知耻，今天即如此。"无耻之耻，无耻矣。"（《孟子·尽心上》）

（九）宾牟贾

宾牟贾侍坐于孔子，孔子与之言，及乐。

谈《武乐》。

曰："夫《武》之备戒（击鼓）之已久，何也？"对曰："病（耽心）不得其众也。"

"咏叹（长声赞叹）之，淫液（动作舒缓）之，何也？"对曰："恐不逮（及）事也。"

"发扬蹈厉（手舞足蹈）之已蚤（早，立即），何也？"对曰："及时事也。"

"《武》坐，致右（右膝抵地）宪左（左膝仰起），何也？"对曰："非《武》坐也。"

"声淫（过分）及商，（杀伐之声）何也？"对曰："非《武》音也。"

子曰："若非《武》音则何音也？"对曰："有司（典乐者）失其传也。若非有司失其传，则武王之志荒（迷乱）矣。"

子曰："唯。丘之闻诸苌弘，亦若吾子之言是也。"

宾牟贾起，免席而请曰："夫《武》之备戒之已久，则既闻命矣，敢问迟之迟而又久，何也？"

子曰："居！吾语女。夫乐者，象成者也。总干而山立（持盾伐纣，吊民伐罪），武王之事也。发扬蹈厉（志气高昂而战），大公之志也。《武》乱（乐将结束）皆坐，周、召之治也。且夫《武》，始而北出，再成而灭商，三成而南，四成而南国是疆，五成而分，周公左召公右，六成复缀，以崇天子。

曲一终为一成。始、再成、三成、四成、五成、六成，如今戏剧之幕数。由此，可以想见《大武》之舞容。

"夹振之而驷伐，盛威于中国也。

每奏驷伐，一击一刺为一伐。

《武乐》六奏，每一奏之中，舞者以戈矛四度击刺，象伐纣时也。

孔子评《武乐》："尽美矣，又尽善也。"（《论语·八佾》）

"分夹而进，事蚤（早）济（成）也。

舞者各有部曲之列，又夹振之者，象武王用兵务于早成也。

礼　记

379

"久立于缀，以待诸侯之至也。

象武王伐纣待诸侯也。

《诗经·周颂·武》："于皇武王！无竞维烈。允文文王，克开厥后。嗣武受之，胜殷遏刘，耆定尔功。"周赞美武王之功，天下莫强，能上承文王之绪，下开百世之功，光前裕后，永世克孝。

《颂》乃剧本，歌而兼舞，如京剧之载歌载舞。《颂》多用在宗庙朝堂，在歌功颂德。

"且女（汝）独未闻牧野之语乎？

欲语以作《武乐》之意。

"武王克殷反商，未及下车而封黄帝之后于蓟，封帝尧之后于祝，封帝舜之后于陈；下车而封夏后氏之后于杞，投殷之后于宋。

此"存三统"。

"封王子比干之墓，释箕子之囚，使之行商容而复其位。庶民弛政（除苛政），庶士倍禄（加俸禄）。济河而西，马散之华山之阳而弗复乘，牛散之桃林之野而弗复服，车甲衅（涂上牲血）而藏之府库而弗复用，倒载干戈，包之以虎皮，将帅之士使为诸侯，名之曰"建櫜"（gāo，藏箭）。然后天下知武王之不复用兵也。

论武王伐纣毕，载櫜弓矢也。

"仁者无敌"，仁者没有敌人。"以至仁伐至不仁，而何其血之流杵也？"何以还"血流漂杵"，哪是仁者？孟子被问得无词以对，只好说"尽信《书》，则不如无《书》。吾于《武成》，取二三策而已矣。"（《孟子·尽心下》）

"散（解散）军而郊射（行郊射礼），左射《狸首》，右射《驺虞》，而贯革之射息（止贯穿皮革之射）也。

《正义》："天子于郊学而射，所以择士简德也"。

《狸首》，诸侯之所射诗也。习射，学歌《狸首》诗也。《狸首》《驺虞》，调节射箭动作乐章之名。

"裨冕（着礼服）搢笏，而虎贲之士说（脱）剑也。祀乎明堂而民知孝。朝觐然后诸侯知所以臣，耕藉（务农事）然后诸侯知所以敬。五者，天下之大教也。

《正义》："王自耕藉田，以供粢盛，故诸侯见而知其敬，亦还国而耕也。""郊射一，裨冕二，祀乎明堂三，朝觐四，耕藉五。此五者大益于天下，并使诸侯还其本国而为教。"

"食三老、五更于大学，天子袒而割牲（袒上衣替老者割牲），执酱而馈（拿酱碟敬食），执爵而酳（yìn，举杯劝饮），冕而总干（着礼冠、持盾牌，载歌载舞），所以教诸侯之弟也。

"三老五更",《礼记·文王世子》:"象三辰五星者,义相包矣。"

蔡邕以为"更"字用以称叟老,又以"三老"为三人,"五更"为五人。郑玄注:"三老、五更各一人也,皆年老更事致仕者也,天子以父兄养之,示天下之孝悌也。名以三五者,取象三辰五星,天所因以照明天下者。"

郑玄注《礼记·乐记》:"三老五更,互言之耳,皆老人更知三德五事者也。"孔颖达疏:"三德,谓正直、刚、柔。五事,谓貌、言、视、听、思也。"

"若此,则周道四达,礼乐交通,则夫《武》之迟久,不亦宜乎!"

《正义》:"以其功德盛大,故须迟久重慎之也。"

(十)乐化

君子曰:礼乐不可斯须去身。致乐以治心,则易、直、子、谅之心油然生矣。易、直、子、谅之心生则乐,乐则安,安则久,久则天,天则神。天则不言而信,神则不怒而威,致乐以治心者也。

《史记·乐书》太史公曰:"故君子不可须臾离礼,须臾离礼则暴慢之行穷外;不可须臾离乐,须臾离乐则奸邪之行穷内。故乐音者,君子之所养义也……使人耳闻《雅》《颂》之音,目视威仪之礼，足行恭敬之容，口言仁义之道。故君子终日言而邪辟无由入也。"

"不言而信，不怒而威"（《韩诗外传·卷三》），"见而民莫不敬，言而民莫不信，行而民莫不说"（《中庸》）。"天何言哉？四时行焉，百物生焉，天何言哉？"（《论语·阳货》）

致礼以治躬（身）则庄敬，庄敬则严威。心中斯须（片刻）不和不乐，而鄙诈之心入之矣；外貌斯须不庄不敬，而易慢之心入之矣。

养心，养性，"养心莫善于寡欲。其为人也寡欲，虽有不存焉者，寡矣；其为人也多欲，虽有存焉者，寡矣"（《孟子·尽心下》）。

故乐也者，动于内者也；礼也者，动于外者也。乐极和，礼极顺，内和而外顺，则民瞻其颜色而弗与争也，望其容貌，而民不生易慢焉。故德辉动于内，而民莫不承听；理发诸外，而民莫不承顺。故曰："致礼乐之道，举而错（措）之，天下无难矣。"

"立于礼，成于乐"，以礼乐之道，用而措之于天下，可说没有什么难事！

乐也者，动于内者也；礼也者，动于外者也。故礼主其减，乐主其盈。礼减而进，以进为文；乐盈而反，以反为文。礼减而不进则销（消耗），乐盈而不反则放（放逸），故礼有报而乐有

反。礼得其报则乐，乐得其反则安。礼之报，乐之反，其义一也。

此段《礼记·祭义》亦收录。

"礼减而进，以进为文"，"礼主其减"，指对他人礼多，自己威严减而抑损，故须使其"进"。"礼得其报则乐"。

"乐盈而反，以反为文"，乐则是发自己之情，而易于盈满，故须使其"反"。"乐得其反则安"。

夫乐者，乐也，人情之所不能免也。乐必发于声音，形于动静，人之道也。声音动静，性术之变尽于此矣。故人不耐（能）无乐，乐不耐无形。形而不为道，不耐无乱。

"性术之变"，性为体，术为用，指由体致用之变。

"耐"，是"能"的意思。"不耐无乐"，即不能没有乐。

先王耻其乱，故制《雅》《颂》之声以道（导）之，使其声足乐而不流（放），使其文（篇辞）足论而不息，使其曲直、繁瘠（多乏）、廉肉（声音清脆圆润）、节奏足以感动人之善心而已矣，不使放心、邪气得接焉。是先王立乐之方也。

貌得其敬，心得其和，"足以感动人之善心而已矣"。养性的音乐，低沉，不华丽。

每日习乐以养性，《诗经·庸风·山有枢》："子有酒食，何不日鼓瑟？且以喜乐，且以永日。"

是故乐在宗庙之中，君臣上下同听之则莫不和敬；在族长乡里之中，长幼同听之则莫不和顺；在闺门之内，父子兄弟同听之则莫不和亲。故乐者，审一以定和，比物以饰节，节奏合以成文。所以合和父子、君臣，附亲万民也。是先王立乐之方也。

"附亲万民"，由亲及疏，由近及远。

故听其《雅》《颂》之声，志意得广焉。执其干戚，习其俯仰（向上向下）诎伸（收缩伸出），容貌得庄焉。行其缀兆（顺着舞位），要其节奏，行列得正焉，进退得齐（齐一）焉。

《雅》，雅者、正也。正乐之歌也，故或欢欣和说，以尽群下之情；或恭敬齐庄、以发先王之德。

《颂》，宗庙之乐歌。美盛德之形容，以成其功，告于神明。

"干戚"，威仪之容；"俯仰诎伸"，以礼进退，动止必以礼，故"容貌得庄焉"。

郑玄："缀，谓酂舞者之位也。兆，其外营域也。"

故乐者，天地之命，中和之纪，人情之所不能免也。

"纪"，纲纪；"中和之纪"，乐，以中和之声为要，"致中和，天地位焉，万物育焉"。

夫乐者，先王之所以饰喜也。军旅、铁钺（刑戮）者，先王之所以饰怒也。故先王之喜怒皆得其侪（齐同）焉。喜则天下和之，怒则暴乱者畏（畏服）之。先王之道，礼乐可谓盛矣。

《正义》："言乐以饰喜，非喜不乐，是喜得其侪类焉。铁钺饰怒，非怒不可横施铁钺，是怒得其侪类焉。是乐非合喜不喜，铁钺非合怒不怒也。"

"喜怒哀乐之未发，谓之中；发而皆中节，谓之和"（《中庸》），"致中和"，中和之声，礼乐之至也。

（十一）师乙

子赣（子贡）见师乙而问焉，曰："赐（子贡的名）闻声歌各有宜也。如赐者，宜何歌也？"

师乙曰："乙，贱工也，何足以问所宜！请诵其所闻，而吾子自执（处）焉。

谦冲以对。

《正义》："令子贡自量己性，执处所宜之歌。"

"直己而陈德"，"直己"，人之生也直，真，不伪；"陈德"，显示己德。

己有此德，则宜此歌，闻其声知其德。

"宽而静，柔而正者，宜歌《颂》。

《毛诗序》："《颂》者，美盛德之形容，以其成功告于神明者也。"朱熹《诗集传》："颂，与容，古字相通。"阮元《释颂》，以颂为舞容。

孔子正乐，《论语·子罕》："吾自卫反鲁，然后乐正，《雅》《颂》各得其所。"有《周颂》《鲁颂》《商颂》(即宋颂)。"新周、故宋，以《春秋》当新王"，存三统。

其人宽能容，静能安，柔能和，正能直。性宽柔静正，能包能容，故宜歌《颂》，祭祀、颂赞之乐歌。

"广大而静，疏远而信者，宜歌《大雅》；恭俭而好礼者，宜歌《小雅》。

《诗集传》："雅者，正也。正乐之歌也。其篇有小大之殊，而先儒说又有正变之别。以今考之，正《小雅》，燕飨之乐也；正《大雅》，朝会之乐，受厘陈戒之辞也。"

志宏大，性安静，疏通知远，人能诚信，宜歌《大雅》，朝会、叙事之乐歌。

"恭"，以礼自持；"俭"，以约自处。人"恭俭而好礼"，宜歌《小雅》，燕飨、颂赞之乐歌。

燕飨之礼，以通上下之情，而其乐歌，又以《鹿鸣》起兴，而言其礼意之厚如此。

"正直而静，廉而谦者，宜歌《风》。

《毛诗序》："是以一国之事，系一人之本，谓之风。"十五《国风》，十五国之音乐、曲调。

古天子曰天下，诸侯曰国，大夫曰家。国，乃诸侯封地。风，诗之声调。有十五《国风》。

性正直能静，廉约自守，谦恭敦厚，宜歌《风》。《国风》多为民间情歌，"乐而不淫，哀而不伤"（《论语·八佾》），温柔敦厚。

"肆直而慈爱，宜歌《商》；温良而能断者，宜歌《齐》。夫歌者，直己而陈德也，动己而天地应焉，四时和焉，星辰理焉，万物育焉。故《商》者，五帝之遗声也。商人识之，故谓之《商》。

《史记·乐书》："故商者，五帝之遗声也，商人志之，故谓之商。"

"《齐》者，三代之遗声也，齐人识之，故谓之《齐》。

《史记·乐书》："齐者，三代之遗声也，齐人志之，故谓之齐。"

"明乎《商》之音者，临事而屡断；明乎《齐》之音者，见利而让。

"临事而屡断"，"屡"，数也；"断"，决也。数断事，以其果也。"由也果，于从政乎何有？"（《论语·雍也》）

"见利而让"，能让，以其温良也。"夫子温、良、恭、俭、让以得之"（《论语·学而》）。

"临事而屡断，勇也；见利而让，义也。有勇有义，非歌孰能保此？

"临事而屡断"，果决能断，勇也；"见利而让"，不私利，义也。有勇有义，非歌孰能保此？

"故歌者，上如抗（高亢），**下如队**（坠落），**曲如折**（折断），**止如槁木**（枯木），**倨**（微曲）**中矩**（规矩），**句**（大弯曲）**中钩**（环钩），**累累**（音韵相连）**乎端如贯珠**（串珠）。

"上如抗"，歌声直上，高亢激昂，感动人意，如似直上天际，响彻云霄；"下如队"，音声直下，感动人意，如似坠落而下，铿锵有力。

"曲如折"，音声回旋曲折，回肠荡气，感动人心，如似方折，九曲黄河，翻转曲折；"止如槁木"，音声止静，感动人心，如似枯槁之木，止而不动。

"倨中矩"，音声微曲，感动人心，如中当于矩之方，余韵未尽；"句中钩"，音声大弯曲，感动人心，如中当于环钩之曲，余音萦绕。

"累累乎端如贯珠"，言声之状累累乎，相续不断，如贯珠成串，其感动人心，扣人心弦如此。

"故歌之为言也，长言之也。说之，故言之；言之不足，故长言之；长言之不足，故嗟叹之；嗟叹之不足，故不知手之舞之，足之蹈之也。"

论歌之始终相生，至于手舞足蹈，载歌载舞。

《正义》："言歌之为言，引液其声，长远而言之。前境有可说之

礼　记
389

事来感己情，则言之。直言之不足，更宣畅己意，故引液长言之也。以长言永歌之意犹不足，故嗟叹之，美而和续之。虽复嗟叹，情由未满，故不觉扬手舞之，举足蹈之，而手舞其体，足蹈其地也。"

《子贡问乐》。

五、经　解

孙希旦："孔子赞《周易》、删《诗》《书》、订《礼》《乐》，修《春秋》。因举六者而言其教之得失，然其时未有'经'之名。孔子没后，七十子之徒尊孔子所删定者，名之为经，因谓孔子所语六者之教为《经解》。"

孔子曰："入其国，其教可知也。

到一国家，自其百姓可知国之教化如何。

教化，教育的目的在化民，"修道之谓教"，引发人性，唤醒良知。

"其为人也，温柔、敦厚，《诗》教也。

论六经教人之得失。

"温"，"即之也温"、温文尔雅；"柔"，柔能克刚，"沉潜刚克，高明柔克"，刚柔并济，中庸和通。

"敦厚"，性之所发，发而皆中节，"乐而不淫，哀而不伤"，笃诚，诚意，意诚。意淫，即是淫。

温柔，以辞气言，"出辞气，斯远鄙倍矣"（《论语·泰伯》）；敦厚，以性情言，致中和，性即情，情即性。

"疏通、知远，《书》教也。

"疏"，无阻；"通"，通事，通天下之志。疏通，通达社会事理。

《尚书》是中国最早的一部政书。实事求是，为政必了解百姓想法，通天下之志，才能除天下之患。

"疏通、知远"，前事不忘，后事之师，认识今天，无阻于事。对现在环境无阻，才知将来大势如何。近无阻则知远，不能舍近求远。

"舜好问而好察迩言"（《中庸》），以好问、察言知远。每天看报，画出每天的大局。眼前之事必明白。知近，知现实问题。任何事情发展，皆有一定的轨道可循。

中医"望、闻、问、切"，神妙功夫，最玄！早晨起来、吃饭前看病最好。"医不三世，不服其药"。

"广博、易良，《乐》教也。

"广博"，无不至，不器，无不包，"大乐与天地同和"，"天地之道，博也、厚也、高也、明也、悠也、久也"（《中庸》）。

"易"，平，真情；"良"，善，成其性。性，人之所受，"天命之谓性"。"乐以和性，诗以兴志"，船山解："志，为心之所主。"易良，言其情之无不顺。

礼　记

奏乐，必歌诗，乃体用关系，载歌载舞。

基本问题必先弄好，"好的开始是成功的一半"。书本知识外，重要在培养器识，"君子不器"，有容乃大。

不是地位高，就能成就不世之业。培养可非易事，"十五而志于学，三十而立"，还要时间的蕴量。环境冷热、四时变化，必要知，如培养一盆花。

严格训练自己，"求则得之，舍则失之"。求己之所好，至死不变去做，时之所需贡献出，即成就不世之业。

"絜静、精微，《易》教也。

"絜"同"洁"，纯而不染；"静"，无外诱之私，宁静以致远。

《韩诗外传·卷二》："孔子曰：'窥其门，不入其中。安知其奥藏之所在乎？然藏又非难也。丘尝悉心尽志，已入其中，前有高岸，后有深谷。泠泠然如此既立而已矣，不能见其里，未谓精微者也。'"

"精"，精一不二，纯而不杂；"微"，隐而不见，"莫见乎隐，莫显乎微"（《中庸》）。

"絜静、精微"，"洗心，退藏于密"，"探赜索隐"（《易经·系辞上》)，是看不到的境界，乃真功夫。"五十以学《易》，可以无大过矣"（《论语·述而》)。

《易经》由隐之显，讲道而生万物；《春秋》由显之隐，一切行事皆拉回道上。两者相为表里。

"恭俭、庄敬,《礼》教也。

"恭",恭己,"恭而安"(《论语·述而》);"俭",约,不奢,俭以养廉。

"庄",严也,"临之以庄则敬"(《论语·为政》);"敬",《说文》"肃也","毋不敬"(《礼记·曲礼上》),"敬事而信"(《论语·学而》),敬业乐群。

恭在外,"貌曰恭","恭己正南面";敬在心,"毋不敬","修己以敬","敬以直内"(《易经·坤卦·文言传》)。

"致礼以治躬则庄敬,庄敬则严威。心中斯须不和不乐,而鄙诈之心入之矣;外貌斯须不庄不敬,而慢易之心入之矣。"(《礼记·乐记》)

"属辞、比事,《春秋》教也。

"属辞",连属其辞;"比事",次而书之。《春秋》辨是非,明善恶,即"明辨之"(《中庸》),非妄下评语,而是比事而行之。

"《春秋》辨物之理,以正其名。名物如其真,不失秋毫之末"(《春秋繁露·深察名号》),"《春秋》以道名分"(《庄子·天下》),孔子"必也正名乎","名不正,则言不顺;言不顺,则事不成"(《论语·子路》)。没有"正知正见",焉有资格"属辞比事"?

"故《诗》之失,愚。

"失",谓不善学者之失。

《诗经》教"温柔、敦厚",然"好仁不好学,其蔽也愚"(《论

礼　记

393

语·阳货》），愚者好自用。

《书》之失，诬。

《尚书》教"疏通、知远"，然"其失也诬"，"不能而居之，诬也"（《荀子·大略》），"诬善之人，其辞游"（《易经·系辞下》），"君子之道，焉可诬也？有始有卒者，其惟圣人乎"（《论语·子张》）！

《乐》之失，奢。

《乐经》教"广博、易良"，然其失也奢。"奢则不孙（逊）"（《论语·述而》），不奢则中于道。

"乐也者，动于内者也；礼也者，动于外者也。乐极和，礼极顺"，"乐盈而不反（返）则放"（《礼记·乐记》），放荡不羁。

《易》之失，贼。

《易经》教"洁静、精微"，然其失也贼。贼害，害自窃来。

"好信不好学，其蔽也贼"（《论语·阳货》），自以为有境界，而人皆不信，如人不信，完全为自贼，自害也。

《礼》之失，烦。

《礼记》教"恭俭、庄敬"，然其失也烦。"烦"，烦琐，"数则烦，烦则不敬"（《礼记·祭义》），不简，乱也。

"礼也者，动于外者也。故礼主其减"，节之以礼，"礼减而进，以进为文"，勉行，"进德修业，欲及时也"。"礼减而不进则销"（《礼记·祭义》），衰退。

《春秋》之失，乱。

《春秋》教"属辞、比事"，比事后，才下评语。

然其失也乱，"好勇不好学，其蔽也乱"（《论语·阳货》），失"正"而不反。

《春秋》是"拨乱反正"之书，返正，复正。

"其为人也，温柔、敦厚而不愚，则深于《诗》者也。

"深"，谓学之而能深知其义，有得而无失。

《诗》言志，性情敦厚，出辞气温柔，不愚者好自用。温柔敦厚能不愚，深于《诗》教。

"疏通、知远而不诬，则深于《书》者也。

《尚书》以道事，可以疏通知远，能使人通达于政事，能不诬。"诬善之人，其辞游"，游离不定。

"广博、易良而不奢，则深于《乐》者也。

"乐以道和"，发而皆中节，性情合一，"乐以和性"，能达性理情，"成于乐"，故"广博易良能不奢"。

"奢则不逊"，不合于礼，"与其奢也，宁固"，"俭则固"（《论语·述而》）。

"礼乐不可斯须去身。致乐以治心，则易、直、子、谅之心油然生矣。易、直、子、谅之心生则乐，乐则安，安则久，久则天，天则神。"（《礼记·乐记》）

"絜静、精微而不贼，则深于《易》者也。

《易经》"洗心，退藏于密"，故"洁静"；"探赜索隐"（《易经·系辞上》），故"精微"；"贼"，邪恶，不正派。《诗经·大雅·抑》："不僭不贼，鲜不为则。"

洁静精微能不害道，"率性之谓道"，则深于《易》教而无失。

"恭俭、庄敬而不烦，则深于《礼》者也。

"恭俭庄敬"，"恭"，恭己正南面；"俭"，不侈；"庄"，自重，"君子不重则不威"（《论语·学而》）；"敬"，"敬事而信"。

"《礼》以道行"，恭俭庄敬，能不失序、烦琐，则深于《礼》教，能"立于礼"。

"属辞、比事而不乱，则深于《春秋》者也。"

"唯圣人能属万物于一，而系之元也"（《春秋繁露·重政》），属一系元，即化繁为简、化博为约，"一致百虑，殊途同归"，为智慧，故"不乱"。

汉后中国，行政上大致没有什么改变，经济制度则有变迁。

"吾犹及史之阙文也"（《论语·卫灵公》），历史多半是假的，"文胜质则史"（《论语·雍也》），要会读史。《廿五史》不易读完，自《资治通鉴》入手。

做事的经验很重要，经验自做中得，从错误中得经验。看历史，注重现实。许多事，名变，质未变。

历代名臣全集必要看，如曾文正、张居正、王阳明、王安石等全集。策论，论时政之得失、古今政治之得失。《陆宣公奏议》论政清晰，对政事有助，皆为其经验之所在。

言者，行之指也，"言行，君子之枢机"（《易经·系辞上》），"观容貌，察气志，定取舍，而人情毕矣"（《韩诗外传·卷四》）。言行动作，必加以训练。"衣服容貌者，所以说目也；应对言语者，所以说耳也；好恶去就者，所以说心也。"（《韩诗外传·卷一》）

"言语逊，应对给，则民之耳悦矣"，"出辞气，斯远鄙倍矣"；"衣服中，容貌得，则民之目悦矣"（《韩诗外传·卷一》），"动容貌，斯远暴慢矣"（《论语·泰伯》）！

常为生活之困迫，而易己之操守者，比比皆是！能不为五斗米折腰，可不得了！

一个人读书与否，自其文章可以看出。任何东西，没经深思熟虑，绝达不到境界。

人的天资皆差不多，所差就在功夫，功夫可不是一天两天练就的，"台上三分钟，台下十年功"。

天子者，与天地参，故德配天地，兼利万物，与日月并明，明照四海，而不遗微小。

言天子之德，"与天地参"，天、地、人，三才之道。

《春秋繁露·王道通三》："古之造文者，三画而连其中，谓之王。三画者，天、地与人也，而连其中者，通其道也。取天地与人之中以为贯而参通之，非王者孰能当是？是故王者唯天之施，施其时而成之，法其命而循之诸人，法其数而以起事，治其道而以出法，治

礼　记
397

其志而归之于仁。仁之美者在于天。天，仁也。天覆育万物，既化而生之，有养而成之，事功无已，终而复始，凡举归之以奉人。察于天之意，无穷极之仁也。"

天民、天子，"民"与"子"，实无别，皆一也。

《孟子·万章上》："予，天民之先觉者也。"

《白虎通·爵》："天子者，爵称也。爵所以称天子者何？王者父天母地，为天之子也。故《援神契》曰：天覆地载谓之天子。"

"天吏"，替天办事者，意义深。

《孟子·公孙丑上》："无敌于天下者，天吏也。"注："奉行天命，谓之天吏。"

"德配天地"，"大人者，与天地合其德"，孔子即德配天地，有德无位，称"素王"。

"兼利万物"，"能以美利利天下，不言所利，大矣哉"，大利利天。

"与日月并明"，"与日月合其明"，"大明终始"，生生不息。

"明照四海而不遗微小"，"至大无外，至小无内"，天下一家，中国一人。

上面讲经义之道，下面则讲乱制。

其在朝廷则道仁圣、礼义之序，燕处（平时）则听《雅》《颂》之音，行步则有环佩之声，升车则有鸾、和之音。

威武，示做官的不可以懈怠。

居处有礼，进退有度，百官得其宜，万事得其序。《诗》云：“淑人君子，其仪不忒。其仪不忒，正是四国。”此之谓也。

《大学》：“其为父子兄弟足法，而后民法之也。此谓治国在齐其家。”

要注意：《大学》有三分之一，仍帝王思想。

《荀子·富国》：“人皆乱，我独治；人皆危，我独安；人皆失丧之，我按起而治之。故仁人之用国，非特将持其有而已也，又将兼人。”

做事的最高境界，即礼贤下士。能尊重别人，才能化人。舜无一不取于人。

发号出令而民说（悦）谓之“和”，上下相亲谓之“仁”，

《孝经·开宗明义》：“先王有至德要道，以顺天下，民用和睦，上下无怨。”

民不求其所欲而得之谓之“信”，除去天地之害谓之“义”。

德者，得也，“足乎己而无待于外之谓德”（韩愈《原道》），亦作悳，直心。

《释名》：“义，宜也。裁制事物，使各宜也。”《易经·乾卦·文

言传》："利物足以和义。"

"除去天地之害"，圣人"贵除天下之患"（《春秋繁露·盟会要》）。

义与信，和与仁，霸、王之器也。有治民之意而无其器（器识），**则不成。**

"以德行仁者王，以力假仁者霸"，"以力服人者，非心服也，力不赡也；以德服人者，中心悦而诚服也，如七十子之服孔子也"（《孟子·公孙丑上》）。

"无其器，则不成"，"工欲善其事，必先利其器"（《论语·卫灵公》）。"霸王之道，皆本于仁"（《春秋繁露·俞序》），故"义与信，和与仁，霸王之器也"。

"内和而外顺，则民瞻其颜色而不与争也；望其容貌，而众不生慢易焉。故德辉动乎内，而民莫不承听；理发乎外，而众莫不承顺。故曰：致礼乐之道，而天下塞焉，举而措之无难矣"（《礼记·祭义》）。

人皆同元，元同性同，故人性皆可走上正路，而世界大同乃可期。

礼之于正国也，犹衡之于轻重也，绳墨之于曲直也，规矩之于方圜（yuán，同"圆"）**也。**

言礼之正国，正国以德，"子帅以正，孰敢不正？"（《论语·颜渊》）"为国以礼"（《论语·先进》），"礼之用，和为贵"（《论语·学而》）。

衡轻重，"谨权量"。"绳墨"，量曲直；"规矩"，测方圆，"无规矩，不能成方圆"，"审法度"（《论语·尧曰》）。

故衡诚（真的）**县**（悬），**不可欺以轻重；绳墨诚陈，不可欺以曲直；规矩诚设，不可欺以方圜；君子审礼，不可诬以奸诈。**

人皆自私，做事为己，严于考核别人，就想超人一等。

是故隆礼、由礼，谓之有方之士；不隆礼、不由礼，谓之无方之民，敬让之道也。

"隆礼"，《荀子·劝学》："学之经莫速乎好其人，隆礼次之。"
"隆礼、由礼"，《周礼·考工记·舆人》："圜者中规，方者中矩。"
"敬"，"敬事而信"，主敬立人极；"让"，礼之实，"为国以礼，其言不让，是故哂之"（《论语·先进》）。"敬让也者，君子之所以相接也。故诸侯相接以敬让，则不相侵陵。"（《礼记·聘义》）

故以奉宗庙则敬，以入朝廷则贵贱有位，以处室家则父子亲，兄弟和，以处乡、里则长幼有序。孔子曰："安上治民，莫善于礼。"此之谓也。

宜室宜家：以礼处室，进而以礼处家。
齐家以礼，齐家分行辈，一辈一辈齐。

故朝觐之礼，所以明君臣之义也。

"朝觐，所以教诸侯之臣也"（《礼记·祭义》），明君臣之义。

礼 记
401

聘问之礼，所以使诸侯相尊敬也。

"比年小聘，三年大聘，相厉以礼"，"诸侯相厉以礼，则外不相侵，内不相陵。此天子之所以养诸侯，兵不用，而诸侯自为正之具也"（《礼记·聘义》）。

丧祭之礼，所以明臣子之恩也。

"事死者如事生，思死者如不欲生。"（《礼记·祭义》）

斋之日，思其居处，思其笑语，思其志意，思其所乐，思其所嗜。齐三日，乃见其所为齐者。

乡饮酒之礼，所以明长幼之序也。

乡饮酒之礼，知尊长养老，明长幼之序。

"民知尊长养老，而后乃能入孝弟。民入孝弟，出尊长养老，而后成教，成教而后国可安也"（《礼记·乡饮酒义》）。

昏姻之礼，所以明男女之别也。

《礼记·昏义》："敬慎重正而后亲之，礼之大体，而所以成男女之别，而立夫妇之义也。"

又"男女有别，而后夫妇有义；夫妇有义，而后父子有亲；父子有亲，而后君臣有正。故曰：昏礼者，礼之本也"。

夫礼禁乱之所由生，犹坊止水之所自来也。

"乱之所由生"，乱，必知其所以然，"治起于衰乱之中"，要

"拨乱反正"，回正，复正。

故以旧坊为无所用而坏之者，必有水败；以旧礼为无所用而去之者，必有乱患。

"坊"，同"防"，堤防。

"君子之道，辟则坊与，坊民之所不足者也"，大为之坊，民犹逾之，"故君子礼以坊德，刑以坊淫，命以坊欲"（《礼记·坊记》）。

故昏姻之礼废，则夫妇之道苦，而淫辟之罪多矣。

《礼记·昏义》："昏礼者，将合二姓之好，上以事宗庙，而下以继后世也。故君子重之。""君子之道，造端乎夫妇"，夫妇，人道之始。

乡饮酒之礼废，则长幼之序失，而争斗之狱繁矣。

《礼记·乡饮酒义》："尊让絜敬也者，君子之所以相接也。君子尊让则不争，絜敬则不慢，不慢不争，则远于斗辨矣；不斗辨则无暴乱之祸矣，斯君子之所以免于人祸也，故圣人制之以道。"

丧祭之礼废，则臣子之恩薄，而倍（背）死、忘生者众矣。

《论语·子张》："人未有自致者也，必也亲丧乎！"

《礼记·祭义》："天下之礼，致反始也，致鬼神也，致和用也，致义也，致让也。""致义，则上下不悖逆矣。致让，以去争也。"

聘、觐之礼废，则君臣之位失，诸侯之行恶，而倍（背）畔侵陵之败起矣。

据乱世的纲纪："礼义以为纪；以正君臣，以笃父子，以睦兄弟，以和夫妇。"（《礼记·礼运》）各正其位，在位谋政。

故礼之教化也微，其止邪也于未形，使人日徙善远罪而不自知也，是以先王隆之也。

"微"，"患生于忿怒，祸起于纤微"（《韩诗外传·卷九》）。

"止邪也于未形"，防未然；"日徙善远罪而不自知"，收潜移默化之化。

《韩诗外传·卷九》："善哉回也！夫贫而如富，其知足而无欲也。贱而如贵，其让而有礼也。无勇而威，其恭敬而不失于人也。终身无患难，其择言而出也。若回者，其至乎！虽上古圣人，亦如此而已。"

《易》曰："君子慎始，差若毫氂（lí，通"厘"）**，缪以千里。"此之谓也。**

"慎始"，《礼记·表记》："慎始而敬终。"《易》由隐之显，《春秋》由显之微，"贵微重始，慎终推效"（《春秋繁露·二端》），慎始诚终，"慎终如始，则无败事"（《老子·第六十四章》）。

"小之将为大也，微之将为著"，"虽甚末，亦一端。孔子以此效之，吾所以贵微重始是也"（《春秋繁露·二端》），差若毫厘，缪以千里。

六、儒　行

《儒行》为汉儒所写。

郑玄："名曰'儒行'者，以其记有道德者所行也。儒之言，优也，柔也。能安人，能服人。又儒者，濡也，以先王之道，能濡其身。"

章炳麟："《儒行》十五儒，大抵坚苦卓绝、奋厉慷慨之士。与儒'柔'之训正相反。儒专守柔，即生许多弊病。"

"古之学者为己，今之学者为人"（《论语·宪问》），今天学计算机，为好找职业，乃学为奴。自己有内圣功夫，心有所主了，才能成就外王之业。

合乎《儒行》的为"君子儒"，否则为"小人儒"（《论语·雍也》）。但今日用此一说法，都不太合适。

儒，无所谓"新、旧"，什么"新儒"！应是创造这个"儒"，为己之所当为，绝不人云亦云。今天新儒讲康德，自以为时髦。

儒，人需，人之需，《说文》云"术士之称"，所以应是"时儒"，"学而时习之"，达到最高境界，即"圣之时者"。什么叫时？"当其可之谓时"（《礼记·学记》），"君子而时中"。

"必也正名乎！"（《论语·子路》）儒岂分新、旧？儒，是人之需，天天都是时，要当"时儒"，有所得了，按己之信仰往前奋斗。圣时，"圣人不能生时，时至而不失之"。不合乎时之需，就过去了，时过则境迁。时儒，"学而时习之"，最后"得鱼忘筌"，连孔子都是。

《庄子·外物》谓："筌者所以在鱼，得鱼而忘筌；蹄者所以在兔，得兔而忘蹄；言者所以在意，得意而忘言。"

此即中国学术的真精神、华夏之学的精神。

民初那一段，就败坏中国，自己亦无所成就。不按原则做事危险，今人之是非、利害特重！

一个人气质低，人品就低，"人之视己，如见其肺肝然"（《大学》）。人品决定一切，人品高，价值亦出头。有真精神，则人不忽略其长处。好坏皆在自己，出人头地，则走在人前头。谁做事都想成功，想成功没有不用人才，自己必要站得住。

耐得了寂寞、孤独，不想入非非者有几人？有良知者天天理与欲斗争，无良知者就淫。

熊十力在《读经示要》论正《儒行》，上追晚周儒风，以为来者劝，谓："奇节伟行之提倡，《儒行》一篇，触处皆是。是则有知识而无志节者，亦未得袭取'儒'名也。"

熊十力《读经示要》："今世衰俗敝，有过于五季，贪污、淫靡、庸暗、污贱、浮狂、险猜，毫无人纪。吾为此惧，爰述《儒行》。"

自熊先生所述，明"儒"之行为。

鲁哀公问于孔子曰："夫子之服，其儒服与？"

问孔子所穿的服饰是否为"儒服"？

孔子对曰："丘少居鲁，衣（动词）逢（大）掖之衣；长居宋，冠章甫之冠。丘闻之也：君子之学也博，其服也乡，丘不知儒服。"

"君子之学也博"，博学于文，无所不学，但"约之以礼"。
"其服也乡"，穿着为乡服，示不忘本。
我穿着旧，此乃我的衣冠上国。你们不然，君子而时中。

哀公曰："敢问儒行？"
孔子对曰："遽（猝）数之不能终其物（含人、事）。悉（尽）数之乃留，更仆，未可终也。"

"遽数之，不能终其物"，不是一下子就能道尽。
"更仆"，昔一个时辰换仆。

哀公命席。

安排席位，与孔子同坐对谈。

孔子侍，曰："儒有席上之珍以待聘。

晏光："君子比德如玉，故称珍焉。"郑注："大问曰聘。"

"有席上之珍"，自贵以待天下之用。载的是应世之道，积于中行而不败。

积德，崇德，非一下子即达高的境界，积微小以成其大。

"夙夜强学以待问。

熊十力："此与上文，言蓄德进学，可为人师。"

早晚强学以待问。

"怀忠信以待举（用）。

郑玄："举，见用也。"

"忠"，尽己之谓；"信"，言可复也。"怀忠信"，以待他日为世所用，《易经·乾卦》九二"见龙在田，利见大人"，利见大德之人。

力行以待取。

王船山："取，亦举也。"熊十力："待举，待取，明无求于世也。"

《易经·乾卦》："初九，潜龙勿用。"未当用之时，然仍必修其体，以达其用。

"不患无位，患所以立。不患莫己知，求为可知也"（《论语·里仁》),"不可胜在己,可胜在敌"(《孙子兵法·军形》),修自己之不可胜。

《荀子·大略》:"君子能为可贵,不能使人必贵己;能为可信,不能使人必信己;能为可用,不能使人必用己。故君子耻不修,不耻见污;耻不信,不耻不见信;耻不能,不耻不见用。是以不诱于誉,不恐于诽,率道而行,端然正己,不为物倾侧。夫是之谓诚君子。"

"率道而行",有原则,率性,不苟合于人。"信近于义"(《论语·学而》),"义之与比"(《论语·里仁》),义者,宜也。

"其自立有如此者。

自立而有待也,有所待而不求焉。
自立自达,己立立人,己达达人。

"儒有衣冠中,动作慎。

《正义》:"在常人中,不自异也。"陈澔曰:"中,犹正也。"

"衣冠中",衣帽适中,不异于众,"君子而时中"(《中庸》);"动作慎",举止言行慎,谨言慎行。

"其大让如慢,小让如伪。

张横渠:"大让如让国、让天下,诚心而让,其貌若不屑也。若

礼　记

夫饮食辞避之间，是小让也，若伪为之，以为仪耳。"

礼者，敬也。"爱人者，人恒爱之；敬人者，人恒敬之。"（《孟子·离娄下》）让，为礼之实，该得而不得。兄弟间让，孔融让梨。禅让，昔让国有功封"礼"。

"大让如慢"，如不屑般，不看重；"小让如伪"，表现客气，如伪为，大家在一起，互相礼让。

孔子志在《春秋》，《春秋》之志在拨乱反正，使乱归之于正。除乱之本，除心里之乱，"小让如伪"。要吃，但不可以多吃，要有节，否则会不舒服。知节，是自经验来的。

"大则如威，小则如愧。

吴澄："则，谓守法不逾柔也。"

熊十力："如威如愧，言事关大法，如有所畏，不敢犯也。即小节处，亦惟恐忽于当然之则，如有所耻。"

"威"，畏也，畏服；"愧"，耻也，惭愧。

"其难进而易退也，粥粥（柔弱谦虚）若无能也。

熊十力："非义不仕，故难进；昏乱之朝，义不苟留，故易退。粥粥，陆明德《释文》'卑谦貌'，有若无，实若虚，非伪为也。君子盛德若不足，其求进无已，故恒不自满也。"

"难进"，人家给你好处，必仔细考虑；"易退"，可以退则退，不失其进退存亡之道。

"难进而易退"，礼之所修，道之所与；"粥粥若无能"，柔弱谦虚，看似无能。

"有若无，实若虚"（《论语·泰伯》），持盈保泰之道，满则溢。"求进无已"，日求精进不已，持之以恒，"其心三月不违仁"（《论语·雍也》）。

"其容貌有如此者。

《论语·泰伯》："动容貌，斯远暴慢矣。""容"，脸；"貌"，人的仪态。动容貌，举止行动。

"儒有居处齐（斋）难。

郑玄："齐难，齐庄可畏难也。"

"居处齐难"，"居处恭，执事敬"（《论语·子路》），平居之时，不懈于位，敬业乐群。

《中庸》"齐（斋）庄中正，足以有敬也。""不庄以莅之，则民不敬"（《论语·卫灵公》），"君子不重则不威"，要敬己，而后人敬之。"敬事而信"，有敬方足以敬事。

"其坐起恭敬；言必先信，行必中正。

熊十力："言必先信诸心，而后言之，故无妄。"

礼　记

"信"，人言为信，"信近于义，言可复也"。言必先信，"无妄"，诚也，不妄言妄行。

"中正"，既中又正，当其时、当其位。"行必中正"，小心行事。

"道涂不争险易之利，冬夏不争阴阳之和。

熊十力："不争利，不避患，须于平时日用起居之际，养得此精神。若平时无养，一旦临大变，必一无所守，而争利亡义，避患苟全，鸟兽之归矣。"

此必平日涵养有得。

"爱其死以有待也，养其身以有为也。

熊十力："有待、有为，而后敢养身爱死。此非可伪托也。盖将予人以可征焉。凭道辈屈辱之爱死、隐逸自利之养身。辱生甚矣。"

"爱其死"，"知命者，不立乎岩墙之下"（《孟子·尽心上》），不以道殉人，不轻易许人；"以有待也"，盖有待也。

"养其身以有为"，"君子以饮食宴乐"（《易经·需卦》），饮食宴乐以养之。

《韩诗外传·卷三》："气藏平，心术治，思虑得，喜怒时，起居而游乐，事时而用足，夫是之谓能自养者也。"

当隐则隐，"隐居以求其志"（《论语·季氏》），"一箪食，一瓢饮，在陋巷。人不堪其忧，回也不改其乐"（《论语·雍也》）。

"其备豫有如此者。

"备豫"，备而不用，就为未来，豫解无穷。

不争小者、近者，以害大者、远者。"思患而豫防之"（《易经·既济卦》），豫解无穷。

"儒有不宝金玉，而忠信以为宝；不祈（求）土地，立义以为土地。

熊十力："祈，犹求也。人人能不求土地，而立义以为土地，则侵夺之患可熄。世界大同。"

"忠信以为宝"，"主忠信"（《论语·子罕》），"言忠信，行笃敬"（《论语·卫灵公》），"民无信不立"（《论语·颜渊》）。

"立义以为土地"，"利物足以和义"（《易经·乾卦·文言传》），与众共之，昔有义仓、义田、义学。"地势坤，君子以厚德载物"（《易经·坤卦》）。

"不祈多积，多文以为富。

熊十力："义理富于内，积天下之财，何以易此乎？"

"难得而易禄也。

熊十力："难得，言其进德修业，皆得力于难也。"

"仁者先难而后获"（《论语·雍也》），先事而后得。

"易禄而难畜也。

熊十力："畜，容也。难畜，不取容于世也。轻禄，故难畜。"

"非时不见（现），不亦难得乎！

熊十力："《易》乾之'初九，潜龙勿用'，则非时不见也，德未成，不可以教人；见未正，不可遽持之以号召当世。乃至有所发明，而未经证实，不轻宣布。将改造治制，而群情未协，不可卤莽以行破坏。皆非时不见义也。从来注家，专就个人出处言，殊失经义。"

"非时不见"，时、时之义、时用之义。"君子而时中"，中而不失其时。

信而可征，"有德者，必有言"（《论语·宪问》），立德、立功、立言，三不朽。

"非义不合，不亦难畜乎！

"非义不合"，"礼之用，和为贵"，又"知和而和，不以礼节之，亦不可行也"（《论语·学而》）。

"难畜"，以行道为事。

熊十力："奸雄之威势，不能夺其所守；群众之习尚，不能移其所志。是难畜也。"

"不能夺其所守"，有操守，勇者不惧人势。有所不为，方才有所为。

"不能移其志"，已心有所主，不随波逐流。"和而不流，强哉矫！"（《中庸》）强中之强！

"先劳而后禄，不亦易禄乎！

熊十力："先后者，轻重义。劳者，自苦之谓，甘自苦而急于救世。利禄非所先也。"

"先劳而后禄"，先劳而后获，先事后得。

"其近人有如此者。

熊十力："儒者本平易近人，而其中之所存，乃极严峻。以此近人，故乡愿不得而似也。"

"近人"，平易近人，"望之俨然，即之也温，听其言也厉"（《论语·子张》），多说造就人的话。

礼　记

"儒有委之以货财，淹（浸淫）之以乐好，见利不亏其义。

熊十力："乐好之淹留，货财之委属，皆易使人醉利而忘义也。"

"见利能不亏己义"，"见得思义"（《论语·季氏》），"临财毋苟得"（《礼记·曲礼上》）。

"劫之（威逼之）以众，沮之（恐怖之）以兵，见死不更其守。

"见死不更其守"，勇者不惧人势，"临难毋苟免"（《礼记·曲礼上》）。

《孟子·滕文公下》："贫贱不能移，富贵不能淫，威武不能屈，此之谓大丈夫。"

"鸷虫攫搏，不程勇者；引重鼎（救国），不程其力；往者不悔，来者不豫。

郑玄："鸷虫，猛鸟兽也。程，犹量也。"

王念孙："不程勇者，当作不程其勇。与下'不程其力'对文。""搏猛引重，不量勇力堪之与否，当之则往也。虽有负者，后不悔也。其所未见，亦不豫备，平行自若也。"

熊十力："此皆所以养勇气，不可与一毫自馁处。天下之大勇，亦必于日常所触险难处，涵养得来。"

"自反而缩（直），虽千万人，吾往矣"（《孟子·公孙丑上》），不惹事，但事来不躲，勇于面对解决。

"过言不再，流言不极（追究）。

王闿运："人有过言，不使得再进。"

郑玄："不极，不问流言所从出也。"

熊十力："见义明，则流言不足动，何更问所从出乎？"

"过言不再"，不怕有过，"过则勿惮改"（《论语·学而》），"不贰过"（《论语·雍也》）。

"流言不极"，朋友久不见面，闻流言不信。闻流言蜚语不穷究。谁来说是非，我都不听，来说是非者，即是是非人。

"不断其威。

熊十力："谓当以威严自持也。不断，谓不间断。一念偶尔悠忽，即中无主，而威重失。"

平日要养威仪，"礼仪三百，威仪三千"，习礼演礼，习惯成自然，"望之俨然"，中必有所主，"主敬立人极"，礼为人极所由立。

"不习其谋。

熊十力："谓勇于行义，故不习谋。习者，数数也（如鸟数飞）。

谋之必周，而不可数数过计。过计，则利害之私，将炫于中。而不果于行矣。"

"习"，鸟数飞；"谋"，《说文》云"虑难曰谋"。"好谋而（能）成"（《论语·述而》），做事之前先谋划，但果于行。

"其特立有如此者。

熊十力："搏猛引重诸语。或以为于害于义理。吾意不然。儒兼任侠，其平居所以养其勇武者固如是。"

特立独行，"独立不惧"（《易经·大过卦》），"虽千万人，吾往矣"！

"儒有可亲而不可劫（劫持）也，可近而不可迫（逼迫）也，可杀而不可辱（侮辱）也。

"君子易事而难说也，说之不以道，不说也，"（《论语·子路》）可亲近而不可有所挟持，可杀而不可辱。

"其居处不淫（过分），其饮食不溽（丰厚）。

"居处不淫，其饮食不溽"，"食无求饱，居无求安"（《论语·学而》），食不求饱美、肥鲜，居不求安适、豪奢，随所遇而安其处。

"其过失可微辨而不可面数也。

熊十力："人不能无过失。儒者能容人之微辨，则未尝怗过而阻人之忠告也。面数，则以盛气凌人。意气才动，自有苛求过深处，有诬且辱之嫌。故儒者不受也。"

"面数"，当面相责难，"父子之间不责善，责善则离"（《孟子·离娄上》），"朋友数，斯疏矣"（《论语·里仁》）。

"其刚毅有如此者。

"刚"，无欲乃刚；"毅"，弘毅，"士不可以不弘毅，任重而道远"（《论语·泰伯》）。

"儒有忠信以为甲胄，礼义以为干橹。

"甲胄"，铠甲头盔；"干橹"，小盾大盾。

"忠信以为甲胄"，言忠信以御患难；"礼义以为干橹"，礼义作为护体，行笃敬，"行中规，旋中矩"（《孔子家语》）。"言忠信，行笃敬，虽蛮貊之邦行矣"。

"戴（奉）仁而行，抱义而处（义不离身）。

"戴仁而行"，奉仁而行；"抱义而处"，"义者，宜也"，义于道，义于礼，行为必与原则相合，处世必有原则。

"虽有（遇）暴政，不更（更易）其所。

礼　记
419

熊十力：“暴乱之政，儒者必结合群策群力，以图改革。不以险难而更其志操也。”

"不更其守"，不改变其操守，"守死善道"（《论语·泰伯》），"造次必于是，颠沛必于是"（《论语·里仁》），"君子素其位而行，不愿（务）乎其外，素富贵行乎富贵；素贫贱行乎贫贱；素夷狄行乎夷狄；素患难行乎患难"（《中庸》）。

"其自立有如此者。

"三十而立"（《论语·为政》），独立自主，"立于道"，"守死善道"。

"儒有一亩之宫（墙垣），环堵（面—堵）之室；筚门（荆竹织门）圭窬（穿木为户），蓬户（以蓬塞门）瓮牖（以败瓮口为窗）。

居无求安适、奢华。

"易衣而出，并日而食。

"并（并）日而食"，一天吃的东西，分两天吃；两天吃一次，形容无暇于饮食。

周公"一饭三吐哺"，忙于公务，恐失天下士。

"上答之不敢以疑，上不答不敢以诌。

熊十力："谓凡事必以己所信诸心者，进言于上；若己疑而不决，则得失未审，不敢以进也。有言不用，则自守静直，不谄曲以逢上。"

"不敢以疑"，不敢把自己有疑惑的问题献策。为人出谋献策，必自己研究到极有把握。

《荀子·臣道》："从命而不利君谓之谄"，又，《荀子·修身》"以不善先人者谓之谄"，无求媚于上，尽己之谓忠。

"其仕有如此者。

熊十力："此节盖言固穷高隐之儒，虽不任政，而国君时与咨询政事，必尽直其道。仕本训学，不必入官之谓仕也。此言贫而乐学也。若为小官，则无由为上所答矣。"

要做官，必有此操守，为国服务。

"儒有今人与居，古人与稽（合）。

熊十力："儒者志气高厚，与古之'大人'合，必不与并世愚贱者合。"

"今人与居"，人不能遗世独立，"鸟兽不可与同群，吾非斯人之徒与而谁与？"（《论语·微子》）

"古人与稽"，"尚论古之人"（《孟子·万章下》），以古人做为我们考稽事情之参考，用古人智慧启发我们的智慧。古今合，印证一个问题。

"今世行之，后世以为楷。

《正义》："楷，法式也。言儒者行事，以为后世楷模。"

"后世以为楷"，能为后世楷模的事才去做。

孔子"言为世法，行为世表"，是万世师表。

"适弗逢世（所之与世左），**上弗援**（不为在位者所援引），**下弗推**（不为下民所推戴）。

熊十力："儒者当昏乱之世。其志气上同于天。其前识，远烛未来，而知当世之所趋，孰为迷失道以亡，孰为开物成务而吉。其定力，则独挽颓流，而特立不惧。其大愿，则孤秉正学，以烁群昏。百兽踯躅，而独为狮子吼。虽所之与世左，上弗援，下弗推，儒者身穷而道不穷也。"

"身穷而道不穷"，立场与世相背离，不被在位者所提拔，不被民众所推戴。"穷则独善其身，达则兼济天下。"（《孟子·尽心上》）

"谗谄之民，有比（结）**党而危之者。**

熊十力："民德民智之未进，而相比党以图政柄，则黠桀者为之魁。而无知之甿附之，相与颠倒是非，变乱黑白。谄行，而正士危。古今所同慨。《儒行》一篇，其七十子后学当战国之衰而作乎？忧患深矣。"

"谗"，《说文》云"谮也"，《玉篇》云"佞也"。《荀子·修身》曰："伤良曰谗。"《说苑·臣术》曰："蔽善者，国之谗也。"

"谄"，媚也，谄媚。《管子·五辅》曰："淫声谄耳，淫观谄目，耳目之所好谄心。"《荀子·臣道》曰："从命而不利君谓之谄。"

"比"，行也，《说文》云"二人为从，反从为比"。随从，朋比。

《韩诗外传·卷七》曰："高比，所以广德也。下比，所以狭行也。比于善者，自进之阶。比于恶者，自退之原。"

"党"，尚黑，偏也。《荀子·强国》曰："不比周，不朋党。"

"忧患深"，先天下之忧而忧，圣人与天下同忧，《易经》有忧患九卦。

"身可危也，而志不可夺（夺志）**也。**

"三军可夺帅也，匹夫不可夺志"（《论语·子罕》），虽处此环境中，志仍不可夺，坚刚不可夺志。身可死，志不可夺，不因暴力而改其意志。

"虽危，起居竟信（伸）**其志。**

礼　记

423

郑玄："起居，犹举事动作。信，读伸。言众虽危，而行事举动，犹能伸己之志谋，不变易也。"

"穷则独善其身"，不改其志，不易其守。

"犹将不忘百姓之病也。

熊十力："孟子所谓天下有饥溺，犹己饥溺之也。佛氏大悲众生，亦此志。"

"得志与民由之，不得志独行其道"（《孟子·滕文公下》），得志，与天下人行"天下为公"之道；不得志，就自己去行道，"天下有道则见，无道则隐"（《论语·泰伯》），藏道于民。

"其忧思有如此者。

不忧己私，忧国忧民，因能见百姓不可见者。

超时的智慧，以领导时，"先天下之忧而忧，后天下之乐而乐"。

"儒有博学而不穷。

熊十力："此言孤陋寡闻，不足为学。故贵于博。博者，周以察物，而观其会通。不穷，求进不止也。"

"博学而不穷"，学无止境，死而后已。

"笃行而不倦。

熊十力："德行纯壹，无有疲倦。《经》言'庄敬日强'，佛氏亦言'精进'。"

《礼记·表记》："君子庄敬日强，安肆日偷。"《无量寿经》："勇猛精进，志愿无倦。"

《易经·乾卦》："天行健，君子以自强不息。"孔子"学不厌而教不倦"（《孟子·公孙丑上》）。

"幽居而不淫。

熊十力："不淫，心无妄动也。幽居之地，不使邪念得萌。此慎独之功也。"

"不淫"，乐而不淫，无过与不及，君子能时中。

"慎独"，《中庸》："君子戒慎乎其（己）所不睹，恐惧乎其所不闻。莫见乎隐，莫显乎微。故君子慎其独也。"

"上通而不困。

熊十力："上通，犹言上达。洞彻万化之大原，昭察万理之宗极，犹佛言一切智智也。不困者，明睿所照，非劳思虑而得之也。从来注家均误。"

"君子上达"（《论语·宪问》），上达天德，而不困于欲。

"礼之以（用）**和为贵**（重要），**忠信之美，优游之法，**

"礼之以和为贵"，"礼之用，和为贵"（《论语·学而》）。
"忠信之美"，"主忠信"，"言忠信，行笃敬"。
"优游之法"，以德孕育，《中庸》所谓"不勉而中，不思而得，从容中道也"。

"慕贤而容众，毁方而瓦合。

熊十力："《论语》亲仁、泛爱众，此所本。"
郑玄："去己之大圭角，下与众小人合也。"

"慕贤而容众，毁方而瓦合"，此处世之要，求和之窍。
应见谁都合、有礼，行为才被人接受。在社会上不能太有棱角，必去其角之方，与别人和合。谁容你的方角？求与人同，与人为善。
《易经》"同人大有谦豫随"，"谦卦"，六爻皆吉。想有成就，"谦"是不二法门，"谦谦君子，卑以自牧也"（《易经·谦卦》），自课，"无伐善，无施劳"（《论语·公冶长》）。
《论语》如同公式，许多观念自此引出。

"其宽裕有如此者。

"宽",舒适;"裕",优裕。《中庸》"宽裕温柔,足以有容也","宽则得众"(《论语·阳货》),《易经·晋卦》:"有孚,裕,无咎。"温柔,温和柔顺。有容,不器,有容乃大。

"儒有内称（举）**不辟亲,外举不辟怨,程**（量）**功积事,推**（举）**贤而进达**（达于国家）**之,不望其报,君得其志。**

　　熊十力:"言儒者欲举人之时,必程效其功,积累其事,乃推而进达之。不望报者,进贤非为私故。使国家得贤才,以行其志。"

　　"内举不避亲,外举不避怨",是人才即举之,"举尔所知。尔所不知,人其舍诸?"(《论语·子路》)

"苟（真的）**利国家,不求富贵。**

以国家为利,非为求个人的富贵利达。
林则徐"苟利国家生死以,岂因祸福避趋之",不计个人之利害。他被贬至新疆,没有怨言,即着手边防建设。

"其举贤援（引）**能有如此者**。

"举贤援能","贤者在位,能者在职"。
国家之能有希望,在于后继有人,江山代有才人出,所以成就大事业,以造就接班人为第一要义。

"儒有闻善（善言）**以相告也,见善以相示也。**

熊十力："不私其所闻见之善道，必授诸人。成物所以成己也。佛氏誓愿度众生，亦此意。"

"闻善相告，见善相示"，欲人同与为善，"夫仁者，己欲立而立人，己欲达而达人。能近取譬，可谓仁之方也已"（《论语·雍也》）。

《大学》"在明明德"，自己明德了，也要宣扬明之德，使天下人也能明德，先觉觉后觉。

以善与人，"能以美利利天下，不言所利，大哉"！以美利利天下，是美利集团。

"爵位相先也。

郑玄："相先，犹相让也。"

"爵位，相先也"，先前，有序，"同类相依，同义相亲，同难相济，同道相成，同艺相规，同巧相胜"（《素书·安礼》）。

"患难相死也。

熊十力："朋友如共患难，不苟偷生也。"

患难之交，生死与共，不逃避责任，不推诿卸责。

"久相待也。

熊十力："谓其所知贤能之友，久沉滞不升，己则待之乃进。"

久相助，永远互助。

"远相致也。

熊十力："远谓遗弃。谓若得位，而所知贤能方遗弃于世，则必相致远也。"

远方，亦相罗致，怀柔远人。

"其任举有如此者。

"任举"，任贤用能，贤者在位，能者在职。

"儒有澡身而浴德，陈言而伏。

《正义》："澡洁其身，不染浊也。沐浴于德，以德自清也。"
熊十力："伏者，闭而不出之谓。儒者事君，以嘉谋嘉猷，密陈于君，而不泄于外，不自居功。古者君臣之义，犹朋友也。故相让善。夫以善与人，而不自居善。此善之至高至真者也。"

"澡身浴德"，"浴乎沂，风乎舞雩，咏而归"（《论语·先进》），沐浴在孔子之德。"沂水"，在山东曲阜，代表孔子。

"陈言而伏"，陈己见而伏众议，少数服从多数，此民主政治之原则。

"静而正之（"之"字衍），**上弗知也，**

"静而正"，静于欲，无欲乃刚，才能正，"以言乎迩则静而正"（《易经·系辞上》）。

"静而正"，一部《大学》功夫，定、静、安、虑、得。

熊十力："静正者，儒者事君。将顺其美，匡救其恶，常在于未形也。凡朋友忠告之道，皆当如此。"

《史记·管晏列传》："将顺其美，匡救其恶。故上下能相亲也。"

"朋友忠告之道"，"忠告而善道之，不可则止，毋自辱焉"（《论语·颜渊》）。

"粗（疏忽）**而翘**（启发）**之，又不急为也。**

熊十力："粗，谓大事。若君于大事有过失，必翘举其过，相匡正也。不急为者，当俟机而言。勿激于意气，致成不可挽之势也。此昔儒事君之义。今朋友相与，亦合如此。"

在上位者有疏忽，在下位者必微谏，不可以马虎过去，"勿以恶小而为之，勿以善小而不为"。

要见机而谏，但不数也，"事君数，斯辱矣"（《论语·里仁》），天天数其过，自取其辱。要识相！惟李世民能容魏征，成就"贞观之治"。

"不临深而为高。

熊十力："天下有甚深之渊，谓潜伏之势力也。从来政治社会等方面，当某种势力乘权，而弊或伏。则将有反动思想酝酿而未形。积久，则乘势者不戒，而弊日深。于是，反动之势，益增盛而不可遏。故御世之大略，常思天下之利，或失之于不均，而流极难挽。"

要居安思危，持盈保泰，因为物极必反，"否泰，反其类也"（《易经·杂卦传》）。

熊十力："天下之巨祸，或伏于无形，而爆发可忧。故不可以我之足以临乎其深潜之势而制之，遂自居高，以为无患也。当思危，而求均平之道耳。"

"临深以为高"，笑话！
《荀子·劝学》："不登高山，不知天之高也；不临深溪，不知地之厚也；不闻先王之遗言，不知学问之大也。"

"不加少而为多。

熊十力："天下之是非，有时出于众好恶，而确不背于大公之道者。则从多数为是，不可以少而抗多也。有时群众昏俗之盲动，反不若少数人独见之明，则不可恃多以加乎少。加者，有自处优势而抑彼之意。如'我不欲人之加诸我也'之'加'。"

"加少而为多"，太慢！

《易经·谦卦》"君子以衰（póu，引、聚）多益寡，称物平施"，慢慢引、聚多了，才能益寡，权其轻重，公平给。

熊十力："察群变，通群情，而司其化者，可谓至矣！"

"世治不轻。

熊十力："世治，则人情易耽逸乐，忘戒惧。儒者居安思危。尝惕厉愤发。深求当世之隐患与偏弊，而思矫之。故云'不轻'。"

在太平、上轨道之时，也不必把自己看得很轻。

"世乱不沮。

熊十力："世乱，则人皆退沮。儒者早察乱源于无事之日。凡社会上经制之不平，政治上举措之大过。儒者皆详其理之所未当，势之所必趋，流极之必至于已甚。故当乱之已形，恒奋其大勇无所怖畏之精神，率群众以革故取新。《易》所谓'开物成务'是也。开者，开创。凡经济与政治种种度制，乃至群纪、信条，以及器用，一切新发明、新创作，皆谓之开物。成务，则牒上而言新事务之创成也。故云'不沮'。若只独行，而无所创辟于世，岂不沮之谓耶？"

世乱不沮丧，自乱中寻找太平。"治起于衰乱之中"，《春秋》之可怕，在此。

"同弗与。

熊十力："方性夫曰：'与其所可与，不必同乎己也。'此说得之。庄周与惠施学不同，而有辨难之乐。顾亭林与李二曲学不同，而有切磋之益。此学之不必同而后与也。孔子政治思想，与管仲相隔，奚止天壤？而大管仲之功。不似后来孟子之隘。沮溺丈人皆隐沦避世，而孔子犹欲相喻以心。此言治之不必同而后与也。夫喜与乎同者，则天下有凶狡之徒，挟私以同乎我。有庸俗之辈，妄附以同乎我。则与同也，乃将我之所自持者，而尽丧焉，以成下流之归。可不戒乎？"

"与"，许也，赞同，"吾与点也"（《论语·先进》）。
不"党同伐异"，不"攻异端"，执两用中。

"异弗非也。

熊十力："学必观乎异，而后吾之知进。政必观乎异，而后吾之虑周。友必亲乎异，而后吾之过有所闻，德有所立。夫万物并育而不相害，道并行而不相悖，此吾儒发明天地间之公理，不可或违者也。

验之一身，百骸五脏，彼此互异，而相资相通，以遂全体之生成。使其以异相非，则生命绝矣。推此而论思想与治化。执一，以责天下之同，而伐异唯恐不尽者，终违天地之生理。孟子所以恶夫执一也。"

"异弗非"，"非"，同"诽"，诽谤。"攻（攻击）乎异端，斯害也已。"（《论语·为政》）

《中庸》："万物并育而不相害，道并行而不相悖。小德川流，大德敦化。"善体天地之化，自由之极则。

"其特立独行有如此者。

熊十力："古之所谓特立独行者，出乎其类，拔乎其萃，不与时风众势俱靡。常能包通万有，含弘光大。先天下而开其物，成其务者也。汉以来经师之学，解不及此，乃以偏至之行，或曲谨之节，说为特立独行。则其狭小亦甚矣。故此一节，郑玄以来无善诂。"

"特立独行"，"出乎其类，拔乎其萃"，有高的成就。

"儒有上不臣天子，下不事诸侯。

"不事王侯，高尚其（己）事"，"不事王侯，志可则也"（《易经·蛊卦》）。

"慎静而尚宽，强毅以与人，

熊十力："慎静，阅厌尘嚣，而难容物。故须尚宽。"

"慎静"，审慎，能自静中得功夫，"宁静以致远"；"尚宽"，宽能容，容乃大。

熊十力："尚宽，非苟屈以顺人之情也。故外温而内强毅，不苟与人。"

"强毅以与人"，"发强刚毅，足以有执"（《中庸》），有恒、有毅力、有守，"和而不流"，和以处人。无敌则多助，自助天助。

"博学以知服（行）。

熊十力："博学，则易自恃以轻人。须知，理道无穷。合古今中外学者之所得，其以测夫无穷者，终无几何，而我一人之学，虽博，又几何耶？前乎我者，有一长足以遗我。我受其恩，不敢不服。况其德慧纯备，发明至道，精思妙悟，创通物理者乎！并乎我者，例前可知。夫学愈博，而愈见理道无穷。择善不容稍隘也，故云知服。知服者，知服善也。妙哉！此一'知'字。人之不服善者，唯其无知故也。"

问："弟子孰为好学？"孔子答："有颜回者好学，不迁怒，不贰过。"《论语·雍也》知行合一，谓之学。

"博学于文，约之以礼"（《论语·颜渊》），以礼约身，"礼以行之"（《论语·卫灵公》）。

一般人光知学，而不知行。今人之短，在博学而不行，就光说不练。

"近文章，砥厉廉（直的边）**隅**（方的角）。

熊十力："一日不亲书册，则心神放逸。"

"文章"，礼法制度，文章华国。"近文章"，古人与稽，以古人印证所学；"砥砺廉隅"，毁方瓦合，毁去棱角，与瓦砾相合，收敛锋芒，善与人同。

"虽分国，如锱铢。

郑玄："言君分国以与之，视之轻于锱铢。算法，十黍为絫，十絫为铢。六铢为锱，四锱为两。"

"锱铢"，小珠宝，不值钱。"如锱铢"，不锱铢必较。

"不臣不仕。

熊十力："寄迹世间，忘怀荣利。量超乎宇宙，德侔乎造化。"

"不臣不仕"，"君使臣以礼，臣事君以忠"，有所坚持，不勉强行事，另有抱负。

"其规为有如此者。

王船山："规为，谓器量也。"

"规为"，规而为之。一切皆有标准，行为有个准则。

"儒有合志同方，营道同术（同一之术）。

熊十力："据所怀志意也，据所习道艺也。"

"合志同方"，同志，志同道合，向同一目标往前干。
"营道同术"，要找同志，志同道合，才可以生死与共，共同
合作事业。

"并立则乐，相下不厌。

熊十力："言儒者有上述之友，其地位与己等，则欢乐之；若下
于己，必不厌倦。不以地位变友谊也。"

"并立则乐"，有群德，能乐群，敬业乐群。记住：事业不是
一个人能成就的。
"相下不厌"，虽地位有高低，但也不相厌，这是什么态度？

"久不相见，闻流言不信。

熊十力："信友之素守，故不为流言所动。"

"闻流言不信"，朋友真相知，闻流言决不相信。

"浸润之谮，肤受之愬，不行焉，可谓明也已矣"（《论语·颜渊》），皆自明也。

"其行本（按照）方立义，同而进，不同而退。

熊十力："本之方正。政治上主张，友与己同，则进而共行之。友之主张，与吾异。则吾宜退避之。"

"同而进，不同而退"，知所进退，因为不可以内乱，要防内溃。

"其交友有如此者。

交友之道，"晏平仲善与人交，久而敬之"（《论语·公冶长》），虽是相处久了，犹能彼此尊重。你敬人，人就敬你，彼此彼此。

君子"群而不党"（《论语·卫灵公》），不党同伐异，要和而不同。

"温良者，仁之本也。

熊十力："温，和也，善也。良，亦善也。至善无染，万德纯备，故曰良。和义深，是生生不息真几也。"

"温良"，见人性之善！"夫子温、良、恭、俭、让以得之。夫子之求之也，其诸异乎人之求之与？"（《论语·学而》）

"君子务本，本立而道生孝弟也者，其为仁之本与！"（《论语·学而》），"率性之谓道"，本着良知良能行事。

"敬慎者，仁之地也。

熊十力："地，所以居止万物。敬慎，则心不放，故为仁之地也。"

"敬慎"，敬之，慎之！"敬慎不败。"（《易经·需卦》）
地，厚载万物，仁之地，地生万物，没有分别心。

"宽裕者，仁之作也。

熊十力："宽则不迫，而恒安；裕则有余，而不匮。作者，发用义。"

《中庸》："宽裕温柔，足以有容也。"容乃大，仁之作用，至大无外。

"孙（逊）接者，仁之能也。

熊十力："逊辞接物，是仁之能。仁者浑然与物同体，故接物无不逊也。"

"孙以出之"（《论语·卫灵公》），谦逊说出，"君子不以其所能者病人"（《礼记·表记》），"奢则不孙，俭则固"（《论语·述而》），以中道处世，过与不及，皆非中道。

"礼节者，仁之貌也。

熊十力："貌者，诚中形外也。仁存乎中，其应物现形，温然有节文也。"

"礼"，天理之节文也。礼以节之，"慎言语，节饮食"（《易经·颐卦》），仁之面貌。

"言谈者，仁之文也。

《正义》："言语谈说，是仁之文章。"

熊十力：《论语》'仁者，其言也讱'，谓言不妄发，必反省诸心，不失其仁，无私意私欲夹杂。则出口之言，悉从仁心中流出，自然成文也。"

"言有物"（《易经·家人卦》），言中有物。"文"，经纬天地。

"歌乐者，仁之和也。

《正义》："诗歌音乐，是仁之和也。"

熊十力：《论语》'《关雎》，乐而不淫，哀而不伤'。夫乐不淫，哀不伤，正是和悦之仁体，自然有则而不过也。哀至于伤，乐至于淫，皆缘己与物对，妄情斯滞，和悦不存矣。非游无待也，难离系也。夫子论《诗》，其义高远极矣，此中实本之。"

《尚书·尧典》："歌永言，声依永，律和声。"

"和"，情发而皆中节，"乐而不淫，哀而不伤"，不伤生人之性。

分散者，仁之施也。

《正义》："分散蓄积，而振贫穷，是仁之恩施。"

熊十力："财者，物所资以活命。财有限也，而资生者无穷。己蓄之多，则天下有丧其生者矣。故散财振物，仁道之大者也。佛重布施，以行其悲，亦此意。然儒者言治，必均天下之财。佛氏不谈治理，只就个人修行言。出世之教，异乎圣学也。"

"万物皆备于我"，大家都有使用权，不得过于集中，而侵害别人之所有权。

仁者安人，一视同仁。"施"，不求回报。

"儒者兼而有之，犹且不敢言'仁'也。

熊十力："孔子以仁立教。儒者之学，仁学也。故儒者百行，总归于仁。发心求仁，亦可谓仁人。仁德全显，乃云圣人。"

"儒"，人之需，"仁"，二人相偶，生也。

《易经·乾卦·文言传》："君子体仁，足以长人。"中国学问为仁，昔有体仁阁大学士。

礼　记

熊十力：“夫百行一本于仁，自立身而推之辅世，细行不堕，大行不滞……夫《儒行》大矣……此篇结尾以百行一本于仁，与《论语》相印证，孰谓无宗旨乎！”

"其尊让有如此者。

熊十力：“儒者自尊，而穷通一其节，权势莫之屈。乡居，则敬长以赞化，又善处吏民而各安其分。儒者行让以辅治理，仁之至也。尊而不让，则居亢以绝物，是不仁也。”

"尊让"，尊贤让能。礼让，以礼相让，"为国以礼，其言不让，是故哂之"（《论语·先进》）。

"儒有不陨获（困迫失志）于贫贱，不充诎（欢喜失节）于富贵，

熊十力：“此言穷居不损其志也，富贵不淫也。”

"富贵不能淫，贫贱不能移"（《孟子·滕文公下》），不论什么环境，皆不改其初志。

"不慁（hùn，辱）君王，不累（系）长上（乡党长老），不闵（病）有司（群吏），故曰'儒'。

熊十力：“言儒者素履方正，不为天子、诸侯、卿大夫、群吏所困迫而违道。地方教化之事，与利弊诸端，皆长老主其计。儒者乡居，则赞助之，不以累长老也。儒者在乡，不私徒党以干涉吏事。澹台子羽，非公事不至于邑宰之室是也。晚世搢绅，以资望豪于乡里。病有司，而苦细民。儒者不为也。"

为国家服务，"行己有耻，使于四方，不辱君命"（《论语·子路》），君者，群也，即国家。

"今众人之命（名）**儒也妄**（无实），**常以儒相诟病。"**

熊十力："十五儒，显晦异迹，而行事皆出乎中正。不审伊川何故斥为虚夸也。"

刘邦尿儒冠；其得天下后，是第一个到曲阜祭孔的皇帝，《史记·孔子世家》记："高皇帝过鲁，以太牢祠焉。"

孔子至舍，哀公馆之，闻此言也，言加信，行加义，"终没吾世，不敢以儒为戏。"

熊十力：《大学》《儒行》二篇，皆贯穿群经。而撮其要最，详其条贯，揭其宗旨，博大宏深。盖皆以简少之文，而摄无量义也。二三子读经，从此入手，必无茫然不知问津之感。读尽'六经'后，又复回玩二篇，当觉意思深远。与初读时，绝不相同。"

看书，必自书中得方法，愈看书愈知读书方法。

礼 记

我以讲书为乐，有责任感。

熊十力："真学问，不是只有许多知识，便足云学。智必造其极，足以会散著之知，而得其通。理必究其原，足以汇万殊之理，而有所归。根据经验，以极乎穷玄造微，敦笃践履，以穷于尽性至命。通智慧、道德、生活而为一，始可云真学问。此则必赖读经，以资引发，而后有成。"

读《公羊传》极苦，不易！不是一般人所能忍受。

读书，自《说文句读》入手。看正式书，则看《说文通训定声》。最好的一部是《说文解字诂林》。工具书不全，不能读书。

想读书，必有特殊环境。眼不到，就不算读书。溥儒，赵孟頫后第一人，五百年后不再有此人。

昔人以写字、画画做消遣。如意馆，为皇帝学画的地方，藏有不少名书画。

如意馆，以绘画供奉于皇室。此处云集全国绘画大师、书法家、瓷器大师等。康、雍、乾三朝，如意馆隶属皇帝管理。同治、光绪朝，如意馆隶属于内务府造办处。如意馆画师主要有：康熙年间：郎世宁，禹之鼎，焦秉贞，戴恒，邹文玉、唐岱、贺金昆、宋三吉、焦国俞等。

读书要轻松，如看小说般，要天天看。气太浮躁，就看不下去，必要心平气和，慢慢地读。"天下无难事，就怕有心人"，要读破书才行，"读书破万卷，下笔如有神！"

勤能补拙，中国书太多，学无止境，死而后已！

余论

今天讲学，就是要在思想上"拨乱反正"，故必须"依经解经"，不能再以注解经，以注读经是读笑话。

依经解经，一字一义，把清代学者对文字训诂的研究，用来开辟时代，必然有用。看《说文解字诂林》。

多少文人无品，不如妓女。给文人一个官位、一点儿钱，就不知老之将至，只知违心，净逢迎拍马，故意误解、曲解。

中国人有真智慧，但也要有读书环境才行，如果不否认中国智慧，则必要改善读书环境。

今天世界一直在动荡之中。中国人只要好好努力，半个世纪后必会有大变局。

中国书必要拼命读、仔细读才有用。人的优点就是"倾人"，如倾心、倾国倾城。必要把中国书当"倾人"技术读，用中国先人"倾人"技术来倾人。

先人思想丰富，要自此拼出些倾人技术来"倾人"，这个东西外国人学不会。中国人虽不少，但只要有真能者，就能够惊天动地。

你们今天所读的经书，不过是几千年的帝王版本。几千年来，中国一直在旧思想圈中打转，至今犹未跳出。今天的环境已不同，也应该有所突破，怎能一直故步不前，那也太落伍了！

你们现在的环境很安定，怎么不好好读书？以如此安定的环境，可以好好造就自己，也可以"饱暖而思淫欲"，就看自己怎么利用环境，以造就自己了。

在政治上好好下功夫，才能平世界之乱。此套"倾人"技术，只有中国有。问："天下恶乎定？"要想天下安定，答："定于一。"也只有中国"能一之"，即中国思想有"一"的本钱。

百无一用是书生，万般不与政事同，搞政治很难，"医不三世，不服其药"，同样，政不三世，不能为政。要知变、知通，才能搞政治。

今后求学，要贵精不要多。政治没有固定之方，万般不与政事同，孔子言："可与适道，未可与立；可与立，未可与权。"（《论语·子罕》）最重要的即在"权"，知所以用理，知权才能应变。人世变动不居，必行权以应变。

一般老夫子，只知"得道"而不"知权"，于是就"倒"了！"知权"，知所以用理，知如何理政，否则，必不知政。

今后，必要找人文学上的"丁"，不要老是科学的"丁"（丁肇中，1976 年获诺贝尔物理学奖）。中国的人文环境是天下无双，必要好好研究，深下功夫。必要脱离前人的束缚，走出自己的路子来。

要脱离旧时代的束缚，今后要"革故鼎新"，去一切旧染，"苟日新，日日新，又日新"（《大学》）。永远"做新人"，又怎会落伍？但要不怕难，不怕打烂仗。要处处打仗，烂仗打出来，就成了。必要有打烂仗的精神，纵使遇难了，还能勇往前进。

中国最古之学为"道学"，黄帝传道术，"源于道"，各家皆由此出。《管子》以道家为其思想基础，但其中也有儒家思想，《管子》不易分清是哪一家。

子学的儒家是《荀子》。由兵家入法家，再读《荀子》，最后再读道家。老庄，最后才看。道学，非指《道德经》。今日要学道来盗，要盗才行；做"孙子"，才学道。

读经，要明白经术。要学今之圣人，不要学古之圣人。古之圣人不踩蚁，今之圣人必要踩人才叫圣人，此"圣之时者"也。

做笔记，由其中想出新义，要记下来，不要忘记。要在实践中，巩固己之所学。

学术必要往前走，不要做"尾大"学者。不要老是"韩非曰""商君曰"，要把他们往前拽，不要自称是"韩非之徒"。必要往前走，不要老是守旧，时代日新月异，我们也必要往前走，才能赶上时代。也唯有真能向前走，才会感到自己的落伍。

不要把教科书当作学问，那只是常识而已。人文方面，用"侵略"，太落伍了！必要"独占"才行，子书就教我们如何去独占世界。郑板桥家书，特别教弟子读董子。董子的书，术特别厉害，在众子书之上，故不称子书。

不必当圣人，要善用智慧，善用自己超越别人的长处。要多做笔记，也要多烧笔记，因立论不成熟，怎能给人看？一个人必须处处仔细，没有用的东西就烧掉，有什么好留恋的？思想要日日新，又日新。

江山代有才人出，不要看轻自己。必得好好干，好好下功夫，才能"拨乱反正"。

《易经》"见群龙无首"，"君者，群之首"，"见群龙无首，吉"，即群者君之首。哪个字的境界高，就用那个字，何必墨守成规？

社会上最重要的事是"以毒攻毒"，不是以善攻恶。不要"以德报怨"，要"以毒攻毒"才可。

伏羲"仰观俯察"，"近取诸身，远取诸物"，画八卦。中国所有学术，都从经验得来。

《易经·序卦传》"物畜然后有礼，故受之以履"，礼者履也，履者行也。物畜，然后有"理"，以理别之。物畜得多，需要整理整理，故用"理"来别，一分别了，就有礼，而别物，即用理去履。理为技术，必要用理来履，才会成礼。

书须反复看，多做笔记才成。每天看子书，看两三年就成了，必要天天读才有用，一中断，就没用了。读书，不要好高骛远，各尽己能，朱子说："上句不懂，不读下句。"

要天天背书，才能发现新而有用的东西，温故能知新就在此。我一天背《易经》一卦。要仔细读，贵精不贵多。

"学问之道无他，求其放心而已矣"（《孟子·告子上》），"放心"之"放"，即"鸡犬放出"之"放"。"放心"找回来，就是"正心"。有正心的功夫，才能谈学问。

有所得皆非巧得，必要下真苦功夫才有成。人只要天天干、时时干，啥事干不成？不要受幼稚病人的影响，哪有受无知之人支配的道理？

读书，要触类旁通，才有新义。读书，要从最简单、最深刻处入手。选一本喜欢的书，好好精读，读出其中的智能。要以前人智慧，启发自己的智慧，而不是抱着死人不放。

老子用"小国寡民"来控制国家。"道，可道，非常道；名，可名，非常名。无，名天地之始；有，名万物之母"（《老子·第一章》），此老子政论。不懂他的政论，也无法懂他的术。老子政术最高，在批斗折冲，故曰："夫唯不争，故天下莫能与之争。"（《老子·第二十二章》）

"机事不密，则害成。"（《易经·系辞上》），你们见谁都掏心挖肺，赤诚相待。"《易》为君子谋，不为小人谋"（张载《正蒙·大易篇》），《易经》是卜德，"苟不至德，至道不凝焉"（《中庸》）。

一部《论语》，看不见"形而上"的东西，这是中国人聪明的地方，学问都是从"仰观俯察"体得的。古人从经验立说，我们也可从经验立说。古人经验少还可以立说，今人经验多而无法立说，因为脑子都是单行道、直线条。

今天必要下苦功夫，从人文思想中发掘政治学的"丁"。在这么丰富的生活环境中，立说怎可不超过古人？

诸子之所以能立说，在把自身经验留给后人。但子书有偏颇处，因受当时环境的限制。今天环境已不同，可以打破环境的限制了，为什么还不懂好好用脑？

中国经书，都是互为表里的，是圆的，无端，以此当智慧用。古人的环境没有今人好，而子书的智慧却不得了。

针灸，是一针见效的，哪有扎半个月才好的？政治上，用中国人的智慧也可以一针见效，从申韩、商君、孙吴等子书，一针扎下去，可让他有苦说不出。今天事，鹿死谁手还不知，必要学政治上的针灸，用来治世界的病。

中国书必要精读，一切都是触类旁通，不在读多读少，只在精读、读通。我四岁启蒙，四十岁才真正开始读书。

中国智慧，必得老年才能用上。中国人不会把年轻人的智慧打第一线，也永远不会过分看重年轻人的智谋。中国人必看重老年人，年轻人的话可以参考，但不可以独当一面，但必要使年轻人向前走。

中国历史悠久，文化源远流长。今天，时代不一样了，我们一定要让华夏文明焕发出新的生命活力。

《礼经》有三：《周官》《礼记》《仪礼》。三礼之中，《仪礼》自是周代旧典，不必为夫子所删定。但为孔门之所传习则无疑。今传之篇章，亦不完。……大小《戴记》当有战国及汉初儒者增窜之说。然其中大义微言，必出夫子传授。七十子后学相承未坠，最可宝贵。余以为孔子之《礼》说，当于大小《戴记》求之。但后儒增窜，不可不辨。余尝有意抉择，卒鲜斯暇。

窃谓礼之本，在以性帅情，情从性，则情亦性也。率性，即明通公溥，而万物咸遂其生。礼教之流失，至于情胜任私，如亲属，则主恩掩义。中国家庭，百病丛生，不独养成子弟依赖等恶根性，而害尤甚者，即只私其家属，以及姻娅，而不知有社会与国家。反不若尚法者之以纪律束其民，使之习守于公共规律之中，

---

① 摘自熊十力《读经示要》。

各循其分而不敢犯。

孙卿已豫防后儒重私恩与情胜之弊，而特明人生在群、群贵有分之义。分者，人在群中，各有其应尽之责任，而不可相诿也；各有其应得之权益，而不可相侵也。此则以礼治兼融法治，为据乱、升平之际所宜取则。

大凡礼制以随时更张为贵。中国礼教之流于情胜任私，则以大家庭制之积久而不更故也。……《春秋》本有集体农场之规……即以有规律之社会生活，而救家庭间恩掩义之种种流弊。孙卿主张群与分之义，适与之合。惜后儒不能究明而实行之。

余以为孙卿书，当与大小《戴记》，并称《礼经》。而于二《戴记》中，寻孔子说礼之本原处，别集为一篇。其大小戴所集后儒说，或不必合于孔子之旨者，亦另集成编。孙卿之义，条举其纲要，而别为篇。如是，总为一书，附于大小《戴记》及孙卿书之后，使言礼治者，足资考正焉。

老当昏世，恐难竟此愿也。

道善人文经典文库
让你能知味的中华经典解读丛书

图书·音视频·讲座
敬请关注

毓老师作品系列

毓老师说论语（修订版）	爱新觉罗·毓鋆讲述
毓老师说中庸	爱新觉罗·毓鋆讲述
毓老师说庄子	爱新觉罗·毓鋆讲述
毓老师说大学	爱新觉罗·毓鋆讲述
毓老师说老子	爱新觉罗·毓鋆讲述
毓老师说易经（全三卷）	爱新觉罗·毓鋆讲述
毓老师说（礼元录）	爱新觉罗·毓鋆讲述
毓老师说吴起太公兵法	爱新觉罗·毓鋆讲述
毓老师说公羊	爱新觉罗·毓鋆讲述
毓老师说春秋繁露（上下册）	爱新觉罗·毓鋆讲述
毓老师说管子	爱新觉罗·毓鋆讲述
毓老师说孙子兵法（修订版）	爱新觉罗·毓鋆讲述
毓老师说易传（修订版）	爱新觉罗·毓鋆讲述
毓老师说人物志（修订版）	爱新觉罗·毓鋆讲述
毓老师说孟子	爱新觉罗·毓鋆讲述
毓老师说诗书礼	爱新觉罗·毓鋆讲述

刘君祖作品系列

易经与现代生活	刘君祖
易经说什么	刘君祖
易经密码全译全解（全9辑）	刘君祖
易断全书（上下）	刘君祖
刘君祖经典讲堂（全十卷）	刘君祖
人物志详解	刘君祖

春秋繁露详解	刘君祖
孙子兵法新解	刘君祖
鬼谷子新解	刘君祖

吴怡作品系列

中国哲学史话	张起钧　吴　怡
禅与老庄	吴　怡
逍遥的庄子	吴　怡
易经应该这样用	吴　怡
易经新说——我在美国讲易经	吴　怡
老子新说——我在美国讲老子	吴　怡
庄子新说——我在美国讲庄子	吴　怡
中国哲学关键词50讲（汉英对照）	吴　怡
哲学与人生	吴　怡
禅与人生	吴　怡
整体生命心理学	吴　怡
碧岩录详解	吴　怡
系辞传详解	吴　怡
坛经详解	吴　怡
写给大家的中国哲学史	吴　怡
周易本义全译全解	吴　怡

高怀民作品系列

易经哲学精讲	高怀民
伟大的孕育：易经哲学精讲续篇	高怀民
智慧之巅：先秦哲学与希腊哲学	高怀民
易学史（三卷）	高怀民

辛意云作品系列

论语辛说	辛意云
老子辛说	辛意云
国学十六讲	辛意云
美学二十讲	辛意云

其他

易经与中医学	黄绍祖
论语故事	（日）下村湖人
汉字细说	林蓼
新细说黄帝内经	徐芹庭
易经与管理	陈明德
周易话解	刘思白
道德经画说	张　爽
史记的读法	阮芝生
数位易经（上下）	陈文德
从心读资治通鉴	张　元
易经经传全义全解（上下册）	徐芹庭
周易程传全译全解	黄忠天
唐诗之巅	朱　琦

人与经典文库（陆续出版）

左传（已出）	张高评		
史记（已出）	王令樾		
大学（已出）	爱新觉罗·毓鋆		
中庸（已出）	爱新觉罗·毓鋆		
老子（已出）	吴　怡		
庄子（已出）	吴　怡	尔　雅	卢国屏
易经系辞传（已出）	吴　怡	孟　子	袁保新
韩非子（已出）	高柏园	荀　子	周德良
说文解字（已出）	吴宏一	孝　经	庄　兵
诗经	王令樾	淮南子	陈德和
六祖坛经	吴　怡	唐　诗	吕正惠
碧岩录	吴　怡	古文观止	王基伦
		四库全书	陈仕华
论　语	林义正	颜氏家训	周彦文
墨　子	辛意云	聊斋志异	黄丽卿
近思录	高柏园	汉　书	宋淑萍
管　子	王俊彦	红楼梦	叶思芬
传习录	杨祖汉	鬼谷子	刘君祖

孙子兵法	刘君祖	元人散曲	林淑贞
人物志	刘君祖	戏曲故事	郑柏彦
春秋繁露	刘君祖	楚 辞	吴旻旻
孔子家语	崔锁江	水浒传	林保淳
明儒学案	周志文	盐铁论	林聪舜
黄帝内经	林文钦	抱朴子	郑志明
指月录	黄连忠	列 子	萧振邦
宋词三百首	侯雅文	吕氏春秋	赵中伟
西游记	李志宏	尚 书	蒋秋华
世说新语	尤雅姿	礼 记	林素玟
老残游记	李瑞腾	了凡四训	李懿纯
文心雕龙	陈秀美	高僧传	李幸玲
说 苑	殷善培	山海经	鹿忆鹿
闲情偶寄	黄培青	东坡志林	曹淑娟
围炉夜话	霍晋明	……	